**Kohlhammer
Urban-
Taschenbücher**

Band 554

Grundriß der Psychologie

Band 5

eine Reihe in 21 Bänden
herausgegeben von
Herbert Selg und Dieter Ulich

Diese neue, in sich geschlossene Taschenbuchreihe
orientiert sich konsequent an den Erfordernissen des
Studiums. Knapp, übersichtlich und verständlich
präsentiert jeder Band das Grundwissen einer Teildisziplin.

Dieter Ulich
Philipp Mayring

Psychologie der Emotionen

Verlag W. Kohlhammer
Stuttgart Berlin Köln

Die Deutsche Bibliothek – CIP-Einheitsaufnahme

Grundriß der Psychologie : eine Reihe in 21 Bänden /
hrsg. von Herbert Selg und Dieter Ulich. –
Stuttgart ; Berlin ; Köln :
Kohlhammer.
  (Urban-Taschenbücher ; ...)
NE: Selg, Herbert [Hrsg.]
Bd. 5. Ulich, Dieter: Psychologie der Emotionen. – 1992

Ulich, Dieter:
Psychologie der Emotionen / Dieter Ulich ; Philipp Mayring. –
Stuttgart : Kohlhammer, 1992
  (Grundriß der Psychologie ; Bd. 5)
  (Urban-Taschenbücher ; Bd. 554)
  ISBN 3-17-010608-2
NE: Mayring, Philipp:; 2. GT

Inhalt

1. Einleitung

Ziel des Buches ist es, den gegenwärtigen Stand der Theorienbildung und Forschung in der Emotionspsychologie zu repräsentieren. Die Grenzen dieses Vorhabens liegen zum einen im geringen Umfang eines Taschenbuches und zum anderen in den Kompetenzen der Autoren, die in der Regel nur eine schwerpunktmäßige und ausschnitthafte Behandlung der Themen erlauben. Dennoch erhoffen wir uns von unserer Arbeit, im sehr unübersichtlichen Gebiet der Emotionspsychologie eine Ordnungs- und Orientierungshilfe geleistet zu haben. Entsprechend breit und systematisch haben wir die Struktur des Buches angelegt.

Während die Psychologie die Emotionen lange Zeit eher stiefmütterlich behandelt hat, gibt es eine weit zurückreichende Tradition der Beschäftigung mit Emotionen in der Philosophie. Deren Entwürfe sind gelegentlich sogar Bestandteile alltagspsychologischer Selbstdeutungen geworden, wie z. B. die auf Platon zurückgehende Unterscheidung von Denken, Fühlen und Wollen. Philosophische Systematisierungsversuche haben auch die psychologische Theorienbildung beeinflußt. Im *zweiten* Kapitel des Buches zeichnen wir die wichtigsten Argumentationslinien des philosophischen und frühen psychologischen Nachdenkens über Emotionen nach.

Das *dritte* Kapitel bietet zunächst begriffliche Klärungen und Antworten auf die Fragen, inwieweit Emotionen von anderen psychischen Phänomenen abgegrenzt werden können, welche Fragestellungen untersucht werden und wie man emotionspsychologische Phänomene ordnen kann. Dann werden wichtige Theorien skizziert und diskutiert, wobei wir den heute dominierenden psychobiologischen und kognitivistischen Ansätzen einen personzentrierten Ansatz zur Seite stellen.

Das *vierte* Kapitel gibt einen Überblick über Methoden der Emotionsforschung und gewichtet diese im Hinblick auf ihre Angemessenheit für bestimmte Indikatoren und Fragestellungen.

Das *fünfte* Kapitel widmet sich der Aktualgenese von Emotionen, also folgenden Fragen: Wie entstehen Gefühlsregungen, welche Komponenten sind an der Entstehung beteiligt, nach welchen Prinzipien (z. B. Informationsverarbeitung oder Kontiguität) wirken diese zusammen?

Die Frage nach der Aktualgenese führt unmittelbar zur Ontogenese von emotionalen Reaktionstendenzen, die wir im *sechsten* Kapitel darstellen. Dort skizzieren wir zunächst, welche Konzepte von emotionaler Entwicklung bestehen, und gehen dann ausführlich auf empirische Befunde zur emotionalen Entwicklung ein. Dabei berücksichtigen wir auch Einflüsse der Kultur und des sozialen Wandels.

Das *siebte* Kapitel wendet sich zunächst den Ansätzen zur Klassifikation spezifischer Emotionen zu und geht dann zur differenzierenden Deskription von 24 ausgewählten Emotionen über. Es werden Emotionen beschrieben, die sowohl im Alltag eine herausragende Bedeutung haben, wie auch in der Emotionspsychologie entweder zu den grundlegenden Emotionen gezählt werden oder zumindest das Interesse der Forscher schon auf sich gezogen haben.

Wir haben versucht, die Kapitel nicht unverbunden nebeneinander stehen zu lassen. Einige Beispiele ziehen sich durch mehrere Kapitel hindurch und schaffen so eine gewisse übergreifende Orientierung. Verbunden werden die Kapitel auch durch einige Grundgedanken und Grundkonzepte wie z. B. das Konzept der "emotionalen Schemata", das insbesondere Aktual- und Ontogenese aufeinanderbeziehen soll.

Wir haben uns die Kapitel des Buches folgendermaßen aufgeteilt: Philipp Mayring schrieb Kapitel 2, 4 und 7, Dieter Ulich die Kapitel 3, 5 und 6.

2. Geschichte der Emotionsforschung
(Ph. Mayring)

Eine Geschichte der Emotionsforschung, die hinter die moderne Psychologie zurückgeht, ist im wesentlichen Philosophiegeschichte. Die Philosophie, die sich ja als Wissenschaft vom Seinsganzen über allen Einzelwissenschaften versteht, hat sich von Anbeginn auch mit Emotionen beschäftigt. Erst zu Ende des letzten Jahrhunderts hat sich die Psychologie als Einzelwissenschaft von der Philosophie (und auch der Medizin) emanzipiert. Die frühen philosophisch-anthropologischen Thematisierungen von Emotion haben jedoch Ergebnisse hervorgebracht, die – oft auch in verschlüsselter Form – auf die heutigen Emotionskonzeptionen Einfluß haben.

2.1 Frühe philosophische Emotionskonzepte

Eine so weit gefaßte Geschichte der Emotionsforschung muß mindestens in der altindischen Philosophie ab dem achten vorchristlichen Jahrhundert ansetzen. Bestimmend für fast alle späteren philosophischen Ansätze in Indien wird hier *eine* spezielle Emotion als das Leben dominierend herausgestellt:

Altindien: Alles Leben ist Leiden
Dieser Grundgedanke indischer Philosophie taucht erstmals in den Upanischaden ("Geheimlehren"), dem letzten Teil der Veden, der kanonischen hinduistischen Schriften auf (Störig 1950):

"In diesem aus Knochen, Haut, Sehnen, Mark, Fleisch, Samen, Blut, Schleim, Tränen, Augenbutter, Kot, Harn, Galle und Phlegma zusammengesetzten, übelriechenden kernlosen Leibe –
wie mag man nur Freude genießen!
In diesem mit Leidenschaft, Zorn, Begierde, Wahn, Furcht, Verzagtheit, Neid, Trennung von Liebendem, Bindung an Unliebes, Hunger, Durst, Alter, Tod, Krankheit und dergleichen behafteten Leibe –
wie mag man nur Freude genießen!
Auch sehen wir, daß diese ganze Welt vergänglich ist ... wie diese Bremsen, Stechfliegen und dergleichen ... Vertrocknung großer Meere, Ein-

stürzen der Berge, Reißen der Windseile... in einem Weltlauf, wo Derartiges vorkommt – wie mag man da nur Freude genießen!" (Upanischaden, Deussen 1897, S. 316.)

Eine extrem negative Weltsicht tritt uns hier entgegen. Da alle Handlungen das Leiden nur vergrößern würden, führt einzig das Abstehen von Handlungen, die Selbstentäußerung, die Überwindung des Liebenswillens, die Askese zur Erlösung (zusammen mit Wissen und Einsicht).
Auch der Buddhismus (ab ca. 500 v. Chr.) übernimmt diese Überzeugung des Lebens als Leiden (Mensching 1955) und führt es auf die menschlichen Begierden zurück:

"Was ist nun, ihr Mönche, die hohe Wahrheit von der Entstehung des Leidens? Es ist jener Wiedergeburt erzeugende, von Wohlgefallen und Lust begleitete 'Durst', der bald hier, bald dort sich ergötzt, das will sagen: Der Durst nach Sinnenlust, der Durst nach Werden, der Durst nach Vernichtung... Was da in der Welt angenehm und reizend ist, dort entsteht und entspringt eben dieser Durst, dort setzt er sich fest und greift um sich." (Buddha, Das kleine Fahrzeug, Heilsweg, Interpretation der vier heiligen Wahrheiten; Mensching 1955, S. 100.)

Auch hier ist der Ausweg nur in einem Bekämpfen der Begierden, der Aufhebung des 'Durstes' zu finden, durch Erkenntnis, Meditation und richtiges Handeln (im Sinne von Vermeidung falschen Handelns). Im Yoga (= Joch; gemeinsamer indogermanischer Wortursprung!) beispielsweise wurden später genaue Anweisungen für diesen Weg festgelegt: Zucht, Selbstzucht, richtiges Sitzen und Atmen, Konzentration, Meditation, Versenkung.
Drei Grundgedanken prägen also diese Weltanschauung:
– Die negative Emotion des Leidens wird als universal, alles menschliche Dasein kennzeichnend angesehen.
– Ursache des Leidens sind Begierde und sinnliche Lust.
– Eine Aufhebung des Leidens ist nur auf geistigem Wege möglich.
Man mag spekulieren, woher dieses negativistische Weltbild kommt. Sind es Zeichen von Dekadenz und kulturellem Niedergang im Sinne eines Zyklengesetzes über Auf- und Niedergang von Kulturen? Ist es das "erschlaffende tropische Klima" (Störig 1950, S. 17), das die Indien von Norden her erobernden indoarischen Invasoren nicht gewohnt waren? Oder ist es der Versuch, vor allem unterprivilegierte Bevölkerungsgruppen anzusprechen und religiös zu binden, ihnen ihr Leiden erklärbar, tolerierbar zu machen, um sie perfekter zu unterdrücken?
Jedenfalls darf man nicht übersehen, daß das indische Denken

heute eine große Anziehungskraft im Westen ausübt. Auch im Christentum taucht der Leidensgedanke auf. Mitte des 19. Jahrhunderts war es dann Schopenhauer, der indische Philosophie im Abendland bekannt machte und explizit an die Leidenslehre anknüpfte. Und heute sind es vor allem die 'Jugendreligionen', die mit solchem Gedankengut werben.

Altchina: Harmonie im Zentrum

Die Philosophie im alten China ist weniger explizit auf Emotionen eingegangen, außer daß der hier zentrale Gedanke der Harmonie (goldene Mitte), des Einklangs von Mensch und Kosmos mit Gefühlen von Ausgeglichenheit und glücklichem Seelenfrieden einhergeht. Ansonsten ist chinesische Philosophie mehr auf richtiges Handeln ausgerichtet.

Im abendländischen Denken finden sich dagegen wichtige Quellen der Emotionsforschung. Es war das Lebenswerk des amerikanischen Philosophen H. M. Gardiner, die Emotionskonzepte der Philosophie seit den Vorsokratikern historisch aufgearbeitet zu haben, ein Vorhaben, das seine Schüler dann vollendeten und aktualisierten (Gardiner et al. 1937/1970).

Vorsokratiker: Liebe und Haß als Grundprinzipien

Empedokles (um 450 v. Chr. in Sizilien), der die Lehre von den vier Grundelementen (Feuer, Erde, Wasser, Luft) als den Wurzeln aller Dinge als erster formulierte, erklärte Liebe und Haß als die treibenden und formenden Kräfte allen Geschehens. Liebe führt die Grundelemente zu vollkommener Einheit zusammen, Haß trennt sie. Liebe und Haß (Streit) sind einerseits polare kosmische Kräfte, die das Werden und Vergehen in der Welt erklären sollen, andererseits sind sie psychische Kräfte, die individuelle und soziale Veränderungen bewirken, "was nur darum möglich erscheinen kann, weil sich jene kosmischen Kräfte inhaltlich als Projektionen von Liebe und Haß auf die Natur selbst erweisen" (Röd 1976, S. 148 f.). Empedokles bleibt dabei aber nicht bei einem dualen Ansatz stehen, denn zwischen Liebe und Haß, so sagt er, gibt es Übergangszustände und Mischformen.

Wir haben hier also die Auffassung vor uns, daß es zwei Grundemotionen gibt, die die treibenden Kräfte im menschlichen Leben und in der Welt sind. Beide sind notwendig, um Veränderung, um Entwicklung zu erklären. In beiden wird der Mensch eher in einer aktiven, handelnden, gestaltenden und zerstörenden Rolle gesehen.

Aristoteles: Glück als höchstes Gut, Lust und Unlust als Begleit-erscheinungen des Handelns.

Aristoteles (384–322 v. Chr.), der wohl das erste Lehrbuch der Psychologie ("Über die Seele") geschrieben hat, behandelt die Emotionen auf zwei Ebenen, der Ebene der Tugenden und der Ebene der lust- und unlustverbundenen Passionen.

"Als Passionen bezeichne ich die Begierde, den Zorn, die Angst, die blinde Zuversicht, den Neid, die Freude, die Regung der Freundschaft, des Hasses, die Sehnsucht, die Mißgunst, das Mitleid – kurz, Empfindun-gen, die von Lust oder Unlust begleitet werden. . . . Tugend ist etwas, kraft dessen wir uns den Passionen gegenüber richtig oder unrichtig verhalten. Einer Zornesregung gegenüber ist z. B. unser Verhalten dann unrichtig, wenn wir sie zu heftig oder zu schwach empfinden, dagegen richtig, wenn es in einer gemäßigten Weise geschieht." (Aristoteles, Nikomachische Ethik, Buch II, Kap. 4, 1105 b.)

Die Passionen sind Begleiterscheinungen der Tätigkeit, der Aus-übung der eigenen Fähigkeiten, sind Affekte; die Tugenden da-gegen sind direkt willentlich angestrebt.

Für einige zentrale Passionen gibt Aristoteles nun – ein Grundzug seines wissenschaftlichen Vorgehens – sehr detaillierte, einfühl-same Beschreibungen (Rhetorik, 2. Buch). Wir werden darauf später eingehen (Kapitel 7). Von den Emotionen als Tugenden (und Lastern) beschreibt Aristoteles Freundlichkeit, Scham, Scheu, Entrüstung, Seelengröße, Liebenswürdigkeit usw., domi-niert werden sie aber alle vom Glück. Glück ist das oberste Gut, sein Wert muß nicht weiter begründet werden, liegt in ihm selbst.

Glück wird so mit tugendhaftem Leben schlechthin gleichgesetzt, einem Leben in Tätigkeit, in sozialen und politischen Bezügen ('zoon politikon'), in wissenschaftlichem und künstlerischem En-gagement, in der Entfaltung der eigenen Fähigkeiten. Diese Glückseligkeit (Eudaimonia), die schon bei Demokrit auftauchte, wurde für das abendländische Denken lange Zeit bestimmend (vgl. Spaemann 1974; Tatarkevicz 1984; Mayring 1991).

Aristoteles hat damit Emotionen als aktuelle Gefühlszustände (Passionen) und als Persönlichkeitseigenschaften (Tugenden) be-schrieben, eine Konzeption, die heute unter dem Begriff 'State-trait-Ansatz' in der Emotionspsychologie diskutiert wird. Emo-tionen werden in engem Zusammenhang mit mehr oder weniger vernunftgesteuerten Handlungen begriffen, aber auch als Lust und Unlust spendend aufgefaßt. Die griechische Philosophie kreist um diese Gedanken, wenn es auch 'hedonistischere' (Kyre-näische Schule, Epikur) und 'platonischere' (Kynische Schule, Stoa) Ansätze gibt.

2.2 Emotionen im Mittelalter

Im Gegensatz zum eher vernunftbetonten griechischen Denken ist die Philosophie des Mittelalters – wiewohl sich auf Platon und Aristoteles berufend – dogmatisch vom christlichen Glauben bestimmt. Die Gefühlsebene wird hier stärker thematisiert, allerdings funktionalisiert als das Medium des Glaubens, der Beziehung zu Gott. Die weltlichen Affekte (Passionen) werden schon in der Zeit der Kirchenväter (Patristik) als Dämonen bezeichnet (Clemens von Alexandria, 150–211 n. Chr.); zumindest unterschied man Emotionen menschlicher Schwäche (Furcht, Neid, körperliche Lust, fleischlicher Appetit) und göttlicher Emotionen wie Barmherzigkeit, Zorn, Mitleid (Firmianus Lactantius, ca. 325 n. Chr.). Lust und Unlust werden zu tierischen Affekten (Nemesius, 4. Jhd. n. Chr.).

Augustinus: Teuflische Passionen und himmlische Liebe
Für Augustinus (354–430 n. Chr.) diente das Studium der Emotionen, der Tiefe der Seele, nur dazu, die eigene Schwäche und Sündhaftigkeit zu erkennen. Für ihn sind alle Passionen gegen die Natur gerichtet, ungöttlich. Affekte sind hingegen die bewegenden Kräfte der Seele (motus animorum), sie sind jedoch dem Willen unterworfen.
Das Grundprinzip des vom Willen abhängigen Lebens aber ist die Liebe. Zu lieben und zu wollen sind für Augustinus identisch. Liebe ist die universelle bewegende Kraft im menschlichen Leben auf dem Weg zu Gott. Es gibt kein Hindernis, das sie nicht überwinden könnte.

"Bei uns aber empfinden im Einklang mit den heiligen Schriften und der gesunden Lehre die Bürger des heiligen Gottesstaates, die auf der Pilgerreise dieses Lebens nach Gott leben, Furcht und Verlangen, Schmerz und Freude, und weil ihre Liebe recht ist, sind auch all diese ihre Seelenregungen recht. Sie fürchten die ewige Pein und begehren das ewige Leben, trauern hüben, weil sie nicht bei sich selbst aufseufzen und auf die Kindschaft, ihres Leibes Erlösung warten, und freuen sich in der Hoffnung auf drüben . . . Sie fürchten sich ferner zu sündigen, wünschen auszuharren, trauern über ihre Sünden und freuen sich der guten Werke." (Augustinus, Vom Gottesstaat, Buch XIV, Kap. 9)

Der zweite große Dogmatiker der christlichen Lehre, Thomas von Aquin (1225–1279), hat – auf dem Höhepunkt der Scholastik – darauf aufgebaut. Auch für ihn ist die Liebe die primäre Emotion, der Verstand kann aber die Liebe und den Willen zur Liebe kontrollieren. Denn der Intellekt ist vornehmer als der Wille. Bei

Thomas begegnen wir auch einer ausführlicheren Klassifikation der Gefühle (Summa Theologica, XXII ff.), die Gardiner et al. (1970) wie folgt zusammenfassen:

Leidenschaften (Passionen)			
begehrend		überwindend	
das Gute	das Übel	das Gute	das Übel
Liebe	Haß	Hoffnung	Furcht
Sehnsucht	Abneigung	Verzweiflung	Tapferkeit
Lust	Trauer		Zorn

Gefühle (passiones) sind danach Strebevermögen (appetita), die auf das Gute oder das Übel entweder direkt (begehrend) oder mit Mühen (erst Widerstände überwindend) gerichtet sind.

2.3 Renaissance, Barock und Aufklärung

Die zentralen mittelalterlichen Denker sehen die Gefühlswelt also im Rahmen des christlichen Glaubens, auf das Streben nach dem Guten und die Überwindung des Übels bezogen. Gefühle erscheinen somit eher sekundär; der christliche Glaube ist ihnen übergeordnet. Die Renaissance hat dann den Emotionen wieder mehr Eigenständigkeit zugemessen. Emotionen sind aktiv, sind Aktionen, werden nicht nur passiv erlebt (z. B. Ludovicus Vives, 1492–1540). Die Trennung der Theologie von der Philosophie ermöglichte diese neue Sicht. Sie ermöglichte aber auch die bis heute nachwirkende analytische Wende der Emotionskonzepte im Zeitalter des Barock (17. Jhd.).

Descartes: Der Mensch als Maschine
Descartes (Les passions de l'âme, 1649) weist eine Sicht der Emotionen im Rahmen von Gut und Böse zurück; alle Passionen sind von Natur aus gut und nützlich, nur wenn sie fehlgeleitet werden, können sie zu Leiden führen. Von einem strikten Dualismus Körper–Geist (als zwei unterschiedliche Substanzen) ausgehend, wendet er sich ausführlich den körperlichen Prozessen im Emotionsgeschehen zu und analysiert sie im Rahmen eines mechanistischen Körperkonzeptes (Mensch als Maschine). Hier begegnen uns viele z. T. abenteuerliche Hypothesen über die Rolle von Blutkreislauf, Gehirn und Eingeweiden bei bestimmten Emo-

tionen, die z. T. auch schon in der griechischen Naturphilosophie verbreitet waren. Der Sitz der Seele war bei Descartes nicht mehr das Herz (Aristoteles), sondern das Gehirn, genauer die Zirbeldrüse (da sie als einziger Hirnteil nicht zweifach vorkomme). Vom Gehirn aus bestehe eine Verbindung zu Sinnesorganen und Muskeln über Nervenbahnen, die "wie kleine Fädchen oder Röhrchen ... eine Art Luft oder sehr subtilen Wind enthalten, den man die Lebensgeister nennt" (Descartes 1649/1984, S. 13). Descartes kommt nun zu folgenden Analysen von sechs primären und weiteren daraus abgeleiteten Emotionen.

Verwunderung (zentralste Emotion), Überraschung aufgrund der Neuheit eines Objektes, Bewegung der Lebensgeister zu der Stelle im Gehirn, an der der neue Eindruck stattfand, um ihn dort zu verstärken und festzuhalten; Strömung der Lebensgeister zu den Muskeln, um die Sinnesorgane in der gleichen Lage festzuhalten; keine Veränderung im Herzen und im Blut (d. h. wohlbefindensirrelevant); davon abgeleitete Emotionen: *Achtung* und *Mißachtung* als Verwunderung über Größe bzw. Kleinigkeit; *Seelengröße, Hochmut* und *Niedrigkeit, Demut* als Achtung bzw. Mißachtung von uns selbst; Achtung vor Gegenständen, die aus freier Ursache gut sind, wird zur *Verehrung,* Mißachtung von Gegenständen, die freiwillig schlecht sind, heißt *Geringschätzung.*
Liebe entsteht, wenn wir ein Objekt als uns zuträglich einschätzen. Die Lebensgeister reizen die Seele (Zirbeldrüse) dazu an, sich willentlich mit dem Objekt zu verbinden. Im *Haß* wird eine Trennung von dem als abträglich eingeschätzten Objekt forciert. Liebe zu schönen Dingen ist *Wohlgefallen,* Haß auf häßliche Dinge ist *Aversion* bzw. *Schauder.*
Begierde meint ein auf die Zukunft bezogenes Wollen von Objekten. Sieht man das Erreichen als wahrscheinlich an, so ist das die Hoffnung, ist es eher unwahrscheinlich, handelt es sich um *Furcht* oder, eine Abart, *Eifersucht.* Extrem große Hoffnung nennt sich *Seelenruhe* oder *Zuversicht,* äußerste Furcht wird zu *Verzweiflung.* Wenn die Mittel zur Erreichung des in der Zukunft Angestrebten unsicher sind, entsteht *Unentschiedenheit,* sind sie aber sicher, so handelt es sich um *Mut.* Wenn trotz Unentschiedenheit gehandelt wurde, entstehen *Gewissensbisse.*
Bei der Betrachtung eines gegenwärtig Guten (Positiven) in uns versuchen die Lebensgeister, diesen Eindruck festzuhalten, und es entsteht *Freude.* Die *Trauer* dagegen ist eine unangenehme Mattigkeit, die durch die Betrachtung eines Übels oder Fehlers entsteht, die das Hirn als uns selbst zugehörig vorstellt. Betrifft das Positive andere Menschen und erachten wir sie dessen unwert, so erregt das *Neid.* Die Betrachtung etwas Negativen bei anderen Menschen, die wir dessen unwert erachten, erzeugt Mitleid. Ist die Ursache eines Positiven in uns in der Gegenwart und Vergangenheit, so handelt es sich um *innere Zufriedenheit,* bei Üblem um *Reue.* Wenn das Positive uns von anderen getan wurde, empfinden wir *Dankbarkeit.* Wurde uns von anderen Übel bewirkt, so entsteht *Zorn.* Aus andauerndem Positiven wird *Langeweile,* aus Positivem in der Vergangen-

heit (aber nicht mehr in der Gegenwart) entsteht *Verdruß*, aus Negativem nur in der Vergangenheit *Heiterkeit*."

Spekulationen über körperliche Prozesse bei seelischen Vorgängen finden wir bereits im antiken Griechenland (Empedokles, Hippokrates). Neu ist aber bei Descartes das axiomatisch mechanistische Gesamtbild. Gefühle sind Erfahrungen der Seele, nach physiologischen Naturgesetzen funktionierend, von internen oder externen Wahrnehmungen ausgelöst, vom Willen höchstens indirekt (über die Evozierung entsprechender Wahrnehmungen) kontrollierbar. Nicht das komplexe, einfühlsame Beschreiben und Verstehen von Gefühlen steht im Vordergrund, wie es zur gleichen Zeit in der Literatur bereits oft vorgeführt wurde (Dante, Meister Eckhart, Shakespeare, Molière, Cervantes). Es ist der Versuch einer möglichst sparsamen (mit wenigen Grundbegriffen auskommenden) axiomatischen, naturwissenschaftlichen Systematisierung der Emotionen.

Diese Grundeinstellung findet sich auch bei Spinoza (1632–1677), der eine Gefühlstheorie in seiner mathematisch-axiomatisch aufgebauten ('ordine geometrico') Ethik entwickelt.

Kant: Emotionen als Geisteskrankheiten

In Kant, dem heute noch wohl einflußreichsten Denker der Aufklärung, vereinigen sich die Lustfeindlichkeit des Mittelalters mit der analytischen Systematisierwut des Barock. Zunächst begegnen wir den Gefühlen in Kants kritischen Schriften (Kritik der Urteilskraft, aus dem Jahre 1790). Denn neben der Erkenntnis (reine Vernunft) und dem sittlichen Wollen (praktische Vernunft) gibt es Urteile (z. B. ästhetischer Art), die auf Lust-/Unlustgefühlen basieren und für die Kant ebenso nach objektiven Maßstäben sucht.

Hinter dieser Dreiteilung der Kritik bei Kant mag die von J. N. Tetens (1736–1807) wiederbelebte Vermögenspsychologie stehen (reine Vernunft: Denken; praktische Vernunft: Wollen, Handeln; Urteilskraft: Fühlen) (vgl. Pongratz 1967/1984, S. 64 ff.). Den Grundgedanken dieses auf die griechische Philosophie (Platon) zurückgehenden Ansatzes, die Formulierung von eigenständigen, gleichberechtigten seelischen Vermögen, kann Kant jedoch nicht nachvollziehen. Das Denken ist einzig beherrschend.

Nun zurück zur Kritik der Urteilskraft: Der eigentliche Maßstab einer Gefühlsbeurteilung, so Kant, ist die Zweckmäßigkeit. Die Lust am Schönen, das ästhetische Urteil, beruht auf der Einsicht in die Zweckmäßigkeit der Form eines Gegebenen. Eine Form ist schön, wenn sie den Akt der Wahrnehmung erleichtert. Und in diesem Sinne sind solche Gefühlsurteile verallgemeinerbar. Diesen Gefühlen der Lust und Unlust wird aber immer die reflektierende Urteilskraft als höheres Vermögen übergeordnet.

In seinen dogmatischen Schriften geht Kant noch einmal explizit auf die Gefühlswelt ein (Anthropologie in pragmatischer Absicht, aus dem Jahre 1798). Er unterscheidet hier zwischen
- Affekt, als dem Gefühl von Lust oder Unlust, turbulent, eher temporär und
- Leidenschaft, als Neigung, als gewohnheitsmäßiges sensorisches Verlangen, eher langfristig.

Auch wenn diese Unterscheidung nicht neu ist (z. B. Cicero in bezug auf Angst und Ärger, vgl. Chaplin et al. 1988), ist sie doch wichtig für spätere Emotionskonzeptionen bis hin zu modernen 'State-trait'-Theorien. Für Kant sind nun sowohl die Affekte als auch die Leidenschaften nur schwer durch die Vernunft steuerbar, sind beide also irrational. Sie sind, da sie die Vernunft behindern, sogar Krankheiten des Gemüts, Symptome geistiger Krankheit, sie erfordern zur Heilung einen Seelenarzt.

"Affekten und Leidenschaften unterworfen zu sein, ist wohl immer *Krankheit* des Gemüts, weil beides die Herrschaft der Vernunft ausschließt . . .
Leidenschaften sind Krebsschäden für die reine praktische Vernunft und mehrenteils unheilbar; weil der Kranke nicht will geheilet sein und sich der Herrschaft des Grundsatzes entzieht, durch den diese allein geschehen könnte.
. . .
Daher sind die Leidenschaften nicht bloß wie die Affekte *unglückliche* Gemütsstimmungen, sondern auch ohne Ausnahme *böse,* und die gutartigste Begierde, wenn sie auch auf das geht, was (der Materie nach) zur Tugend, z. B. der Wohltätigkeit, gehörte, ist doch (der Form nach), sobald sie in Leidenschaft ausschlägt, nicht bloß *pragmatisch* verderblich, sondern auch *moralisch* verwerflich." (I. Kant, Anthropologie, drittes Buch, 1798; Werke Band VII, S. 141 u. 157 f.)

Kant gibt zwar zu, daß Emotionen einen reinigenden Effekt haben können (z. B. Weinen), daß Affekte in Leidenschaften umwandelbar sind (z. B. Lust am Guten) und daß Passionen mit der Vernunft versöhnt werden können (z. B. reflektierter Haß); es bleibt aber die extrem negative, abschätzige Sicht der Gefühlswelt, die Verachtung für alles Emotionale.

Das ist das Erbe der frühen Emotionsauffassungen für das 19. Jahrhundert, in dem sich die moderne Psychologie formierte:
- Versuche, Gefühle als eine menschliche Grundkategorie zu be-

schreiben und zu klassifizieren (griechische Klassik, Vermögenspsychologie);
- Versuche, zwischen edlen, guten Emotionen und bösen Emotionen zu unterscheiden (Patristik, Scholastik);
- Versuche, ein möglichst einfaches naturwissenschaftlich-axio-
matisches Gefühlssystem zu entwickeln und dabei physiologische Prozesse einzubeziehen (Descartes);
- Versuche, Gefühle ganz abzuwerten, als unwesentlich, unterge-
ordnet, schädlich zu bezeichnen (Kant).

2.4 Das 19. Jahrhundert

Das Bild der Emotionspsychologie des 19. Jahrhunderts ist in der
Folge sehr uneinheitlich. Man könnte hier vier Theoriegruppen
unterscheiden, je nachdem, was als emotionsauslösend angesehen
wird (vgl. ähnlich bei Gardiner et al. 1970; Pongratz 1984):
- *Peripher-psychophysiologische Theorien:* Gefühle als Ergebnis
viszeraler Prozesse (F. J. G. Canabis, M. F. X. Bichat), als Folge
sensorischer Nervenreizung (A. Bain), als Empfindung körperlicher Veränderungen (W. James).
- *Zentral-psychophysiologische Theorien:* Das Gehirn als Sitz
der Leidenschaften (P. Flourens), Emotionen als Ergebnisse
einer Überreizung (R. H. Lotze) oder abweichender Blutver-
sorgung (T. Meynert) des Gehirns, als Ergebnis eines auch im
Bewußtsein repräsentierten physiologischen Gleichgewichts-
bzw. Ungleichgewichtszustandes (G. T. Fechner), als subjektive Bewußtseinselemente mit physiologischen Korrelaten (W.
Wundt).
- *Psychomentale Theorien:* Gefühle als Resultat der Harmonie
bzw. Disharmonie zwischen Vorstellungen (J. G. Herbart), Ergebnis der Ausfüllung von auf Erfahrung aufgebauten Vermögen (F. E. Beneke), als eigenständiges psychisches Phänomen
neben Vorstellungen und Urteilen (F. Brentano), als bewußte,
eine Objektwahrnehmung begleitende Ichzuständlichkeiten
(Th. Lipps), als Bereitschaften zu spezifischen Handlungen
(J. Dewey).
- *Evolutions-biologische Ansätze:* Gefühle als phylogenetisch
entwickelte Anpassungsleistungen im Kampf ums Dasein, die
sich zumindest gewohnheitsmäßig aus solchen verfestigt haben
(H. Spencer, Ch. Darwin).
Die hier vorgenommene Zuordnung ist jedoch problematisch, nie

ganz eindeutig möglich, zumal es sich hier auch nicht um voneinander abgegrenzte Schulen handelt. Deshalb wollen wir die für die heutige Psychologie wohl wichtigsten Vertreter gesondert vorstellen.

James: Gefühl als Wahrnehmung körperlicher Veränderungen

Für die Gruppe der peripher-psychophysischen Ansätze ist wohl William James (1842–1910) zentral, mit seinem Spätwerk der Begründer des Pragmatismus in der amerikanischen Philosophie, mit seinen "Prinzipien der Psychologie" von 1890 ein Vater der modernen Psychologie. Psychologie, als Naturwissenschaft, bedeutet für ihn Beschreibung und Erklärung von Bewußtseinszuständen wie Empfindungen, Begierden, Gemütsbewegungen, Erkenntnisakten. Jedem Bewußtseinszustand unmittelbar vorausgehend und ihn bedingend sind aber "Geschehen irgendwelcher Art in den Gehirnhemisphären" (James 1890/1920, S. 5), und das gilt auch für die Gefühle. Die berühmte James-Lange-Emotionstheorie (der dänische Physiologe C. Lange vertrat fast gleichzeitig mit James eine ähnliche These) besagt, daß bestimmte Ereignisse eine unmittelbare körperliche Wirkung (Schauern, Zittern, Weinen, Lachen, …) hervorrufen; erst das Bewußtsein dieser physischen Veränderungen ist dann die Gemütsbewegung. Erfahrungen der Unmittelbarkeit und Unwillkürlichkeit bestimmter Emotionen haben James zu dieser Anschauung bewegt.

"Der gesunde Menschenverstand sagt: Wir verlieren unser Vermögen, sind betrübt und weinen; wir treffen einen Bären, erschrecken und laufen davon; wir werden von einem Gegner beleidigt, geraten in Zorn und schlagen zu. Die hier vertretene Hypothese aber behauptet, daß die Reihenfolge nicht richtig ist, daß der eine psychische Zustand nicht unmittelbar durch den anderen herbeigeführt wird; daß erst die körperlichen Äußerungen dazwischentreten müssen und daß man infolgedessen behaupten muß, wir sind traurig, weil wir weinen, zornig, weil wir zuschlagen, erschrocken, weil wir zittern: statt zu sagen: wir weinen, schlagen zu oder zittern, weil wir traurig, zornig oder erschrocken sind. Ohne die körperlichen Zustände, die auf die Wahrnehmung folgen, würde die letztere rein intellektuellen Charakter besitzen, sie würde blaß, farblos und aller emotionalen Wärme bar sein. Wir könnten dann den Bären sehen und es für das Beste halten davonzulaufen, die Beleidigung empfangen und für gut erachten, zuzuschlagen, aber wir würden kein aktuelles *Gefühl* des Schreckens oder des Zorns erleben." (James, 1890/1920, S. 376.)

James will seine Anschauung auf "größere Gemütsbewegungen" beschränkt sehen, das sind Zorn, Furcht, Liebe, Haß, Freude, Kummer, Scham, Stolz, also solche, "die mit relativ starken körperlichen Rückwirkungen verbunden sind" (S. 374), und nicht auf

feinere Gefühle wie moralische Genugtuung, Dankbarkeit, Wiß-
begierde, Erleichterung. Er führt als Beispiele pathologische Fälle
an ("in jeder Irrenanstalt gibt es Fälle von gänzlich unbegründeter
Angst, Zorn, Melancholie oder Einbildung", S. 378), die eher ein-
leuchten mögen. Der Ansatz bleibt aber unplausibel (z. B. Ulich
1989: Weinen beim Zwiebelschneiden, Weinen aus Freude, aus
Wut, aus Trotz oder Sehnsucht bewirken dasselbe Gefühl?).

Wundt: Gefühle als subjektve Bewußtseinselemente
Wilhelm Wundt (1832–1920) gilt neben James als der zweite Vater der modernen Psychologie (Gründung des ersten psychologischen Instituts an der Universität Leipzig im Jahre 1879). Für ihn
ist Psychologie keine Naturwissenschaft, sondern die empirische
Analyse subjektiver Erfahrungen, psychischer Gebilde. Gefühle
spielen hier eine wesentliche Rolle (*Abb. 2.1*).
Gefühle sind danach neben den Vorstellungen (physikalische
oder physiologische Sinnesreize) die wesentlichen psychischen
Gebilde (Wundt 1896/1901, § 5). Ihre Grundelemente sind die
einfachen Gefühle, die Wundt nach den drei Dimensionen Lust/
Unlust, Erregung/Beruhigung (excitierend/deprimierend) und
Spannung/Lösung unterscheidet (§ 7). In der Regel treten sie vermischt auf, werden als Totalgefühl erlebt (z. B. Harmoniegefühl
eines Dreiklangs aus den Partialgefühlen der einzelnen Klänge
zusammengesetzt) (§ 12). Bei typischen Gefühlsmustern mit
einer zeitlichen Verlaufsform spricht er von Affekten, die dann
auch mit deutlich erkennbaren physiologischen Veränderungen
und Ausdrucksbewegungen einhergehen (§ 13). Gemütsbewegungen können nun einfach ausklingen oder – wie meist – in
Willenshandlungen übergehen (§ 14). Denn alle Gefühle enthalten in irgendeiner Art ein Streben oder Widerstreben (Hungerge-
fühl → Nahrungssuche, Rachegefühl → Kampf). Solche Willenshandlungen können einfache Triebhandlungen oder zusammen-
gesetzte Willkürhandlungen sein, je nach den Affekten, auf die
sie sich beziehen. Neben diesem wichtigen voluntaristischen
Aspekt ist auch die Verbindung zu den psychischen Störungen
wichtig. Denn wenn das normale Verhältnis der Gefühle zu den
psychophysischen Bedingungen gestört ist, kommt es zu abwei-
chenden psychischen Zuständen (Depressionen, Exaltationszu-
stände, abnorme Bewußtseinsveränderungen (§ 18).

Brentano: Gefühl als menschliches Grundvermögen
Franz Brentano (1838–1917, Neffe der romantischen Dichter
Bettina von Arnim und Clemens Brentano) schuf mit seiner drei-

bändigen "Psychologie vom empirischen Standpunkt" (1874 ff.) die Grundlagen für die philosophische Phänomenologie des 20. Jahrhunderts. Sein Emotionsverständnis beruht auf der Ver-

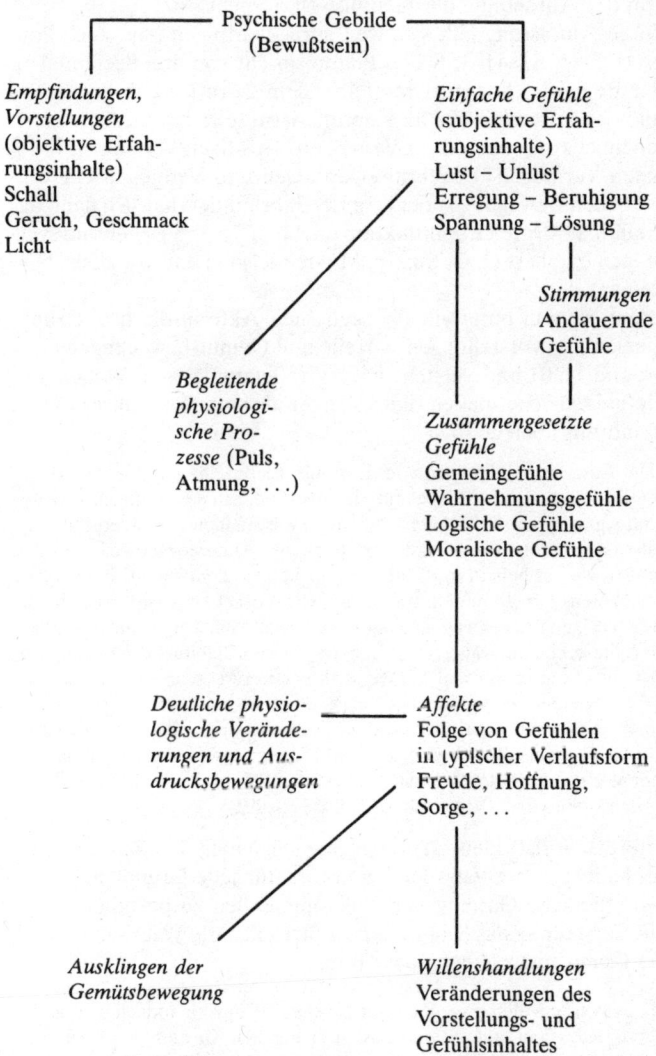

Abb. 2.1: Die Rolle der Gefühle in der Psychologie Wundts (Wundt 1896)

mögenslehre, wie sie bereits angesprochen wurde (s. o. Kant). Das Gefühl ist danach ein eigenständiges seelisches Vermögen neben anderen (wie Denken und Handeln). Wichtig für die Emotionspsychologie ist die Vermögenslehre deshalb, weil sie immer von der Autonomie der Gefühlswelt ausgeht. Diese Auffassung läßt sich weit zurückverfolgen (vgl. auch Pongratz 1984, S. 64 ff.): Schon Platon spricht von drei Seelenteilen: der Begierde (Sitz im Unterleib), dem Zorn (Sitz in der Brust) und der Vernunft (Sitz im Kopfe). Aristoteles hat dies erweitert, indem er vom vegetativen Vermögen, sensitiven Vermögen, rationalen Vermögen, Begehrungsvermögen und Vermögen der willkürlichen Bewegung spricht. Im 18. Jahrhundert hat sich dann das Gefühl als dritte Grundfunktion unabhängig vom Begehrungsvermögen etabliert (J. G. Sulzer, M. Mendelsohn und vor allem J. N. Tetens).

Brentano nun unterteilt die seelischen Akte in die drei Grundklassen der Vorstellungen, Urteile und Gemütsbewegungen (Liebe und Haß) und versteht unter der letzten Klasse Wollen und Gefühle gleichermaßen. Dies sieht er als empirisch (durch innere Erfahrung) belegt an.

"Die Zusammenstellungen von 'Lust und Liebe', 'lieb und leid' und dgl. zeigen den Ausdruck 'Liebe' auf die entschiedensten Gefühle angewandt. Und wenn wir sagen 'lieblich', 'häßlich', was meinen wir anderes als eine Lust oder Unlust erweckende Erscheinung? Andererseits weisen Äußerungen wie 'es beliebt mir', 'tue was dir lieb ist' deutlich auf Phänomene des Willens hin. In dem Satze 'er hat eine Vorliebe für wissenschaftliche Beschäftigung' ist etwas ausgesprochen, was vielleicht manche zu dem Gefühle rechnen, während es andere für eine habituelle Richtung des Willens erklären werden. ... Wer sich nach etwas sehnt, der liebt es zu haben; wer über etwas trauert, dem ist unlieb, worüber er trauert; wer sich über etwas freut, liebt, daß es so ist; wer etwas tun will, liebt es zu tun. ... Als Ergebnis unserer Erörterung dürfen wir also aussprechen, daß die innere Erfahrung deutlich die Einheit der Grundklasse für Gefühl und Willen offenbart." (Brentano, 1874/1955, S. 99 f.)

Interessant ist hier auch der sprachanalytische Zugang zum Seelenleben. Brentano fährt nun fort, für jede Grundklasse eine eigentümliche Gattung von Vollkommenheit zu postulieren: für die Vorstellung das Schöne, für das Urteilen die Wahrheit und für die Gemütsbewegungen das Gute.

"Die höchste Vollkommenheit der *liebenden* Tätigkeit endlich liegt in der durch Rücksicht auf eigene Lust und eigenen Gewinn ungehemmten freien Erhebung zu höheren Gütern, in der opferwilligen Hingabe ihrer selbst an das, was um seiner Vollkommenheit willen mehr und über alles liebenswürdig ist, in der Übung der Tugend oder der Liebe des Guten um seiner selbst willen und nach dem Maß seiner Vollkommenheit." (S. 121)

Der wertende, teleologische Ansatz aristotelischen Denkens kommt hier wieder zum Tragen. Entscheidend ist aber auch, daß die von Brentano formulierte teleologische Vermögenspsychologie immer auch von der Einheit der Grundkräfte ausgeht.

"Das *Ideal der Ideale* besteht in der Einheit alles Wahren, Guten und Schönen. . . . Hieraus ersehen wir, daß Phänomene der drei Grundklassen aufs innigste sich miteinander verflechten. . . . Wir erkennen ferner, daß die drei Klassen von äußerster Allgemeinheit sind; es gibt keinen psychischen Akt, bei welchem nicht alle vertreten wären. Jeder Klasse kommt eine gewisse Allgegenwart in dem ganzen Seelenleben zu." (S. 122 u. 125)

Damit erscheinen viele heutige Auseinandersetzungen über das Primat von Denken oder Fühlen (vgl. Ulich 1989, Kap. 2.1) als Rückfall.

Darwin: Gefühle als Hilfen im Kampf ums Dasein
Es war die große Leistung Charles Darwins (1809–1882), den Evolutionsgedanken in der Biologie ausgearbeitet zu haben, wenngleich er hier nicht der erste war (J. B. de Lamarck, Ch. Lyell und im umfassendsten Sinn H. Spencer; vgl. auch Hehlmann 1963, Kap. 24). Zentral für die Emotionsforschung wurde seine Arbeit "Der Ausdruck der Gemütsbewegungen beim Menschen und den Thieren" aus dem Jahre 1872. Nachdem er den Grundgedanken der biologischen, psychischen und moralischen Entwicklung als Ergebnis von Selektion und Vererbung, von Auslese im Kampf ums Dasein entwickelt hatte, wendet er sich hier dem Gefühlsausdruck zu. Dafür formuliert er drei Gesetze, von denen das erste in unserem Zusammenhang am wichtigsten ist:

"I. Das Prinzip zweckmäßig associierter Gewohnheiten
Gewisse complicierte Handlungen sind unter gewissen Seelenzuständen von directem oder indirectem Nutzen, um gewisse Empfindungen, Wünsche usw. zu erleichtern oder zu befriedigen; und sobald nur immer derselbe Seelenzustand herbeigeführt wird, so schwach dies auch geschehen mag, so ist in Folge der Macht der Gewohnheit und der Association eine Neigung vorhanden, dieselben Bewegungen auszuführen, wenn sie auch im gegebenen Falle nicht von dem geringsten Nutzen sind." (Darwin 1872/1884, S. 24.)

Also beispielsweise das Ballen der Faust im Zorn diente ursprünglich der Vorbereitung zum Kampf, wird aber aus Gewohnheit beibehalten, auch wenn kein Kampf beabsichtigt ist. Darwin schildert nun einige Emotionen mit ihrem typischen Ausdrucksverhalten, von denen die ersten hier zusammengefaßt werden sollen:

– *Das Leiden des Körpers und der Seele*

Zusammenziehen der um das Auge gelegenen kreisförmigen Muskeln, Schließen der Augenlider, Kompression des Augapfels, um die Augen davor zu schützen, daß sie zu sehr mit Blut überfüllt werden; Weinen als Folge des erhöhten Drucks auf die Augenoberfläche, kann aber auch unterdrückt oder gewohnheitsmäßig hervorgerufen werden; Weinen, Schreien, Zähneknirschen, Winden des Körpers als Erleichterung des Leidens.

– *Gedrücktsein, Sorge, Kummer, Niedergeschlagenheit, Verzweiflung*

Passivität, schlaffe Gesichtsmuskeln, bleiches Gesicht; Hochziehen der inneren Augenbrauen, um die das Weinen vorbereitende Muskelbewegung (s. o.) zu verhindern; Herabdrücken der Mundwinkel; die beiden Letzteren als rudimentäre Spuren der Schreianfälle in der Kindheit.

– Freude, Ausgelassenheit, Liebe, zärtliche Gefühle, fromme
Ergebung und Andacht

Lachen, verursacht durch irgend etwas nicht Zusammengehöriges oder Unerklärliches, das Erstaunen Erregende oder durch ein gewisses Gefühl der Überlegenheit; nervöse Energie scheint plötzlich in ihrem Abfluß gehemmt, und anstatt eine äquivalente Menge neuer Gedanken und Erregungen zu erzeugen, macht sich der Überschuß dadurch Luft, daß sie durch die motorischen Nerven konvulsivische Muskeltätigkeiten erzeugen, die wir Lachen nennen (Darwin beruft sich hier auf Spencer); die Laute beim Lachen sind Relikte aus dem Tierreich. Lächeln und Erregung infolge von Vergnügen beschleunigen die Blutzirkulation, die Augen werden glänzend und die Farbe des Gesichts erhöht sich, das durch die vermehrte Blutzufuhr gereizte Gehirn wirkt auf die geistigen Fähigkeiten zurück: es ziehen lebendige Ideen schneller durch die Seele und die Affekte werden wärmer. Liebe ist gekoppelt mit den verschiedensten auch kulturell geprägten körperlichen Berührungen. Das Wenden der Augen nach oben bei frommer Ergebung scheint hingegen reine Konvention zu sein, da wir gewöhnlich den Himmel als Quelle göttlicher Gewalt ansehen. Ähnliches gilt für andächtiges Ausdrucksverhalten.

In der Folgezeit beschreibt Darwin noch Überlegung, Nachdenken, üble Laune, Schmollen, Entschlossenheit, Haß und Zorn, Geringschätzung, Verachtung, Abscheu, Schuld, Stolz, Hilflosigkeit, Geduld, Bejahung und Verneinung, Überraschung, Erstaunen, Furcht und Entsetzen, Selbstaufmerksamkeit, Scham, Schüchternheit, Bescheidenheit und Erröten. Er belegt seine Ausführungen durch eigene Beobachtungen und literarische Schilderungen von Tieren, Kindern, Geisteskranken, Alltagsmenschen und Angehörigen fremder Kulturen.

Eine merkwürdige Mischung aus biologischen, physiologischen, psychologischen und kulturbezogenen Argumenten durchzieht diese Darstellungen. Aufgegriffen aber wurde später vor allem der evolutionsbiologische Ansatz.

3. Begriffsbestimmungen und Theoriediskussion
(D. Ulich)

In diesem Kapitel versuchen wir, emotionspsychologische Fragestellungen, Begriffe und Theorien so zu ordnen und zu diskutieren, daß sich daraus Einschätzungen der gegenwärtigen Situation und mögliche Zukunftsperspektiven ergeben können.

3.1 Emotionspsychologische Fragestellungen und Begriffsklärungen

Der erste Tag im Kindergarten. Der kleine Peter wird von seiner Mutter gebracht. Es sind schon einige Kinder da, die umherrennen und lärmen. Die Mutter spricht mit der Erzieherin. Als die Mutter sich von ihrem Kind verabschieden will, fängt Peter an zu weinen; er klammert sich an die Mutter und sagt: "Ich hab' so Angst."

Im Alltag erleben und beobachten wir Emotionen nicht isoliert, sondern immer in Zusammenhängen, in Episoden, 'emotional plots'. Gefühlsregungen wie Freude, Trauer, Liebe, Haß "tauchen nur in Geschichten auf, in Geschichten, in die wir verstrickt sind" (Schapp 1976, S. 148 f.; zit. n. Laucken 1989, S. 9). "Welche Geschichte jemand lebt, legt fest, welche Gefühle er hat", was auch heißt: Gefühle kommen nur in gelebten Geschichten vor (Laucken 1989, S. 47). "Wer uns verstehen will, der muß ... eine Geschichte bereithalten, eine Geschichte um Liebe, Ehre, Besitz, Haß, Rache" (Schapp 1976, S. 3).
Weil wir wissen, wie die Lebenswelt eines durchschnittlichen Dreijährigen in unserer Zeit und unserer Kultur aussieht, können wir Peters Geschichte als eine bestimmte "thematische Konfiguration lebensweltlicher Gegebenheiten" (Laucken 1989, S. 47) begreifen: Die Angst kommt daher, daß der Bub sehr an der Mutter hängt, sie ihn vielleicht selbst nicht loslassen will, das Kind bisher zu wenig Kontakt mit anderen Kindern hatte u. ä. m. Im Alltag begegnen uns Gefühle also stets eingebettet in 'Geschichten': Es gibt nicht *die* kontextentbundene 'reine' Angst, sondern

immer nur geschichtsgebundene Angst im Sinne 'lebensweltlicher Daseinsmomente' (Laucken 1989, S. 157).

3.1.1 Gefühlszustände und Gefühlsbereitschaften

Wir kennen zwei hauptsächliche Formen von Gefühlszuständen: einmal die schon angesprochenen Gefühlsregungen im engeren Sinne und zum anderen die Stimmungen. Die *Gefühlsregungen* – später werden wir sie anhand von bestimmten Merkmalen näher kennzeichnen – sind vorübergehende emotionale Zustände von meist kurzer Dauer (wie z. B. Wut), die durch ein bestimmtes Ereignis ausgelöst werden, einen "Einsatz" sowie ein Auf- und Abklingen haben (vgl. Ewert 1983). Es können mehrere Gefühlsregungen gleichzeitig, auch in einem Mischungs- oder Ambivalenzverhältnis auftreten. Aktuelle Gefühlsregungen sind 'Figur', sie heben sich im Bewußtsein deutlich gegen einen Hintergrund von 'Wissen um...', 'Streben nach...' und von Stimmungen ab. Die konkrete Entstehung von Gefühlsregungen bezeichnen wir mit Sander als "Aktualgenese" (vgl. Kap. 5).

Stimmungen wie z. B. Niedergeschlagenheit, Heiterkeit sind "Dauertönungen des Erlebnisfeldes" (Ewert 1983) und als solche von längerer Zeiterstreckung als Gefühlsregungen. Sie bilden den oft diffusen, wenig gegliederten, atmosphärischen Hintergrund des Erlebens. Sie beziehen sich nicht auf Gegenstände oder Ereignisse, sondern sind reine "Barometer individueller Befindlichkeit" (Traxel 1983a), also Erlebnisse eines Zumuteseins, die den Bezugsrahmen auch für Gefühlsregungen abgeben (vgl. auch Morris 1989). Stimmungen sind der jeweiligen Momentanverfassung der Person zuzurechnen und beeinflussen insofern auch die Informationsverarbeitung und die Handlungsregulation. Freilich können Stimmungen auch selbst "Figur" werden und das Bewußtsein dominieren, so z. B. wenn jemand klagt, er fühle sich seit Wochen depressiv.

Die meisten psychischen Phänomene haben einerseits eine *aktuelle* (Zustands- oder Mikro-Prozeß-)Komponente und andererseits eine *dispositionelle* "Neigungs"- oder Bereitschaftskomponente. Über Gefühlszustände (Gefühlsregungen und Stimmungen) hinaus müssen wir also auch im Falle der Emotionen gewisse emotionale Reaktionsbereitschaften annehmen. Dies sind Neigungen zu verschiedenartigen Zuständen bzw. Bereitschaften, auf bestimmte Klassen von Ereignissen mit bestimmten (immer denselben oder ähnlichen) Gefühlsregungen zu reagieren, sozusagen "gewohnheitsmäßig" (unwillkürlich). Dispositionen im letzteren Sinne schließen ein:

"1. Haltungen gegenüber bestimmten Objekten: Bewunderung, Verachtung, Dankbarkeit, Widerwillen, Eifersucht, Haß, Sympathie.

2. Die Neigung, unter bestimmten Umständen gegenüber bestimmten Objekten in einer bestimmten Art und Weise zu handeln und zu fühlen: Großzügigkeit, Freundlichkeit, Wohlwollen, Demut.

3. Empfänglichkeiten für emotionale Zustände: Unsicherheit, Erregbarkeit, Ängstlichkeit" (Alston 1981, S. 10).

Begriffe zur Bezeichnung unterschiedlicher Gefühlsqualitäten kennzeichnen sowohl Dispositionen als auch vorübergehende emotionale Zustände (ebd., auch das Folgende). Wenn wir sagen, daß jemand seinen Vater haßt, seinen Nachbarn um sein schönes Haus beneidet und sich vor Schlangen fürchtet, dann meinen wir damit sowohl Dispositionen, in einen emotionalen Zustand von Haß, Neid und Furcht zu geraten, wie auch diese Zustände selbst. Vielleicht sollte man die Zustände generell als emotionale Reaktionen und die Dispositionen dazu als emotionale Reaktionsbereitschaften bezeichnen, wobei mit letzteren nicht gemeint ist, daß jemand bewußt und willentlich "bereit" ist oder gar sich "bereit hält" für eine bestimmte Gefühlsregung. Gemeint ist vielmehr eine individuelle Tendenz, mit einer intra- und interindividuell vergleichbar hohen Wahrscheinlichkeit, also "für gewöhnlich", in bestimmter Weise emotional zu reagieren.

Verankert sehen wir emotionale Reaktionsbereitschaften in emotionalen Schemata (vgl. Kap. 5). Deren individuelle konkrete Verfügbarkeit bestimmt entscheidend mit, ob ein Ereignis für eine Person zum Auslöser für eine Gefühlsregung wird oder nicht. Die Entwicklung emotionaler Reaktionsbereitschaften stellen wir im 6. Kapitel unter dem Stichwort "Ontogenese" dar.

3.1.2 Zur Unterscheidung von Emotionen und anderen psychischen Phänomenen

Wodurch wird die Episode mit dem kleinen Peter zu einer *Gefühls*-Geschichte? Vielleicht ist sie eine *Motiv*-Geschichte: Peter möchte, daß seine Mutter dableibt. Oder eine *Kognitions*-Geschichte: Peter denkt, wie es sein wird, wenn die Mutter weg ist. Oder unsere Episode ist eine *Handlungs*-Geschichte: Peter tut etwas, um seine Mutter zurückzuhalten. Ganz offenkundig enthält die Episode alle vier Teilkomponenten. Die Begriffe Emotion, Motiv, Kognition und Handlung bezeichnen also einander ergänzende Komponenten oder Aspekte eines einheitlichen psychischen Geschehens (vgl. Pekrun 1988; Ulich 1989).

Je nach dem, wonach wir *fragen*, "erkennen" wir unterschiedliche Komponenten: Fragen wir nach bewußten Handlungsimpulsen, "erkennen" wir Motive; fragen wir nach momentanen Gedankeninhalten oder handlungsleitenden Überzeugungen, "erkennen" wir Kognitionen; fragen wir nach der Umsetzung von Absichten durch Tun, "erkennen" wir Handlungen. Zu einer Gefühlsgeschichte – Peter hat Angst – wird die Episode dadurch, daß wir fragen, ob und wie das Geschehen Peter *berührt*, wie demzufolge sein "Zustandsbewußtsein" qualitativ ausgeprägt ist (vgl. Ewert 1983, S. 405, über Wundts Emotionskonzept). Berührt-Werden kann ein Angemutet-Werden, eine intuitive Stellungnahme einschließen, wobei das eigene Sein Bezugspunkt bzw. Inhalt des Erlebens ist.

Zu einer Gefühlsgeschichte wird die Episode des kleinen Peter jedoch nicht nur dadurch, daß wir sie "von außen" einem bestimmten begrifflichen (psychologischen) Interpretationsraster unterwerfen und 'entscheiden', es *ist* eine Gefühlsgeschichte. Zu einer Gefühlsgeschichte wird die Episode auch dadurch, daß wir aus der Perspektive von Peter (wir haben z. B. seine Mimik beobachtet, ihn später befragt) feststellen, daß zu einem ganz bestimmten Zeitpunkt die Angst sein Bewußtsein *dominiert* hat, d. h. im Vordergrund stand, und *weniger* die Absicht, die Mutter zum Bleiben zu bewegen, oder das Wissen um die Umsetzbarkeit eines Zieles oder das Verhalten selbst. Emotionen, Kognitionen und Motive sind im Bewußtsein zu unterschiedlichen Zeitpunkten in einem Geschehensablauf mit jeweils unterschiedlicher Lebhaftigkeit, Intensität und Dauer repräsentiert.

Aus der Tatsache wechselnder Figur-Hintergrund-Verhältnisse dürfen wir nicht auf Ursache-Wirkungs-Beziehungen z. B. zwischen Kognitionen und Emotionen schließen (vgl. Ulich 1989, S. 28 f.). Das "Erkennen" derartiger Abfolgebeziehungen bzw. die Feststellung eines bestimmten gerade dominierenden Modus der Person-Gegenstands-Beziehung hängt vielmehr davon ab, wo und wann ich in dem kontinuierlichen Geschehensstrom einen "Schnitt" ansetze, um eine Querschnittsbetrachtung durchzuführen.

In dem Augenblick, in dem wir Gefühle als Erlebnistatbestände mit wissenschaftlichen Fragestellungen verbinden, wird aus dem lebensweltlichen Gefühl die *Emotion*. Und dieser Begriff ist nun insofern immer schon "theoriegeladen", also theoretisch, als die an Gefühle herangetragenen wissenschaftlichen Fragen im Kontext bestimmter Theorien oder Modelle (z. B. Organismus-Modell des Verhaltens) formuliert werden. Dies führt zu einer enormen Vielfalt von Emotions-Begriffen in der Psychologie, denn je nach dem theoretischen Bezugssystem stellen wir unterschiedliche Fragen.

Zu Entscheidungen kommen wir nur dann, wenn wir fragen: Was *interessiert* uns eigentlich an der Angst-Geschichte des kleinen Peter? Unter vielen möglichen Problemen interessiert den Emotionsforscher z. B. die spezielle Frage, ob diese Angstreaktion in dieser Situation und bei Kindern dieses Alters häufig auftritt. Immer dann, wenn wir an die Wirklichkeit gezielte Fragen stellen, müssen wir die ganzheitliche, phänomenologische Betrachtung einer gegebenen Lebenswelt verlassen. Indem der Forscher ein Erkenntnisproblem schafft, macht er aus dem lebensweltlichen Gefühl eine "geistesweltliche" Emotion (vgl. Laucken 1989): Der Begriff Emotion ist bestimmt durch seine Verknüpfungen mit weiteren theoretischen Begriffen und gezielt erhobenen empirischen Daten.

3.1.3 Emotionspsychologische Fragestellungen aus der Sicht psychologischer Teildisziplinen

Emotionspsychologische Fragerichtungen sind durch die sich historisch entwickelnden psychologischen Teildisziplinen vorgegeben. Die Teildisziplinen problematisieren jeweils unterschiedliche Sachverhalte:

1. Die *Allgemeine Psychologie* betrachtet unsere Gefühle, also auch Peters Angst, als Teil der psychischen "Grundausstattung" des Menschen. Ausgehend von der allgemeinen Frage "Wie funktioniert die Psyche des Menschen" kommt sie zur Postulierung von bestimmten Grundfunktionen, die Personen dazu befähigen, sich mit ihrer Umwelt und ihren Mitmenschen wirkungsvoll auseinanderzusetzen. Für die Allgemeine Psychologie ist Peters Angst vor allem Ausdruck bzw. Bestandteil solcher emotionaler Reaktionsformen, die allen Menschen gemeinsam sind.

Die Allgemeine Psychologie unterstellt, daß Emotionen wie andere Grundfunktionen, also z. B. Wahrnehmung, Lernen und Denken, bei allen Menschen nach denselben Prinzipien aufgebaut sind, ablaufen und wirken und daß damit bestimmte Erfordernisse des "Funktionierens", also der Lebensgestaltung, der Orientierung und des Handelns erfüllt werden. So wäre etwa die Angst Peters in erster Linie als ein Gefahrensignal zu interpretieren, das Peter veranlaßt, die bedrohliche Situation zu verlassen oder zu verändern, indem er z. B. Schutz sucht bei seiner Mutter.

Aus der Sicht der Allgemeinen Psychologie erscheint der kleine Peter in erster Linie als ein Exemplar der Gattung Mensch, an dem man das grundlegende "Funktionieren" unserer Emotionen untersuchen kann. Dabei geht es um folgende Fragen (vgl. auch Euler & Mandl 1983; Scherer & Ekman 1984):

a) Wie hängen subjektives Erleben und Gefühls*ausdruck* zusammen? Konkret: Zeigt sich die Angst bei allen Menschen in denselben Veränderungen der Mimik, Gestik, Stimme und Haltung? Und weiter: Können alle Menschen diese Ausdruckserscheinungen zutreffend und in der gleichen Weise als Angst-Ausdruck verstehen und interpretieren?

b) Gibt es für jede der "grundlegenden" Emotionen (s. u.), zu denen immer auch die Angst gezählt wird, "typische" *physiologische* Erregungsmuster und typische Veränderungen z. B. in Stammhirnbereichen? Wird die Angst durch diese körperlichen Veränderungen gar erst hervorgerufen? Entsteht die Angst durch "Rückmeldung" aus peripheren Veränderungen z. B. der Gesichtsmuskeln? Unterscheiden sich die Erregungsmuster von z. B. Angst und Wut?

c) Sind emotionale Reaktionen immer mit jeweils für sie typischen *kognitiven* Einschätzungen verbunden, und kann man die "grundlegenden" Emotionen anhand der jeweils vorauslaufenden oder implizierten kognitiven Einschätzungen voneinander unterscheiden? Ist also z. B. auch die Angst unseres Peter mit den "typischen" Einschätzungen Bedrohtheit, Ungewißheit, Hilflosigkeit verbunden?

d) Gibt es für Emotionen typische *auslösende* Situationen? Lassen sich also Emotionen durch eine Situationstaxonomie voneinander unterscheiden? Welche Rolle spielen hierbei Kultur, Lebensalter, soziale Schicht? Konkret: Ist die Trennungsangst des kleinen Peter auch darin begründet, daß er bisher in einer – mittelschichttypischen – exklusiven Beziehung zur Mutter aufgewachsen ist und ihm deshalb die Gruppensituation so bedrohlich erscheint?

e) Welchen *Zwecken* dienen unsere Emotionen, welche "Dienstleistungen" erfüllen sie im Organismus? In Darwinscher Tradition sieht man die Funktionen von Emotionen häufig in der Sicherung von "Überleben" und "Anpassung". Damit scheint dann auch die gelegentlich gestellte Frage nach "Ursprung" und "Wesen" von

Emotionen geklärt zu sein: Den Ursprung haben wir in der Evolution zu suchen, und das Wesen enthüllt sich durch Funktionsbestimmungen; wir gehen unten darauf noch ein.

Weitere Fragen auf allgemeinpsychologischer Ebene betreffen die Ordnung und Klassifikation von Emotionen (vgl. Kap. 7.1); die Wirkung von Emotionen in bezug auf nachfolgendes Verhalten, also auch die handlungsregulierende Funktion; die Zahl und Art der für grundlegend gehaltenen, d. h. allen Menschen gemeinsamen Emotionen; und schließlich die Kontrolle von Emotionen. Großen Stellenwert sollte auch die Analyse der sogenannten Aktualgenese (vgl. Kap. 5) haben, also der Entstehung einer konkreten Gefühlsregung in einer aktuell gegebenen Situation: Welche Faktoren und Prozesse sind hieran beteiligt, wie wirken diese zusammen, wie ist der Verlauf?

2. Die *Differentielle* bzw. *Persönlichkeitspsychologie* stellt folgende Fragen: a) Ist die Angst von Peter eine momentane, zufällige, in keinem systematischen Zusammenhang mit seinem sonstigen Verhalten stehende Gefühlsregung, oder ist die Angst Ausdruck einer bereichsspezifischen Gefühlshaltung – generell Furcht in Trennungssituationen –, oder ist die Angst gar Ausdruck einer für Peter typischen übergreifenden Lebensgrundstimmung der Ängstlichkeit? b) Welche Gemeinsamkeiten und Unterschiede zeigt Peter in vergleichbaren Situationen zu anderen Kindern?

Weitere Fragen betreffen den Stellenwert dieser Angst in der gesamten Persönlichkeitsstruktur von Peter: Behindert die Angst die kognitive Entwicklung? Was bedeutet die Angst vor dem Hintergrund seiner sonstigen Stimmungen, Interessen und Bedürfnisse? Wie steht es mit der Häufigkeit und den Anlässen der Angst, jeweils im Vergleich zu anderen Kindern?

3. *Entwicklungspsychologische* Themen entstehen, wenn man fragt: a) in welchem Lebensalter Kinder bestimmte Emotionen zum ersten Mal zeigen (was nicht identisch mit dem evtl. noch früheren Erleben sein muß), b) welche Voraussetzungen (z. B. kognitiver Art) Kinder für das Erleben, Ausdrücken und die Kontrolle bestimmter Emotionen entwickeln müssen und c) wie sich die jeweiligen Inhalte, Auslöser und Gegenstände von Emotionen über den Lebenslauf hinweg verändern. Konkret: Die Trennungsangst unseres kleinen Peter scheint für sein Alter nicht mehr ganz angemessen zu sein; warum ist Bindung für ihn immer noch ein so beherrschendes Thema?

Damit kommen wir zu einer weiteren bedeutsamen entwicklungspsychologischen Frage: Wie und aufgrund welcher Einflüsse entstehen in der Lebens- und Lerngeschichte bestimmte Reaktionsbereitschaften für das Erleben bestimmter Emotionen? Konkret geht es z. B. um die Frage, ob aus Peter ein generell ängstliches Kind wird und ob dies möglicherweise das Erleben positiver Emotionen beeinträchtigt.

4. Aus *sozialpsychologischer* Sicht interessiert vor allem, wie emotionale Reaktionen und Reaktionsbereitschaften durch zwischenmenschliche Kontakte und Beziehungen (z. B. eine exklusive Mutter-Kind-Beziehung) beeinflußt, geformt und sozialisiert werden, aber auch, welche interpersonale Mitteilungs- und Signalfunktion Emotionsäußerungen haben und wie sie in ihrem Ausdruck durch soziale Kontexte unterdrückt, maskiert oder auch verstärkt, "dramatisiert" werden. Emotionen scheinen auch mit sozialstrukturell verankerten Rollen (z. B. Nicht-Berufstätigkeit der Mutter) und anderen sozialen Normen zusammenzuhängen.

5. *Klinische* Psychologen interessieren sich für solche emotionalen Auffälligkeiten und Abweichungen, die Leidensdruck erzeugen. Leidet Peter unter seiner Angst, ist diese nicht mehr altersentsprechend, behindert sie ihn bei seinen Explorationen, seinen sachlichen Bezugnahmen auf die Welt, belastet die Angst die Beziehung zur Mutter bzw. zu anderen Kindern, wie kann man Peter helfen? Allgemeiner: Von emotionalen Problemen sprechen wir, wenn bestimmte Emotionen wie z. B. Freude oder Vertrauen gar nicht erlebt werden können, wenn "falsche" Emotionen erlebt werden wie z. B. Freude bei Tierquälerei, wenn bestimmte Emotionen zu oft, zu ausdauernd oder zu intensiv erlebt werden wie z. B. endlose Trauer oder panikartige Angst, wenn die Emotionalität einer Person von kulturellen oder auch eigenen Erwartungen in krasser Weise abweicht (z. B. "Gefühlskälte", Aussetzen eines Kindes).

3.2 Kurzer Theorien-Überblick

Die unterschiedlichen Ansätze stimmen vor allem in zwei Punkten überein: 1. Emotionen sind leib-seelische Zuständlichkeiten einer Person, an denen sich 2. je nach Betrachtungsebene verschiedene Aspekte oder Komponenten unterscheiden lassen: eine subjektive Erlebniskomponente, eine neuro-physiologische Erregungskomponente, eine kognitive Bewertungskomponente und eine interpersonale Ausdrucks- und Mitteilungskomponente. Sehen wir uns nun an, wie einige der bekanntesten Emotionstheorien (vgl. schon Kap. 2) auf die Angst unseres kleinen Peter eingehen würden und was sie dabei erklären wollen und können.

1. *Evolutionsbiologische* Ansätze gründen sich auf Darwin, der das von ihm zur Erklärung der Entstehung der Arten entwickelte Antwortschema auch auf das Ausdrucksverhalten höherer Tierarten und bestimmter "primitiver" Menschengruppen anwandte (vgl. auch Kapitel 2). Er formulierte die These, daß bestimmte Formen von Ausdrucksverhalten (z. B. Sträuben der Haare bei Wut, Stemmen der Ellbogen in die Hüften) rudimentäre Spuren eines in der menschlichen Stammesgeschichte einstmals überlebenswichtigen Verhaltensrepertoires seien. Schutz- und vor allem kommunikative Signalfunktionen von mimischem Ausdruck und Gesten glaubte Darwin bei höheren Tieren (z. B. Schimpansen) und Menschen gleichermaßen unterstellen zu dürfen.

Aus Beobachtungen und Befragungen folgerte Darwin, daß bestimmte seelische Zuständlichkeiten wie z. B. Erstaunen, Scham oder Niedergeschlagenheit von verschiedenen Menschen aus verschiedenen Teilen der Welt in stets gleicher Weise ausgedrückt werden. Daraus zog er den Schluß, daß emotionsspezifischer Ausdruck und Ausdrucksverstehen universell verbreitet seien, d. h., daß die Koppelung zwischen Emotion und Ausdruck angeboren sei.

Die zuletzt genannte These bauten evolutionsbiologisch orientierte Emotionstheoretiker wie z. B. Plutchik (1980) und auch Tomkins (1962), Izard (1977) und Ekman (1984) zu der Annahme aus, daß es eine bestimmte Anzahl "grundlegender" und klar voneinander unterscheidbarer (diskreter) Emotionen im Sinne von Wesensmerkmalen des Menschen gäbe. Dem Nachweis der Universalität dieser Emotionen, meist anhand von Ausdrucksuntersuchungen, dienen denn auch viele Forschungsanstrengungen, wobei die meisten Vertreter dieser Richtung additive Modelle entwickelt haben: Während einerseits phylogenetisch entstandene, genetisch festgelegte und überlebensdienliche Grundemotionen allen Menschen gemeinsam sind, so müssen andererseits für deren Auslösung und Kontrolle im Laufe der individuellen Entwicklung in einer bestimmten Kultur doch auch bestimmte Lernprozesse stattfinden (vgl. z. B. Ekman 1988).

Der kleine Peter hat nun aus dieser Sicht deshalb mit Angst reagiert, weil diese Emotion in seinem genetisch verankerten Emotionsrepertoire vorhanden ist und – ähnlich einem Instinkt – durch eine Bedrohung ausgelöst wurde, die zu Fluchtverhalten führt. Ihre "Funktion" erfüllt die Angst, indem sie Peter veranlaßt, bei der Mutter Schutz zu suchen. Damit ist die Emotionsgeschichte für evolutionsbiologisch orientierte Theoretiker hinreichend erklärt. In der Tat scheint es plausibel, daß Angst in Situationen auftritt, in denen sich jemand bedroht fühlt; es ist auch wahrscheinlich, daß Angst sich in jeweils ähnlichen Ausdruckserscheinungen zeigt.

Nicht erklären kann dieser Ansatz allerdings, warum und wie das Bedrohtheitsgefühl individuell zustande kommt, warum gerade dieses Kind – im Vergleich zu anderen Kindern – und gerade in dieser Situation so reagiert, ob und auf welche Weise es eine spezifische Angstneigung entwickelt hat und welche Folgen die Angst kurz- und langfristig für Peter und seine Umwelt haben wird. Es ist bisher keine feste Koppelung zwischen Gefühlen und Verhaltensweisen nachweisbar. So gibt es etwa die lähmende Furcht und andererseits die Furcht, die Panik verursacht.

2. *Psychophysiologische* Gefühlstheorien interessieren sich für körperliche Veränderungen, die im peripheren und zentralen Nervensystem und auch in bestimmten körperlichen Organen, z. B. Drüsen, Gefäßen, Haut, stattfinden, während eine Person Emotionen erlebt. Strittig ist bis heute, ob körperliche Prozesse Gefühlszustände auslösen oder nur begleiten; ob es für jede Emotion typische unterschiedliche Erregungsmuster gibt; ob ein allgemeines Ansteigen der Erregung eine kognitive Interpretation durch die Person erfahren muß, um zu einem Gefühl werden zu können (Schachter & Singer 1962, s. u. Pkt. 4); und schließlich, ob Emotionen generell nur aufgrund der Rückmeldung körperlicher Veränderungen wie z. B. Zunahme der Hautfeuchtigkeit (Theorie von James und Lange) oder Veränderungen der Gesichtsmuskulatur (Theorie von Izard 1977) zustande kommen können.

Das Erleben von Gefühlen ist wie die Existenz aller anderen psychischen Phänomene natürlich an einen funktionstüchtigen Organismus gebunden. Darüber hinaus erleben wir viele Gefühlszustände in der Tat mit einer fühlbaren Erregung oder mit körperlichen Veränderungen. So hat unser kleiner Peter vielleicht schwitzige Hände oder einen raschen Atem oder Herzklopfen. Ob er allerdings erst aufgrund einer Wahrnehmung dieser körperlichen Veränderungen Angst empfindet, wie James behaupten würde, ist heute mehr als fraglich. Diese Zweifel gelten auch für die Annahme, daß unsere Gefühle in bestimmten Hirnregionen "produziert" werden. Richtiger wäre es wohl, hier von zwei oder mehr Seiten desselben Geschehens zu sprechen; selbst von einer zeitlichen Sequenzierung könnte man nicht auf "Verursachung" schließen.

Emotionen sind jedenfalls aus dieser Sicht nahezu identisch mit Prozessen im Stammhirn bzw. mit anderen körperlichen Veränderungen. Den kleinen Peter würden Vertreter dieser Richtung(en) mit einer Vielzahl physiologischer Meßgeräte versehen, um die Erregungsmuster erfassen zu können, die für Angst typisch sein sollen. Vielleicht zeigt sich dann ein Muster, das eher für Wut (auf die Mutter) charakteristisch ist? Bisherige Befunde berechtigen hier nicht zu großen Hoffnungen (vgl. z. B. Asendorpf 1984).

Nicht beantworten könnten Psychophysiologen die Frage, was eigentlich den Emotionsprozeß in Gang setzt, was am Anfang steht, was letztlich bestimmt, *welche* körperlichen Veränderungen auftreten, und welche Situationen und Ereignisse bei welchem Kind aus welchen Gründen Angst *oder* eine andere Emotion mitbewirken können (vgl. auch Roseman 1984, S. 13 f.).

3. *Behavioristisch-lerntheoretische* Beiträge zur Entstehung von Emotionen sahen in Gefühlen zunächst eine Art von Reflexen, nämlich angeborene Reaktionsmuster, die körperliche Veränderungen, vor allem des Verdauungs- und Drüsensystems, einschließen (vgl. Euler 1983; Baltes & Reisenzein 1985). Nach Watson (1913) gibt es nur drei angeborene emotionale Reaktionen mit entsprechenden angeborenen Auslösern: Furcht wird unkonditioniert ausgelöst durch laute Geräusche und den Verlust von Halt; Wut (Zorn) wird ausgelöst durch Einschränkungen der Bewegungsfreiheit; und Liebe wird durch liebevolles Streicheln ausgelöst. Diese beim Kleinkind vorhandene sehr geringe Anzahl von Reiz-Reaktionsverbindungen vergrößert sich im Laufe der weiteren Entwicklung durch Lernvorgänge auf der Basis des Klassischen Konditionierens. So brachten etwa Watson & Rayner (1920) in ihrem umstrittenen Experiment mit dem kleinen Albert diesem Kind Furcht bei vor einer weißen Ratte und anderem "Pelzigen", indem sie diese von Albert geliebten Gegenstände mit einem furchtauslösenden Geräusch koppelten.

Im Neobehaviorismus haben vor allem O. H. Mowrer und N. E. Miller versucht, die Entstehung von emotionalen Reaktionen und Reaktionsbereitschaften aus einer Kombination von Klassischem und Instrumentellem Konditionieren zu erklären, wobei besonders die Angst im Mittelpunkt stand (vgl. Baltes & Reisenzein 1985). Fluchtverhalten vor einem Schmerzreiz erwirbt z. B. die Ratte, indem sie zunächst ein entsprechendes Warnsignal zu beachten lernt. Die Vermeidung von Schmerz lernt sie, indem sie Furcht als ein Motiv, als einen "sekundären Trieb" erwirbt, der verstärkt (reduziert) wird eben durch das Vermeidungsverhalten. Aus dieser Sicht sind also Emotionen sowohl angeborene wie auch erworbene Reaktionsmuster, die oft auch motivierende Eigenschaften annehmen. Hoffnung, so meint z. B. Mowrer (1960), werde durch das Einsetzen von Sicherheit-versprechenden Signalen hervorgerufen, wohingegen das Aufhören derartiger Signale Enttäuschung bewirke.

Die Angst des kleinen Peter geht aus dieser Sicht auf erworbene Reiz-Reaktions-Verbindungen zurück. Peter antizipiert die Trennungssituation (Reiz) bzw. erlebt diese Situation bereits und reagiert mit derjenigen Emotion, die aufgrund früherer Erfahrungen – hier: Bedrohung, Ungewißheit, Hilflosigkeit – mit derartigen Situationen gekoppelt wurde. Diese konditionierte Reaktion "Angst" wirkt zugleich als ein Warnsignal und leitet Verhalten ein, das – ebenfalls aufgrund früherer Lernprozesse bzw. "Erfolge" – geeignet scheint, die Furcht zu beenden, d. h. den Furcht-Triebreiz zu "reduzieren". Die Flucht zur Mutter ist die erworbene Verhaltensweise, die so lange im Repertoire unseres Peter bleibt, wie sie die Angst vermindert.

Die große intra- und interindividuelle Variabilität emotionaler Reaktionen, die Verschiedenheit der Reaktionen auf dasselbe Ereignis und die unzureichende empirische Fundierung der lerntheoretischen Annahmen lassen es bis heute allerdings als unwahrscheinlich erscheinen, daß es zwischen emotionalen Reizen und emotionalen Reaktionen einfache und direkte korrespondierende Beziehungen gibt (Roseman 1984, S. 14).

Trotz dieser und weiterer Probleme bleibt festzuhalten, daß bis in das Erwachsenenalter hinein emotionale Reaktionsbereitschaften immer auch durch Signallernen – z. B. Erwerb der positiven oder negativen emotionalen Konnotationen von Begriffen wie z. B. "Ausländer" – aufgebaut bzw. modifiziert werden können. Verhaltenstheorien liefern außerdem – möglicherweise noch zuwenig genutzte – Konzepte wie z. B. den Begriff der "Gewohnheitsstärke", die wir verwenden können, um interindividuelle Unterschiede in der Tendenz zu bestimmten Emotionen aus der Lerngeschichte herleiten zu können. So ist vielleicht auch die Neigung unseres Peter, Trennungsangst zu erleben, eine Art "gewohnheitsmäßigen" Reagierens.

4. *Kognitive Bewertungstheorien* versuchen eine Lücke zu schließen, die sich eben aufgetan hat: Zwischen Reiz und Reaktion vermitteln kognitive Einschätzungen der Person mit dem Ergebnis, daß – zum Beispiel – unser Peter die Trennungssituation als bedrohlich, der neben ihm sitzende Paul dieselbe objektive Situation jedoch als nicht bedrohlich erlebt. Nicht Reize oder Ereignis-

se an sich bestimmen die emotionale Reaktion, sondern die Interpretation, welche die Person diesen gibt.

Nach Schachter und Singer (1962) interpretiert die Person, angeregt und gelenkt durch unterschiedliche situative Merkmale bzw. Informationen, ihre eigene physiologische Erregung und gelangt dadurch zum Erleben einer bestimmten Emotion. Magda Arnold (1960) postuliert demgegenüber einen äußerst raschen, intuitiven, nicht-bewußten Vorgang der Einschätzung (appraisal), der die Emotion und zugleich bestimmte Handlungstendenzen auslöst. Neben Epsteins Ansatz (1984) ist heute die Theorie von Lazarus (vgl. z. B. Lazarus & Folkman 1987; Lazarus 1991) am bekanntesten. Lazarus griff Anregungen von Arnold auf und entwickelte ein kognitiv-handlungstheoretisches Streß-Modell, das er auch auf die Emotionsentstehung anwendet.

Welche Emotionen eine Person erlebt, hängt nach Lazarus entscheidend davon ab, wie wir ein Ereignis bewerten, welche Bedeutung es also für uns hat, welche Informationen wir über das Ereignis mit welchem Ergebnis verarbeiten. Emotionale Reaktionen enthalten, neben physiologischen und motivationalen Komponenten, ganz wesentlich wertende Stellungnahmen als Produkte kognitiver Aktivitäten. Die Verarbeitung schließt auch unwillkürliche und automatische Prozesse mit ein (Lazarus 1991). In ihrer bisherigen Lebensgeschichte haben Individuen bestimmte appraisal-"Stile", also Einschätzungs- und Bewertungstendenzen in bezug auf Klassen von Ereignissen oder Situationen entwickelt. Situationen, die das Wohlbefinden tangieren, schätzen die einen als bedrohlich, die anderen aber als herausfordernd ein.

Scheele (1990, S. 71) bezeichnet in ihrem, dem Forschungsprogramm "Subjektive Theorien" verpflichteten Ansatz eine Emotion als "Zustand der Bewertung von Selbst-Welt-Relationen unter Bezug auf bedürfnisrelevante Wertmaßstäbe". Emotionen implizieren also auch für Scheele "eine spezifische Art von Bewertungsprozeß", "nämlich den unter Rückgriff auf 'bedürfnisrelevante' (überdauernde, grundlegendere) Werte bzw. Werthaltungen des Individuums" (S. 257). Sie geht über Lazarus deutlich hinaus, indem sie fordert, die Erfassung episodischer Auseinandersetzungen der Person mit Belastungen und Herausforderungen "mit der Erhebung individueller Bedürfnisstrukturen, Werthaltungen, -einstellungen etc. zu kombinieren, um so die konstitutive Funktion der 'Bedürfnisrelevanz' von Wertungen für die Emotionalität des Individuums nachweisen zu können" (a. a. O., S. 257 f.). Diese "Wert"-Thematisierung greifen wir im 5. Kapitel unter dem Stichwort "Wertbindung" wieder auf.

Angst entsteht nach Lazarus aus der kognitiven Einschätzung heraus, einer Bedrohung nicht mit ausreichenden eigenen Mitteln, einschließlich Flucht, begegnen zu können. Und bedroht fühlen wir uns, wenn wichtige subjektive Ziele oder Werte in Frage gestellt werden. Die Nähe der Mutter scheint also für unseren Peter von großer Wichtigkeit zu sein, während Paul die Trennung besser bewältigen kann, weil er die Beziehung zur Mutter besser "verinnerlicht" hat, mehr Vertrauen in die Dauerhaftigkeit der Beziehung hat u. ä. m.

Lazarus hat einen personorientierten, nicht-reduktionistischen Ansatz zum Verstehen von Emotionen entwickelt. *Offen* bleibt jedoch, auf welche Arten von Emotionen sein Ansatz "paßt".

Obwohl Lazarus die dispositionellen (lebensgeschichtlichen) Komponenten der Einschätzungsprozesse durchaus sieht, versäumt er zu erklären, auf welche Weise und in welchen Strukturen sich frühere Erfahrungen und Einschätzungstendenzen niederschlagen (vgl. hierzu später das Konzept des "emotionalen Schemas").

5. *Funktionalistisch orientierte Komponenten-Prozeß-Modelle* sehen ähnlich wie Lazarus Emotionen als Produkte verschiedener Verarbeitungsschritte auf unterschiedlichen Verarbeitungsebenen an, spezifizieren aber zusätzlich ein oberstes Ziel bzw. Kriterien der Informationsverarbeitung (vgl. Scherer 1984; Leventhal 1984; Leventhal & Scherer 1987). Emotion als "System" repräsentiert einen phylogenetisch entstandenen Anpassungsmechanismus, der mittels einer Entkoppelung von ehedem automatisch, reflexhaft miteinander verbundenen Reaktionen und auslösenden Reizen eine flexiblere Anpassung an hochkomplexe soziale und physikalische Umwelten ermöglichen bzw. optimieren kann (Leventhal & Scherer 1987, S. 7 u. 14). Die Entkoppelung geschieht durch das Dazwischentreten einer Abfolge von organismischen Prüfschritten, deren kumuliertes Ergebnis die Art der emotionalen Reaktion bestimmt (Scherer 1984).

Wie bei Lazarus stehen auch hier Emotionen im Dienste der Handlungsregulation; auch die von Scherer postulierten Prüfschritte (s. u.) dienen der Vorbereitung und Aufrechterhaltung von Handlungen. Wie bei Lazarus gehen den Emotionen hier kognitive Verarbeitungsprozesse unmittelbar voraus. Scherer, Leventhal und auch Roseman (1984) versuchen jedoch im Vergleich zu Lazarus, Prüfschritte und Bewertungsdimensionen auf eindeutige Kriterien zu beziehen und dadurch die Art der ablaufenden kognitiven Prozesse sowie die Abhängigkeit bestimmter emotionaler Reaktionen von ganz bestimmten Prüfergebnissen besser zu spezifizieren.

Die evolutionsbiologische Begründung führt zur Bestimmung konkreter Bewertungskriterien im Hinblick auf ihre "adaptive Bedeutsamkeit" (Leventhal & Scherer 1987, S. 14). Die in einer festen zeitlichen Reihenfolge ablaufenden (unwillkürlich-unbewußten) Prüfschritte bewerten Ereignisse oder „Reize" im Hinblick auf 1. deren Neuheit, 2. deren Angenehmheit, 3. deren Relevanz für Ziele und Bedürfnisse der Person, 4. die Frage der Bewältigbarkeit durch die Person und 5. die Übereinstimmung mit sozialen Normen und selbst-relevanten Zielen (Scherer 1984).

Leventhal (1984) postuliert eine hierarchische Mehrebenenstruktur derjenigen Verarbeitungsprozesse, die zu emotionalen Reaktionen führen (vgl. auch Leventhal & Scherer 1987, S. 8–13). Die erste, die sensorisch-motorische Ebene konstituiert sich als ein Signal-Austauschsystem, innerhalb dessen bestimmte Merkmale (z. B. Stimme, Mimik) und Verhaltensweisen der Versorgungsperson beim Kind unmittelbar und automatisch Hinwendungs- und basale emotionale Reaktionen wie z. B. Lächeln hervorrufen. Auf der zweiten, schematischen Verarbeitungsebene kommt es zur gedächtnismäßigen Repräsentation der Verknüpfung zwischen bestimmten emotionsauslösenden Ereignissen/Situationen und den jeweils ausgelösten konkreten emotionalen Erlebnissen.

Die spätere Schema-Aktivierung verbindet dann ein gegenwärtiges Ereignis mit dem Schema bzw. emotionalen Prototyp, der charakteristisch war für frühere emotionale Episoden, und organisiert so das gegenwärtige emotionale Erlebnis (Leventhal & Scherer 1987, S. 10). Auch auf dieser Ebene entstehen Gefühle noch auf eine assoziative, automatische Weise. Anders auf der dritten, der konzeptuellen Verarbeitungsebene: Hier reflektiert das heranwachsende Kind über potentielle Auslöser und seine emotionalen Reaktionen, und dieses Nachdenken kann Gedächtnisstrukturen aktivieren und Schemata eröffnen bzw. zugänglich machen. Alle drei Verarbeitungsebenen sind – beim Erwachsenen – an nahezu allen emotionalen Reaktionen in unterschiedlicher Gewichtung beteiligt. Den Ansatz von Leventhal, insbesondere seine Hinweise auf Schematisierungsprozesse, greifen wir später bei der Darstellung einer eigenen Schematheorie wieder auf.

Was trägt nun dieses Modell – Leventhal und Scherer versuchen eine Integration ihrer Ansätze (1987) – zum Verständnis der Gefühlsgeschichte unseres kleinen Peter bei? Unterstellt würde zunächst, daß das Angsterleben auf phylogenetisch entstandene

"Mechanismen" der Anpassung zurückgeht und daß es im gegenwärtigen Kontext eine handlungsregulierende Aufgabe erfüllt. Das Gefühl wird zu einem Mittel, das einen bestimmten Zweck erfüllt – siehe schon oben die Darwinsche Auffassung über den Gefühlsausdruck. Weiter: Aufgrund früherer Trennungsepisoden hat unser Peter ein Schema für Trennungsangst entwickelt, das bei entsprechenden neuen Ereignissen ins Spiel kommen und entsprechende Angst bewirken kann.

Auf der sensorisch-motorischen Verarbeitungsebene hätte eine nur ungenügende Synchronisierung von kindlichen Bedürfnissen und mütterlichem Verhalten stattgefunden und damit eine unsichere Bindung verursacht. Auf der dritten, der konzeptuellen Ebene kann der kleine Peter bereits erste Überlegungen zur Trennungssituation und den möglichen Folgen anstellen, die zu einer Verstärkung oder Verminderung seines Angstgefühls oder auch zur Heraushebung von Situationselementen führen können, die andere Emotionen ins Spiel bringen wie z. B. Stolz über die "Leistung" des Alleinbleibens.

Die Verarbeitungsprozesse auf den drei Ebenen wirken integrativ über eine gewisse Zeitspanne zusammen und bewirken möglicherweise durchaus "gemischte" Gefühle, können sich aber auch in dieselbe Richtung – Angst – gegenseitig verstärken. Dieses Verarbeitungssystem wird aktiviert (Leventhal & Scherer 1987, S. 3) durch die oben skizzierte Abfolge von Prüfschritten (nach Scherer 1984), deren Ergebnis in unserem Beispiel zum Erleben von Angst führt, theoretisch aber auch eine andere Emotion zur Folge hätte haben können: Das Weggehen der Mutter interpretiert der kleine Peter (unwillkürlich) als "neu" im Sinne einer Veränderung, als "unangenehm", als sehr "relevant" für sein Bedürfnis nach Nähe, als "nicht-bewältigbar", weil kaum kontrollierbar, und schließlich als "abweichend" von seinem Idealbild der Mutter-Kind-Beziehung, nach welchem die Mutter das Kind nicht an einem anderen Ort alleine lassen darf.

Obwohl sich die Modelle von Scherer und Leventhal recht gut mit Hilfe unseres Beispiels illustrieren ließen, ist zu bezweifeln, daß unsere konkreten Gefühlserlebnisse (grundsätzlich) "adaptiv" im Sinne der Evolutionstheorie sind oder gar in dieser Adaptivität aufgehen bzw. grundsätzlich motivierende Bedeutung haben. Außerhalb dieses Ansatzes verlieren die postulierten Kriterien und Bewertungsschritte ihre Plausibilität. Es ist kaum vorstellbar, daß Gefühle wie Heimweh, Demut, Freude oder Glück dadurch zustande kommen, daß genau die Abfolge von Prüfschritten durchlaufen wird, die Scherer vorschlägt. Diese Zweifel gelten in gleicher Weise für die von Roseman (1984) entwickelte Taxonomie von kognitiven Bewertungsdimensionen des emotionalen Erlebens. Mit der Annahme sequentieller Verarbeitungsschritte setzen sich einige Emotionstheoretiker kritisch auseinander (vgl. z. B. Epstein 1984, S. 80 f.).

Im 5. und 6. Kapitel des Buches stellen wir einen weiteren theoretischen Ansatz vor, der Erklärungen von Gefühlsreaktionen und Reaktionsbereitschaften mit Hilfe einer strukturdynamischen (Schema-)Theorie versucht.

3.3 Funktionszentrierte Auffassungen: Emotion als Anpassungsmechanismus

Die meisten heutigen Theorien sehen Emotionen in einer engen Beziehung zum Handeln; sie schreiben Emotionen Zweckdienlichkeit für das Handeln, oft auch für das Überleben der Art zu, sie begründen die Existenz von Emotionen geradezu (phylogenetisch) aus dieser Zweckdienlichkeit. Wir werden uns daher im Folgenden mit dieser dominierenden Sichtweise auseinandersetzen.

3.3.1 Das evolutionsbiologische Antwortmuster heute

Einige der oben skizzierten Theorieansätze lassen die Neigung erkennen, "Emotionen nicht als Phänomene von eigener Art, sondern als etwas Ableitbares, Unselbständiges zu betrachten" (Traxel 1983 a, S. 13, über eine Tendenz in der Geschichte der Emotionskonzepte). Unter "Funktionalismus" in der Emotionspsychologie verstehen wir (in Analogie zum soziologischen Funktionalismus) die Tendenz, Emotionen vorweg in bestimmten Mittel-Zweck-Zusammenhängen zu sehen und stets nach dem "Wozu" von Gefühlen zu fragen (vgl. Ulich 1989, S. 125 ff.). Hinweise auf die "Funktionen" von Emotionen fehlen heute in keinem Lehrbuch oder Überblicksartikel. So nimmt z. B. Schneider (1990, S. 406) neben den "Erlebnistatbeständen" der Gefühle und Stimmungen Emotionen als "handlungssteuernde Zustände" an, die sich in Gefühlen ausdrücken können oder nicht. Im Handlungsantrieb, der Emotionen in der Regel zukomme, liege deren funktionale Bedeutung (S. 407).

Unter ausdrücklicher Berufung auf den Instinkttheoretiker

McDougall stellt Schneider (S. 408) fest, daß im Verhalten des Menschen die Emotionen "die eigentlichen 'Invarianten' des instinktiven, d. h. des genetisch fundierten Verhaltens" darstellen. "Ihre funktionale Bedeutung erhalten Emotionen damit zunächst einmal durch ihre handlungssteuernde Funktion in genetisch verankerten Motivationssystemen, also solchen Systemen, die im Laufe der Stammesgeschichte entstanden sind und die wir daher in der Regel mit anderen Säugetieren gemeinsam haben" (ebd.). Aus dem letzten Halbsatz leitet Schneider später (S. 435) ab: "Es kann daher kein Zweifel bestehen, daß diesen Verhaltensdispositionen (z. B. Schmerzvermeidung) evolutiv entstandene Mechanismen zugrunde liegen, die eine genetische Basis haben."

Ähnlich argumentiert Ekman (1984, S. 340), wobei er, wie viele andere "Funktionalisten", von Emotion im Singular spricht, wohl um einen "Mechanismus" zu bezeichnen: "Emotion hat sich entwickelt, um fundamentale Lebensaufgaben in Angriff zu nehmen". Nach Campos et al. (1983, S. 826) impliziert die funktionalistische Auffassung von Emotionen, "daß Emotionen erforscht werden sollten 1. wegen ihrer Wirkungen und 2. wegen der adaptiven Funktionen, die sie für interne und soziale Regulationen haben, und *weniger* bezüglich dessen, was sie *inhaltlich* anzeigen oder widerspiegeln" (Hervorhebungen D. U.). Hatte nicht schon der Neobehaviorist N. E. Miller gesagt, ihn interessiere nicht, *wieviel* Angst ein Mensch habe, sondern lediglich, was die Angst ihn zu *tun* veranlasse?

Nach Schneider (1990, S. 410) haben Emotionen die folgenden drei "primären" Funktionen: "(1) Sie ermöglichen die bedürfnis- und situationsgerechte Auswahl von Verhaltensweisen; (2) sie regulieren Intensität und Ausdauer der verschiedenen Verhaltensweisen, und (3) sie bewirken das Lernen (Abspeichern) solcher Verhaltensweisen, die unter bestimmten situativen Umständen erfolgreich waren, und markieren im Gedächtnis andererseits solche, die zu Mißerfolg führten."

Schon Descartes hatte die angebliche Nützlichkeit der Emotionen für das Überleben zum dominierenden Analysegesichtspunkt gemacht (Kagan 1978, S. 24). Zugrunde liegt hier die zirkelhafte Denkfigur des "teleologischen Irrtums": Von behaupteten Zwecken wird auf Ursachen geschlossen. Aus der Tatsache, daß die Menschheit als Gattung bis heute mehr schlecht als recht (einige besser, andere schlechter!) überlebt hat, schließt man, daß alle heute auszumachenden Wesenseigentümlichkeiten bei diesem Überleben nicht nur geholfen haben, sondern dafür sogar ursächlich waren. Dann kann man das zu Beweisende, nämlich die

Überlebensfunktion von Emotionen, getrost als schon erwiesen ansehen.
Jedoch: "Zu zeigen, wozu etwas 'nützt', heißt weder erklären, wie es entstanden ist, noch wie es seine spezifische Form gefunden hat" (König 1964, S. 286). Es gibt in der Tat bisher keine ausreichenden empirischen Belege dafür, daß die behauptete Zahl "grundlegender" Emotionen tatsächlich so existiert und "evolutionär" entstanden ist (Scherer 1983, S. 416). (Apropos: Peters Furcht vor dem Alleingelassenwerden ist übrigens keineswegs so "funktional", denn sie behindert das notwendige Selbständigwerden.)

3.3.2 Emotion als System: Die Theorie von Izard

In Anlehnung an Darwin (s. o.) hatte Tomkins (1962) Emotionen als instinktanaloge universelle Erlebnisformen postuliert, die als funktionale Mechanismen der Anpassung dienen und insofern mit anderen Teilsystemen der Person in engem Zusammenhang stehen. Diesen Ansatz haben Ekman (1984) und Izard (z. B. 1977) weiterentwickelt. Systemauffassungen vertreten auch viele deutsche Autoren wie z. B. Schneider (1990) oder Scherer, der von *dem* Emotionssystem spricht und Emotion als Anpassungsmechanismus bezeichnet (1979, S. 212, 214; 1984). Für Izard, der seinen – hier stellvertretend dargestellten – Ansatz "Theorie der diskreten, differentiellen Emotionen" nennt, bilden die grundlegenden, angeborenen Emotionen (s. u.) ein System, das selbst Teil eines Verhaltenssystems ist, welches entstand, um das Überleben der Art zu sichern. Das Emotionssystem ist integraler Bestandteil motivationaler Systeme der Persönlichkeit. Innerhalb dieser dient das Emotionssystem folgenden Zwecken: Überleben, Förderung der Kind-Umwelt-Interaktion, Unterscheidung des eigenen Selbst von anderen Personen, Ausweitung der Aktivitätsräume, Förderung der Kognitionen über sich selbst und Selbstkontrolle (z. B. über Furcht und Schuldgefühle).
Emotionen bilden mit dem Homöostase-, Motorik-, Wahrnehmungs-, Trieb- und Kognitionssystem insgesamt sechs Subsysteme, aus denen sich die Persönlichkeit konstituiert. D. h., die menschliche Persönlichkeit besteht aus der Organisation dieser sechs voneinander relativ unabhängigen, aber miteinander interagierenden Systeme, die zum Zeitpunkt der Geburt noch nicht alle in gleicher Weise vorhanden sind. Aus der Interaktion dieser Subsysteme entstehen vier Arten von Motivationen: Triebe,

Emotionen, affektiv-perzeptive und affektiv-kognitive Wechsel-
wirkungen sowie überdauernde affektiv-kognitive Strukturen und
Orientierungen. Emotionen sind also einerseits als globale gene-
rative Regulationssysteme konzipiert, andererseits auch als ziel-
orientierte Motive, d. h. spezielle Handlungsorientierungen. Die
"affektiv-kognitiven Strukturen mit ihren motivationalen Cha-
rakteristika sind für Izard die wichtigsten motivationalen und per-
sönlichkeitsrelevanten Strukturen für das Individuum und bestimmen die grundlegende Persönlichkeitsdisposition" (Scherer 1979,
S. 237).

Von Geburt an ist das Emotionssystem, das in seinen neuralen
Grundstrukturen angeboren ist, im Vergleich mit den anderen
Subsystemen schon gut entwickelt und bleibt für das gesamte
weitere Leben das *primäre motivationale* System. Emotionen sind
die "grundlegenden Motivatoren menschlichen Verhaltens"
(Izard & Malatesta 1987, S. 494); dies ist die zentrale Prämisse
der Theorie. Entsprechend besteht emotionale Entwicklung darin, daß "integrative Prozesse und Mechanismen Emotion, Kognition und Handeln adaptiv organisieren" (a. a. O., S. 538). In der
Evolution haben sich nach Izard voneinander getrennte neurale
Mechanismen als Grundlagen für die folgenden zehn diskreten
Emotionen, entsprechend ihrem jeweiligen adaptiven Beitrag, her-
ausgebildet: Interesse/Aufgeregtheit, Vergnügen/Freude, Über-
raschung/Schreck, Unmut/Pein, Ärger/Wut, Ekel/Widerwille,
Verachtung/Spott, Furcht/Entsetzen, Scham/Schüchternheit/Er-
niedrigung und Schuld/Zerknirschung.

Diese grundlegenden Emotionen sind schon bei Geburt als qualitativ unterschiedliche Erlebnisformen vorhanden. Durch Reifung
und soziale Anregung kommen sie zur Entfaltung, "sowie sie
adaptiv werden in der totalen Lebenserfahrung des Kleinkindes"
(Izard & Buechler 1980, S. 172), also Ärger z. B. dann, wenn das
Kind aufgrund seines Entwicklungsstandes Hindernisse erfahren
und mit Frustrationen auf unterschiedliche Weise umgehen kann.
Das subjektive Gefühlserleben kommt dadurch zustande, daß
Veränderungen in der Gesichtsmuskulatur dem Gehirn rückge-
meldet werden (wofür es bisher wenig Anhaltspunkte gibt, vgl.
Kuhl 1983). Die subjektive Gefühlsregung "stammt direkt von
den zugrundeliegenden neuralen und (Ausdrucks-)motorischen
Prozessen her" (Izard & Malatesta 1987, S. 497). Die grundlegenden Emotionen formen sich zu einem emotionalen Gesamt-
system, worunter Izard & Malatesta (1987, S. 496) verstehen:
". . . die diskreten Emotionen und ihre Beziehungen untereinan-

der und zu den anderen Systemen, die im Individuum operieren", wie z. B. den verschiedenen Teilen des Nervensystems.

Als "diskrete Emotion" definieren die Autoren (ebd.) "einen besonderen Satz neuraler Prozesse, die zu einem spezifischen Ausdruck und einem korrespondierenden spezifischen Gefühl führen. Also besteht eine Emotion aus drei Komponenten – neurale, motorisch-expressive und psychische Prozesse (Gefühle) –, und der Begriff Emotion bezieht sich immer auf ein Drei-Komponenten-System". Diese Komponentenauffassung ist heute weit verbreitet und kommt auch in der system-orientierten, synthetischen Definition zum Ausdruck, die Kleinginna & Kleinginna (1981) nach der Durchsicht von 101 Definitionen und Stellungnahmen erarbeitet haben.

Auf Probleme derartiger Komponenten-Konzepte von Emotionen, die aus Analyse-Ebenen einfach Merkmale von Emotionen machen und dabei kaum die festgestellten geringen Übereinstimmungen zwischen den Ausprägungen auf den verschiedenen Ebenen berücksichtigen, weist z. B. Pekrun hin (1988, S. 98).

Empirische Basis der Theorie der diskreten Emotionen sind vor allem Beobachtungen, daß einige Emotionen sich in interkulturell vergleichbar ähnlicher Gesichtsmimik auszudrücken scheinen, daß denselben emotionalen Episoden in verschiedenen Kulturen in vergleichbarer Weise dieselben "Gesichter" zugeordnet werden. Daraus zogen die Vertreter der Theorie der diskreten Emotionen (vgl. z. B. Ekman 1988) den Schluß, daß es universelle Koppelungen zwischen bestimmten Emotionen und bestimmten Bewegungen der Gesichtsmuskulatur gebe.

Über die Ausdrucksstudien hinaus gibt es bisher wenig empirische Belege für die Annahmen von Izard (vgl. auch Geppert & Heckhausen 1988). In dessen imposantem Gebäude von Postulaten zu einer Naturgeschichte der Emotionen überwiegen die evolutionsbiologischen Festlegungen und Analogiebildungen die psychologischen Ausführungen im engeren Sinne. Zu vielen psychologischen Zusammenhängen, wie z. B. der Beziehung zwischen kognitiver und emotionaler Entwicklung, der Rolle von Gedächtnisprozessen und der Entstehung subjektiver Gefühlserlebnisse, fehlen genauere Angaben (ebd.). Dem Bedürfnis nach einem möglichst geschlossenen System werden Fragen nach der intra- und interindividuellen Variabilität und Konstanz von emotionalen Reaktionen und Reaktionsbereitschaften weitgehend geopfert.

Indem man Gefühle vorweg zu bloßen Indikatoren des "richtigen" Funktionierens macht, zu Garanten der "Anpassung" – wertet man damit Gefühle als eigenständige Erlebnissachverhalte nicht ab? Gehen Gefühle wirklich ganz im "Funktionieren" auf, sind sie lediglich der – vielleicht entbehrliche – "subjektive" Zukkerguß auf dem schieren Überleben? Sind Gefühle aber nicht vielmehr, ebenso wie Kognitionen und Motive, Bestandteile alltäglicher psychischer *Realität* und als solche von ernstzunehmender Eigenwertigkeit und Eigengewichtigkeit? Sind die "grundlegenden Emotionen" eines Izard, eines Ekman, eines Plutchik vielleicht nur *der Schwanz, der mit dem Hund wedelt?*

3.4 Wege zu einer personzentrierten Auffassung von Emotionen

Es reicht offenbar nicht aus, Emotionen lediglich im Organismus-Modell des Verhaltens zu konzeptualisieren. Korrekturen ergeben sich aus einer Ergänzung der Naturgeschichte der Emotionen (so sie denn möglich wäre) durch eine Sozial- und Individualgeschichte. Dafür gibt es bisher nur wenige Ansätze, vor allem aus der Soziologie und Kulturanthropologie (vgl. auch Kap. 6). Da wir uns im Alltag ja nicht als "Organismen" begegnen, sondern als Personen, müssen wir zunächst eine Veränderung der Blickrichtung vornehmen, nämlich weg von einer funktions- oder organismuszentrierten Perspektive und hin zu einer *person*zentrierten. Dazu werden wir teilweise wieder auf einige Überlegungen des stark alltagsbezogenen Kapitels 3.1 zurückgehen und manches nochmals aufgreifen.

3.4.1 Erlebnisphänomenologische Analyse: Gefühle als Formen des "Berührtseins"

Wie kann man die eben deutlich gewordene Kluft zwischen Biologischer Anthropologie einerseits und unseren alltäglichen Gefühlsgeschichten andererseits überbrücken? *Eine* wichtige Voraussetzung dafür ist eine erlebnisphänomenologische Analyse: Was bedeutet es aus der Perspektive des Erlebenden, in eine Gefühlsgeschichte "verstrickt" zu sein? Gefühle sind Erfahrungstatsachen, die wir durchaus auch aus der Perspektive des Erlebenden beschreiben müssen und können. Gefühle sind persongebundene Zuständlichkeiten, können *nicht* als von der Person abgelöst gedacht werden.

Ein erster Schritt zur Überwindung der genannten "Kluft" besteht darin, im Rahmen anthropologischer Vorüberlegungen die Person als sinnstiftende Einheit des emotionalen Erlebens zu begreifen. *Sie* ist in Gefühlsgeschichten verstrickt, und dieses Verstricktsein verstehen wir am ehesten dann, wenn wir 1. die "Gewordenheit" der Person rekonstruieren und 2. ihre jeweilige Gefühlsgeschichte als eine besondere Begegnung mit einer Situation, einem Ereignis usw. auffassen, die irgendeine Art von "Berührtsein" erzeugt (s. u.). Das Hauptinteresse gilt dann der emotionalen *Bedeutung*, die ein Ereignis für eine Person hat. Wenn wir diese Bedeutung erfassen können, wissen wir, wie es zu einer aktuellen Gefühlsregung kam bzw. kommen kann.

Was "erlebt" wird, ist also die emotionale Bedeutung eines Ereignisses – wir erläutern dies noch genauer. Demgegenüber bezeichnen die wissenschaftlichen Emotionsbegriffe Abstraktionen aus dem kontinuierlichen psychischen Geschehensstrom, die wir durch geeignete Theorien und Methoden mit dem Bedeutungs-Erleben verbinden müssen. Die Entsprechung zwischen individuellen Bedeutungskriterien, emotionsrelevanten Ereignissen und emotionalem Erleben sehen wir weniger als angeboren an, sondern eher durch Lern- und Entwicklungsprozesse hervorgebracht (vgl. z. B. Lewis & Michalson 1983).

In einem nächsten Schritt müssen wir versuchen, Emotionen *nicht* als etwas Unselbständiges, Ableitbares – etwa eine besondere Form von Motiven –, sondern als "Phänomene von eigener Art" anzusehen bzw. zu identifizieren (Traxel 1983 a, S. 13). Der Begriff Emotion wäre ja überflüssig, wenn wir Gefühle pauschal der Klasse der Motive zuschlagen würden. Wenn wir uns auch bewußt bleiben, daß begriffliche Akzentuierungen willkürlich sind, so setzt die Verwendung von Emotionsbegriffen doch voraus, daß wir irgendwelche Unterscheidungsmerkmale benennen.

"Trotz aller Verschiedenheit in der Theorienbildung sehen wir eine gewisse Einheitlichkeit im Ausgangspunkt, nämlich der umgangssprachlichen Verwendung des Begriffs Gefühl, der einen erlebten Zustand bezeichnet" (Ewert 1983, S. 399). Diese Formulierung rückt jene Komponente in den Mittelpunkt, die in Komponenten-Definitionen als "affektive Erfahrung", "subjektives Erleben" u. ä. erscheint. Scherer versteht unter dem "subjektiven Gefühlszustand" die Bewußtwerdung oder das Bewußtsein der jeweiligen Zustandsformen aller anderen Subsysteme (1983, S. 420 f.). Wir klammern hier die Frage aus, ob es auch nicht-bewußte Gefühlszustände gibt, und entscheiden uns, den gesamten Emotions-Komplex von seiner "subjektiven" Komponente her anzugehen. Auch Pekrun (1988, S. 99) schlägt vor, den Emotionsbegriff vor allem auf das subjektive emotionale Erleben zu beziehen.

Gefühle haben (nach Ewert 1983, S. 414, auch das Folgende) einen bestimmten "Einsatz" und eine bestimmte zeitliche Verlaufsgestalt, sind also nicht dauernd im Bewußtsein. Sie haben Auslöser oder Anlässe, vor allem Personen oder personenrelevante Ereignisse. Gefühle sind also stark durch ihre soziale "Bezüglichkeit" oder Bezogenheit charakterisiert. Sie richten sich im Sinne einer "Bezugswendung" auf die erlebte Mitwelt oder auf das Verhältnis des Erlebenden zu Situationen oder Dingen.

Im fünften Kapitel des Buches entwickeln wir ein Modell, das die Entstehung von Gefühlsregungen, also die Aktualgenese, zu verdeutlichen versucht. Im Vorgriff darauf seien hier kurz die vier Faktoren genannt, aus deren Zusammenwirken sich eine aktuelle Gefühlsregung ergibt:

1. Eines oder mehrere *Ereignisse* im Sinne von Veränderungen der "inneren" oder "äußeren" Situation; in der Episode mit dem kleinen Peter etwa: Die Mutter verabschiedet sich von der Kindergärtnerin.

2. Die gegebene Situation bzw. der *Kontext*; bei Peter etwa: eine nicht-vertraute Umgebung; Kinder stürmen in den Raum.

3. Die *Momentanverfassung* der erlebenden Person, also weitere Stimmungen und Zustände der Person; bei Peter etwa: Geschwächtheit durch eine gerade überstandene Erkältung; Nachwirkungen eines Streits; Müdigkeit.

4. *Emotionale Schemata* der Person als Folie oder Raster des Erlebens. Je nach den emotionalen Schemata, über die eine Person zu einem gegebenen Zeitpunkt verfügt, ist sie besonders sensibel für *bestimmte* Wahrnehmungen und Ereignisse, reagiert sie besonders prompt bzw. intensiv, verleiht sie Ereignissen eine bestimmte Bedeutung, anders etwa im Vergleich zu anderen Personen, bei denen dasselbe Ereignis andere emotionale Schemata aktiviert. Das Konstrukt "emotionales Schema" werden wir im fünften Kapitel ausführlich erläutern. Zunächst wieder zu unserem Peter: Aufgrund vergangener Trennungserlebnisse ist er besonders sensibilisiert für Trennungsereignisse und -erfahrungen; er hat Angst-Schemata entwickelt, die, wenn ein Ereignis in diese Schemata "hineingerät", sogleich das Gefühl des Bedrohtseins entstehen lassen.

Alle vier Faktoren bestimmen gleichermaßen die Entstehung einer konkreten Gefühlsregung mit. Entsprechend können wir nun festlegen: Eine Gefühlsregung oder *ein Gefühl besteht im*

Innewerden der emotionalen Bedeutung eines Ereignisses. Zu klären ist vor allem, was unter dem Begriff "emotionale Bedeutung" zu verstehen ist.

Anstelle einer instinktanalogen Vorprogrammierung funktional adaptiver Gefühlsregungen bzw. entsprechender Prüfschritte postulieren wir "offene" Welt-Selbst-Relationen (vgl. auch Groeben & Scheele 1983; Scheele 1990), deren Gestaltung weniger von der Evolution, sondern eher von persönlichen Lebensgeschichten und "Wertbindungen" abhängt. Die Relationalität bzw. der Beziehungscharakter von Gefühlsregungen kommt, kurzgefaßt, darin zum Ausdruck, daß Gefühlsregungen stets sowohl ereignis-*bezogen* wie schema-*gebunden* sind: Ich beziehe mich auf *etwas*, und *ich* bin es, der sich darauf bezieht.

Diese Zweipoligkeit des Erlebens und Handelns erscheint im Kontext einer phänomenologisch orientierten Psychologie als *Intentionalität* (vgl. Graumann 1984; Graumann et al. 1991). "Emotion ist Ausdruck einer Beziehung zwischen der Person und dem Gegenstand der Emotion. Im Fühlen werden daher nicht objektive Eigenschaften des Gegenstandes erfahren, sondern die Art dieser Beziehung" (Tunner 1982, S. 215).

Sinnverstehen im Bezugssystem der Phänomenologie impliziert, daß wir dem Denken, Fühlen und Handeln von Personen Intentionalität zuschreiben – nicht zu verwechseln mit Intention im Sinne bewußter Absicht. Alle Erlebnisse als Glieder des Erlebnisstroms sind durch ihre intentionale Beziehung auf Gegenständliches charakterisiert, ja sie sind diese Intentionalität selbst (Graumann 1984, S. 560, unter Bezugnahme auf Husserl). Intentionalität besagt, "daß menschliche Aktivität (Denken, Phantasieren, Verhalten, Handeln usw.) auf ein Etwas gerichtet ist, das ein Subjekt in seinen Akten als von diesen unabhängig existierend auffaßt" (Graumann et al. 1991, S. 67). Dabei ist es gleichgültig, ob dieses "Etwas" ein reales Ding ist, das wir wahrnehmen, an das wir uns erinnern, oder ob es sich um abstrakte Begriffe oder um Produkte der Einbildungskraft handelt. Auch Produkte des Denkens und Erlebens existieren seit ihrer Entstehung auf ihre besondere Weise und stehen in einer bestimmten Beziehung zum je aktuellen Erleben und Verhalten (ebd.).

Intentionalität heißt also "Auf-etwas-Bezogensein", impliziert ein "Sich-zu-etwas-in-einer-bestimmten-Hinsicht-Verhalten" (Graumann 1984, S. 566). Ich bringe mich zu etwas aktiv in ein Verhältnis, stelle ein Verhältnis her oder befinde mich in einem Verhältnis zu etwas (ebd.). "Sich-Verhalten ist nicht der Begriff für eine am isolierten Individuum ('Organismus') feststellbare Aktivität (etwa

Bewegung), sondern primär für eine Person-Umwelt-Beziehung" (ebd.). Auf Erleben angewandt ist mit der Intentionalität auch eine gewisse Unmittelbarkeit des Lebendigseins und zugleich ein *Dabeisein* gemeint; eine der ersten Bedeutungen von Erleben heißt soviel wie *"mit* ansehen", *"mit*fühlen", *"mit*machen" (Graumann 1984, S. 556, Hervorhebung von D. U.).

Intentionalität leistet den Wirklichkeitsbezug des Erlebens und Bewußtseins, ohne deshalb notwendigerweise ein zutreffendes Abbild oder reflektierte Urteile liefern zu müssen. Gemeint ist, daß das Denken sich auf Gedachtes oder zu Denkendes und das Fühlen auf Gefühltes oder zu Fühlendes *beziehen muß* (a. a. O., S. 554) – was keine Verdoppelung der Realität (z. B. im Sinne von "Ich beobachte mich selbst"), wohl aber eine Überwindung des "Immanentismus" bedeutet (ebd.), der auch das Modell der sich selbst steuernden "grundlegenden Emotionen" (s. o.) kennzeichnet.

Auch in emotionalen Person-Welt-Beziehungen "werden Ereignisse als in ihrem 'gegenständlichen Sinn' unabhängig von meinem Affiziertsein existierend intendiert. . . . Im Schmerz, der mir zugefügt wird, erfahre ich beispielsweise einen Verlust als schmerzlich, in der freudigen Überraschung ein Ereignis als so unerwartet wie erfreulich" (Graumann a. a. O., S. 569). Umwelt erscheint dabei als historisch und sozial konstituierte Umwelt im Sinne einer "perspektivisch strukturierten Situation eines leiblichen Subjekts" (Graumann a. a. O., S. 570). Jede Beschreibung von Emotionen muß also sensitiv sein für das "Kriterium der Intentionalität menschlicher Aktivität wie Zuständlichkeit" (Graumann et al. 1991, S. 68). Beschreibung muß das erfassen, "was Personen in ihrem Verhalten und Handeln als den von ihnen erlebten/gesetzten *Sinn* eben dieses Verhaltens und Handelns – bildlich gesprochen – vor Augen haben" (ebd.).

Auch Emotionspsychologie hat also nicht mit Emotionen "an sich" zu tun, sondern mit qualitativ unterschiedlichen Formen des Beteiligtseins, und zwar im Sinne eines *Involviertseins* (vgl. Heller 1980). Dieses kennzeichnet die spezifische Form *emotionalen* Im-Verhältnis-zu-etwas-Seins: Involviert bin ich, wenn mich ein Ereignis "etwas angeht", wenn es mich "nicht kalt läßt", wenn es mir nicht gleichgültig ist, wenn es eine "Saite" in mir zum "Schwingen" bringt, wenn es mich berührt. Ich-Beteiligung impliziert auch das "Bewegtsein" im Wort "Emotion". Das Berührt-, Betroffen-, Beteiligt- bzw. Involviertsein ist nicht eine Voraussetzung emotionalen Erlebens, sondern inhärenter Bestandteil; es macht also das "Wesen" des Fühlens aus.

Das Berührtsein steht für sich, es verweist auf nichts außer auf das, was mich berührt. Insofern kann man Gefühlsregungen auch als Widerfahrnisse (vgl. Lantermann 1983, S. 275) ansehen, in denen sich das Berührtsein spiegelt. Auch andere Autoren sehen in dem *Berührtsein ein wesentliches Merkmal von Gefühlen* (z. B. Ewert 1983, S. 405); Frijda schreibt in seinem wichtigen Buch (1986, S. 479): "Ereignisse sind bedeutsam, wenn sie eine oder mehrere der Interessen der Person berühren." Daß etwas für die Person wichtig, von Belang ist, dies sieht auch Frijda als emotionskonstitutiv an, wobei er allerdings vor allem an Veränderungen der Handlungsbereitschaft interessiert ist. Für Leeper (1970, S. 164) sind Emotionen Wahrnehmungen oder Repräsentationen dessen, was einer Person in ihrem Leben das Wichtigste bzw. die wichtigsten Gegebenheiten sind.

Fühlen als Berührtsein enthält genau jene Zweipoligkeit (Person-Gegenstand oder Person-Umwelt), die Graumann oben zur Überwindung des "Immanentismus" angemahnt hat. Groeben & Scheele (1983) sprechen von "Welt-Selbst-Relationen". Nun wissen wir auch genauer, was unter "emotionaler Bedeutung" zu verstehen ist. Damit meinen wir die jeweilige inhaltliche Ausfüllung, also die Konkretisierung einer Welt-Selbst-Relation zu qualitativ unterschiedlichen Zustandsformen – Neid eher als Stolz, Trauer eher als Ärger usw. Die emotionale Bedeutung eines Ereignisses ergibt sich letztlich aus dem Zusammenwirken der oben kurz angedeuteten vier Faktoren der Aktualgenese, aus der "Stellung" des Ereignisses im Insgesamt der emotionalen Schemata einer Person (s. Kap. 5).

Die Fälle, in denen dem Erleben einer bestimmten Emotion (z. B. Neid) ein Einschätzungsprozeß von nennenswerter Dauer zeitlich vorausgeht, dürften im Alltag eher die Ausnahme sein (vgl. auch Zajonc 1980). Deshalb gilt wohl für kognitive Bewertungs- und Verarbeitungstheorien, wie z. B. die oben kurz skizzierten Ansätze von Lazarus und Roseman, daß sie eher Sonderfälle im Auge haben. Der Regelfall scheint darin zu bestehen, daß sich Involviertheit aus einer assoziativen Berührung von Ereignis und emotionalen Schemata ergibt. Es ist vor allem die Schema-Substruktur der Wertbindung, welche die Ich-Beteiligung "herstellt", wenn ein Ereignis in entsprechende emotionale Schemata gerät. Daran sind natürlich auch Situationswahrnehmung und Momentanverfassung der Person beteiligt (genauere Ausführungen zur Aktualgenese folgen in Kap. 5).

Der Forschung stellt sich die Aufgabe, spezifische Formen des Berührtseins zu analysieren, also z. B.: Warum und wodurch ist unser Peter berührt, warum berührt dies andere Kinder nicht, worin drückt sich sein Berührtsein aus, welche spezifische qualitative Form hat es (hier: Bedrohtsein) und wie ist dies aus der bisherigen Lebensgeschichte, dem Kontext, seiner Momentanverfassung, den Ereignissen und den entwickelten emotionalen Schemata verständlich zu machen.

Haben wir nun mit dem Merkmal des Berührtseins bzw. der Ich-Beteiligung *das* entscheidende Bestimmungsmerkmal von Gefühlen benannt? Eingangs hatten wir darauf hingewiesen, daß Begriffe wie Emotion, Kognition und Motiv keine quasi in der "Natur" in klar voneinander geschiedenen Formen vorkommenden Wesenheiten sind, sondern relativ willkürliche Akzentsetzungen in einem einheitlichen psychischen Geschehen. Diese Begriffe sind Ausdruck unseres jeweiligen Untersuchungsinteresses, das sich z. B. auf die Feststellung von Zuständigkeiten *oder* von Handlungsplanung *oder* von Wissen und Wissensverarbeitung richten kann.

3.4.2 Bestimmungsmerkmale von Emotionen

Wir können versuchen, die verschiedenen theoretisch bedeutsamen Klassen psychischer Phänomene anhand einer für sie jeweils typischen *Konstellation* von Merkmalen zu charakterisieren. Emotionen gleichen sich im Hinblick auf ihre "Familienähnlichkeit" (Wittgenstein). Sie lassen sich durch die Bezugnahme auf eine idealtypische Merkmalskonstellation als mehr oder weniger verwandte Mitglieder einer Familie (Klasse von Phänomenen) kennzeichnen. Das bedeutet zugleich: In allen gegebenen Fällen sind immer nur einige Merkmale vorhanden, und keines der Merkmale ist in allen Fällen gegeben – wobei die Ich-Beteiligung im Falle der Emotionen doch so ein zentrales "notwendiges" Merkmal zu sein scheint.
Im folgenden stellen wir – teilweise als wiederholende Zusammenfassung – für Emotionen eine derartige Merkmalskonstellation vor, die mit Auffassungen anderer Autoren recht gut vereinbar sein dürfte (dazu Ulich 1989, S. 33 ff.). Diese Merkmale gelten für Gefühlsregungen, weniger für Stimmungen.
1. Merkmal: Beim emotionalen Erleben steht die *leib-seelische Zuständlichkeit* einer Person im Zentrum des Bewußtseins und nicht eine Handlungsplanung, ein Gedanke, ein Gegenstand, ein Handlungsimpuls, eine Meinung, eine Willensanstrengung.

Wundt hat dies treffend mit seinem Begriff des Zustandsbewußt-
seins gekennzeichnet.

2. Fühlen heißt Berührtsein, *Involviertsein*. Darin kommt, wie
oben ausführlich dargestellt, jeweils unsere Stellung, unser Verhältnis zu "etwas", also zur Welt, zu Gegenständen oder anderen
Personen, zum Ausdruck. Im Gefühlserleben sind Werte tangiert. Emotionale Reagibilität ist generell an das Vorhandensein
von Wertbindungen geknüpft (vgl. Kap. 5). Emotionale Reaktionen enthalten diese Wertbindungen als inhärente Strukturmerk-
male; deshalb sind Gefühlsregungen keine wertenden Stellungnahmen, wie oft angenommen. Letztere implizieren einen Grad
der Bewußtheit, der nicht gegeben ist, wenn lediglich emotionale
Schemata ins Spiel kommen.

Auch Groeben & Scheele (1983) stimmen der Auffassung zu, daß
ein gewisses Maß an Ich-Beteiligung ein notwendiges Merkmal
von Emotionen sei. Emotionales Erleben geschehe in einer
bestimmten "Selbst-Welt-Relation" und enthalte grundsätzlich einen Bezug auf „je individuelle bedürfnisrelevante Wertmaßstäbe"
(a. a. O., S. 4).

3. Die Person erfährt sich im Erleben von Gefühlen eher als *passiv*, Emotionen gehören eher zur Kategorie der "Widerfahrnisse". Dies gilt auch für positive Emotionen wie Freude und
Glück. In diesem Merkmal ist ein weiteres enthalten: Gefühle
erscheinen häufig *unwillkürlich*, wie von selbst, spontan, Wenn
einmal eine Bindung an bestimmte Werte (z. B. Unversehrtheit
und Wohlergehen von Kindern) gegeben ist, dann steht es der
Person nicht mehr frei, angesichts einer Mißhandlung *nicht* Wut,
Trauer oder Mitleid zu empfinden. Da emotionales Erleben
schemagebunden ist, kommen Gefühlsregungen im wesentlichen
auf automatische Weise, d. h. durch Kontiguität, zustande.

4. Emotionale Reaktionsbereitschaften entwickeln sich aufgrund
einer engen Verwobenheit in *zwischenmenschlichen Beziehungen*
und damit auch in einer bestimmten Kultur und Gesellschaft. Die
Art der Beziehungen selbst sowie die vermittelten Werte beeinflussen nicht nur direkt die soziale Genese von Gefühlen wie z. B.
Vertrauen und Freude, sondern sie vermitteln auch indirekt die
Maßstäbe dafür, *was* uns wichtig ist, d. h., was uns nicht gleichgültig sein soll bzw. was uns kalt lassen darf oder soll. Wir lernen,
was uns berühren soll und was uns berührt, und dies lernen wir
nur innerhalb zwischenmenschlicher Beziehungen. Die "Genese
bedürfnisrelevanter Wertmaßstäbe" (Groeben & Scheele 1983,
S. 5) geschieht während der Sozialisation und führt zum Aufbau
emotionaler Schemata (vgl. Kap. 5 und 6).

5. Gefühlsregungen *bedürfen keiner Zwecke jenseits des Erlebens*. Die "Funktion" von Emotionen besteht genau darin, *daß* wir sie erleben (Mandler 1979). Eine Emotion im Sinne von Gefühlsregung hat eine Existenz aus sich selbst heraus, um ihrer selbst willen (Zajonc 1980, S. 168). Ähnlich formuliert Leventhal (1984, S. 118): "In my view, subjective experience is worthy of explanation in tis own right, independent of any role that emotional experience might have in controlling behavior". Gefühlsregungen sind weder primär Garanten des Überlebens noch primär Indikatoren der gelungenen Anpassung, sondern sie sind Formen des Berührtseins und Involviertseins und damit keine Mittel, sondern allenfalls selbst "Zwecke", wobei es uns als unangemessen erscheint, Gefühlsregungen überhaupt innerhalb von Zweck-Mittel-Relationen zu analysieren (*wozu* freue ich mich?).
Zwischen beobachteten Wirkungen von Emotionen und a priori zugeschriebener Zweckdienlichkeit ist strikt zu unterscheiden. Wir haben uns in unserer industrialisierten Kultur so sehr daran gewöhnt, alles nach seinem Gebrauchswert einzuschätzen, daß uns auch eine Instrumentalisierung von Emotionen (wie in funktionalistischen Emotionstheorien) recht leicht fällt bzw. nicht besonders stört. Die Vorstellung, daß etwas um seiner selbst willen existiert, beunruhigt uns wohl sehr.

Die skizzierte Konstellation von Begriffsmerkmalen stellt nun unseren Emotionsbegriff dar, unser Interpretationskonstrukt "Emotion" (im Sinne von Gefühlsregung). Wir lassen dabei die Frage offen, ob es universell verbreitete Qualitäten dieses Berührtseins, also die viel zitierten "grundlegenden Emotionen" gibt. Die Annahme, daß menschliche Wesen über das *Potential* zu unterschiedlichen Emotionen verfügen, ist plausibel, jedenfalls nicht widerlegbar. Uns geht es in diesem Buch darüber hinaus um die Erklärung der intra- und interindividuellen Variabilität und Konstanz von emotionalen Reaktionen und Reaktionsbereitschaften.

4. Erfassung von Emotionen
(Ph. Mayring)

Die adäquate methodische Erfassung von Emotionen gehört zu den Hauptproblemen heutiger Emotionsforschung. Hier gibt es so viele unterschiedliche Ansätze, daß in diesem Kapitel vor allem ein Einblick in diese Vielfalt vermittelt werden soll. Zunächst aber wollen wir einige Grundprobleme einer Emotionsmethodologie herausarbeiten.

4.1 Grundprobleme einer Emotionsmethodologie

Welcher Art die Ergebnisse einer Emotionsmessung sind, hängt wesentlich von zwei Punkten ab, die in der Forschung sehr unterschiedlich gehandhabt werden:
– der Gegenstandsbestimmung (In welcher Form liegt die zu messende Emotion vor?),
– der Zielbestimmung (Was soll an der vorliegenden Emotion gemessen werden?).
Die Art und Weise, in der die zu messende Emotion vorliegt, das 'setting' der Emotionserfassung (Wallbott & Scherer 1989), entscheidet als erstes über die Meßergebnisse. Man kann hier drei verschiedene Ansätze unterscheiden:
Die *Induktion*, die experimentelle Erzeugung der Emotion, war lange Zeit das beliebteste, weil am besten kontrollierbare Vorgehen der Emotionsforscher. So wurden in der Streßforschung zur Erzeugung subjektiver Belastung den Versuchspersonen Filme vorgeführt, die Initiationsriten australischer Ureinwohner mit grausamen Operationen an Penis und Hoden Jugendlicher darstellten (Lazarus & Launier 1981). In der Angstforschung wurden Versuchspersonen, die sich für physiologische Messungen 'verkabelt' im Labor befanden, kleine Elektroschocks verabreicht, zusammen mit einem aufgeregten Versuchsleiter, der Kurzschlüsse mit fliegenden Funken produzierte und den Defekt der Anlage beklagte. In den klassischen Experimenten von Schachter & Singer wurde den Versuchspersonen Adrenalin injiziert. Aber auch

harmlosere Beispiele wären hier anzuführen, wie die Mitteilung in Telefoninterviews, daß gerade sehr schönes Wetter sei, um positive Stimmung auszulösen (Schwarz & Clore 1983).

Ein solches Vorgehen, das die Vorteile experimenteller Kontrolliertheit besitzt, kann aus verschiedenen Gründen sehr problematisch sein:

- Vor allem bei der Erzeugung negativer Emotionen sind ethische Bedenken anzumelden.
- Eine wichtige Voraussetzung, nämlich ein sicheres Wissen um eine spezifische Emotionsauslösung, ist in den seltensten Fällen wirklich gegeben.
- In jedem Fall handelt es sich um künstlich herbeigeführte Emotionen, die sich nicht mit alltäglichen Gefühlsempfindungen völlig decken müssen.

Deshalb besteht eine zweite Möglichkeit in der Erhebung der Emotion *im Alltag*, im realen Lebenszusammenhang. Wenn Belastungen in konkreten Lebenskrisen erfragt werden, wie z. B. in der Lebensereignisforschung, oder wenn in der Wohlbefindensforschung Lotteriegewinner interviewt werden, dann wäre das ein solches Vorgehen. Aber auch hiermit sind grundsätzliche Probleme verbunden:

- Die Messung bedeutet bereits einen Eingriff in die Alltagsprozesse und kann dadurch die Emotion und die Alltagssituation verändern.
- Eine gänzlich alltagsnahe Erhebung vor allem aktueller Gefühlszustände würde ein Begleiten der Probanden über längere Zeiten hinweg bedeuten, was oftmals überhaupt nicht praktikabel ist.

So wählen viele Emotionsforscher die *retrospektive Erhebung*. Die Probanden werden aufgefordert, sich daran zu erinnern, als sie das letzte Mal die fragliche Emotion erlebten. Oder sie sollen, wie bei der Tagebuchmethode, am Abend die wichtigsten emotionalen Erlebnisse des Tages niederschreiben. Solche Berichte sind wiederum den Fehlerquellen selektiver Erinnerung und nachträglicher Bearbeitung unterworfen. Dafür aber können sie den reichen Vorrat emotionaler Erfahrungen einer Person über das ganze Leben hinweg erschließen (Wallbott & Scherer 1989).

Ein weiteres emotionsmethodologisches Grundproblem besteht in der Frage, was an der Emotion gemessen, was von ihr erfaßt werden soll. Hier ist zunächst zu entscheiden, ob es um eine qualitative Beschreibung geht, eine dimensionale Einordnung oder die Feststellung des Ausprägungsgrades eines bestimmten Gefühls.

Bei *qualitativen Beschreibungen* geht es darum, ganz offen zu erfassen, was im einzelnen Menschen vorgeht. Im Rahmen qualitativ orientierter Forschung (vgl. Mayring 1990) wurde immer wieder moniert, daß gerade eine solche Deskription in der Psychologie in der letzten Zeit stark vernachlässigt wurde. Das gilt im besonderen Maße für die Emotionsforschung. Für viele spezifische Emotionen liegen nur sehr verstreute, unsystematische und zum Teil unzureichende qualitative Beschreibungen vor (vgl. Kap. 7).

Dimensionale Einordnungen gehen davon aus, daß alle Emotionen durch wenige grundlegende Dimensionen beschreibbar sind (vgl. zur Kritik Kap. 7.1). Die gängigsten Dimensionen sind dabei angenehm – unangenehm und Aktivierungsgrad, aber auch Zuwendung – Abweisung und Spannung – Lösung werden als Dimensionen erhoben. Die Informationen, die man hier über den emotionalen Zustand einer Person bekommt, sind jedoch sehr begrenzt, wenig inhaltlich.

Der *Ausprägungsgrad spezifischer Emotionen* wird in der Regel über standardisierte Skalen gemessen. Das State-Trait-Angstinventar (Laux et al. 1981), später näher besprochen (Kap. 4.2), gilt hier als klassisches Beispiel. In der Regel wird dabei den Probanden eine Reihe von mehrfach gestuften (z. B. sehr stark – eher stark – eher schwach – sehr schwach) Aspekten der Emotion (Items) zum Ankreuzen vorgelegt und daraus ein Gesamtwert gebildet, verbunden mit der Information über bestimmte Normwerte. Die Probleme eines solchen methodischen Vorgehens liegen in der (oft mangelhaften) theoretischen Absicherung der Items und in der mangelnden Sensibilität solcher Instrumente für komplexes emotionales Erleben.

Als letzte, vielleicht gravierendste Schwierigkeit der Emotionserfassung soll die Tatsache angesprochen werden, daß an völlig *unterschiedlichen Analyseebenen* angesetzt wird. Die heute sehr beliebten Komponentenansätze in der Emotionspsychologie (vgl. Kap. 3) gehen ja davon aus, daß subjektives Erleben, kognitive Einschätzungen, neurophysiologische Indikatoren und Ausdrucksverhalten gleichgewichtige Bestandteile der emotionalen Reaktion sind. Somit kann jede Komponente für sich zu einer Emotionsdiagnose führen. Dabei wird übersehen, daß in der Emotionspsychologie die Ebene subjektiven Erlebens primär sein muß (vgl. Kap. 3), daß bei spezifischen Emotionen längst nicht alle Komponenten parallel variieren, daß somit eine Emotionserfassung auf verschiedenen Analyseebenen nur schwer vergleichbar ist.

4.2 Unterschiedliche Meßansätze in der Emotionsforschung

Will man konkrete Emotionsmeßinstrumente vorstellen, so muß man, infolge der heute so gängigen Komponentenmodelle, unterscheiden, an welcher Ebene die Erfassung ansetzt, am subjektiven Erleben, am Ausdrucksverhalten oder an physiologischen Indikatoren.

4.2.1 Erfassung des subjektiven Emotionserlebens

Bei der Erfassung des subjektiven emotionalen Erlebens stehen die bereits angesprochenen *standardisierten Skalen* an erster Stelle (vgl. dazu allgemein Gable 1986). So sieht ein Teil aus dem oft eingesetzten State-Trait-Angstinventar (Laux et al. 1981), das Ängstlichkeit als relativ überdauernde Persönlichkeitseigenschaft erfassen soll, folgendermaßen aus *(Abb. 4.1)*:

	Fast nie	Manchmal	Oft	Fast immer
Anleitung: Im folgenden Fragebogen finden Sie eine Reihe von Feststellungen, mit denen man sich selbst beschreiben kann. Bitte lesen Sie jede Feststellung durch und wählen Sie aus den vier Antworten diejenige aus, die angibt, wie Sie sich *im allgemeinen* fühlen. Kreuzen Sie bitte bei jeder Feststellung die Zahl unter der von Ihnen gewünschten Antwort an. Es gibt keine richtigen oder falschen Antworten. Überlegen Sie bitte nicht lange und denken Sie daran, diejenige Antwort auszuwählen, die am besten beschreibt, wie Sie sich im *allgemeinen* fühlen.				
21. Ich bin vergnügt	1	2	3	4
22. Ich werde schnell müde	1	2	3	4
23. Mir ist zum Weinen zumute	1	2	3	4
24. Ich glaube, mir geht es schlechter als anderen Leuten	1	2	3	4
25. Ich verpasse günstige Gelegenheiten, weil ich mich nicht schnell genug entscheiden kann	1	2	3	4
26. Ich fühle mich ausgeruht	1	2	3	4

	Fast nie	Manchmal	Oft	Fast immer
Anleitung: Im folgenden Fragebogen finden Sie eine Reihe von Feststellungen, mit denen man sich selbst beschreiben kann. Bitte lesen Sie jede Feststellung durch und wählen Sie aus den vier Antworten diejenige aus, die angibt, wie Sie sich *im allgemeinen* fühlen. Kreuzen Sie bitte bei jeder Feststellung die Zahl unter der von Ihnen gewünschten Antwort an. Es gibt keine richtigen oder falschen Antworten. Überlegen Sie bitte nicht lange und denken Sie daran, diejenige Antwort auszuwählen, die am besten beschreibt, wie Sie sich im *allgemeinen* fühlen.				
27. Ich bin ruhig und gelassen	1	2	3	4
28. Ich glaube, daß mir meine Schwierigkeiten über den Kopf wachsen	1	2	3	4
29. Ich mache mir zuviel Gedanken über unwichtige Dinge	1	2	3	4
30. Ich bin glücklich	1	2	3	4
31. Ich neige dazu, alles schwer zu nehmen	1	2	3	4
32. Mir fehlt es an Selbstvertrauen	1	2	3	4
33. Ich fühle mich geborgen	1	2	3	4
34. Ich mache mir Sorgen über mögliches Mißgeschick	1	2	3	4
35. Ich fühle mich niedergeschlagen	1	2	3	4
36. Ich bin zufrieden	1	2	3	4
37. Unwichtige Gedanken gehen mir durch den Kopf und bedrücken mich	1	2	3	4
38. Enttäuschungen nehme ich so schwer, daß ich sie nicht vergessen kann	1	2	3	4
39. Ich bin ausgeglichen	1	2	3	4
40. Ich werde nervös und unruhig, wenn ich an meine derzeitigen Angelegenheiten denke	1	2	3	4

Abb. 4.1: Eigenschaftsangst aus dem State-Trait-Angst-Fragebogen (Laux et al. 1981)

Sieht man sich die einzelnen Items genau an, so merkt man, daß sie sehr unterschiedlich stark durch die Angstforschung theoretisch abgesichert sind (vgl. Kap. 7.2.9). In den Items tauchen Glück, Zufriedenheit, Niedergeschlagenheit und Unruhe auf, Emotionen, die von uns als eigenständige Gefühle (vgl. Kap. 7) ausgewiesen werden und also als eindeutige Angstindikatoren problematisch sind. Darüber hinaus kann es die unterschiedlichsten objektiven Ursachen dafür geben, daß sich jemand im allgemeinen vergnügt, zum Weinen oder müde fühlt, ohne daß dies mit Ängstlichkeit zusammenhängen muß.

Solche standardisierte Skalen sind auch nicht für alle Emotionen gleichermaßen angebracht. So gibt es zwar eine Reihe von z. B. Liebesskalen oder Glücksskalen, ob sie aber subjektive, oft sehr individuelle Bedeutungen von Liebe und Glück erfassen können, erscheint fraglich.

Sehr beliebt in der Emotionsforschung sind daneben auch die *Eigenschaftswörterlisten*. Hier werden Listen von Emotionswörtern dem Probanden vorgelegt, in denen er diejenigen ankreuzen soll, die seinen gegenwärtigen Gefühlszustand beschreiben. Das Beispiel der im deutschsprachigen Raum häufig eingesetzten Eigenschaftswörterliste EWL von Janke & Debus (1984) kann dies verdeutlichen (s. *Abb. 4.2*).

Dies ist eine Liste von Wörtern, mit denen man beschreiben kann, wie man sich augenblicklich fühlt.

Gehen Sie alle Wörter der Liste nacheinander durch und entscheiden Sie sofort bei jedem Wort, ob es für Ihr augenblickliches Befinden zutrifft oder nicht.

tatkräftig	dösig	froh
ärgerlich	schläfrig	aufgeregt
gedrückt	nachlässig	gesprächig
todmüde	ruhelos	ungesellig
unbeschwert	betrübt	tiefsinnig
unermüdlich	glücklich	temperamentlos
erregbar	wehmütig	unbekümmert
wütend	traurig	einsilbig
beklommen	nervös	gedankenvoll
zappelig	unverzagt	schutzbedürftig
unausgeglichen	unverletzbar	ausgezeichnet
einsiedlerisch	mutlos	wortkarg
teilnahmslos	träumerisch	eifrig
abgespannt	ungehalten	angenehm
zerfahren	sorgenfrei	benebelt
energielos	ängstlich	anhänglich

lasch	unglücklich	erschöpft
arbeitslustig	verkrampft	kraftlos
befriedigt	sorgenvoll	betriebsam
angsterfüllt	faul	unbefangen
erregt	elend	gesellig
träge	unberechenbar	verwundbar
offen	trübsinnig	arbeitsam
einschläfernd	rastlos	hilflos
zermürbt	abgesondert	berauscht
gereizt	menschenscheu	heiter
müde	gedankenverloren	beschwingt
verärgert	verschlossen	abgearbeitet
frohgemut	verstört	lustig
empfindlich	besinnlich	schreckhaft
düster	unstetig	denkfaul
menschenfreundlich	bedauernswert	unbesorgt
angesäuselt	trüb	tüchtig
schwerfällig	furchtsam	zutraulich
aktiv	kribbelig	selbstsicher
fahrig	verträumt	deprimiert
kontaktfreudig	durchgedreht	gutgelaunt
reizbar	selbstzufrieden	ratlos
zaghaft	geschäftig	schlaftrunken
abgekapselt	energisch	freudig
geistesabwesend	arbeitsfähig	lahm

Abb. 4.2: Eigenschaftswörterliste EWL-K (Janke & Debus 1984)

Bei jedem der Eigenschaftswörter kann (bzw. muß) der Proband sich zwischen "trifft zu" oder "trifft nicht zu" entscheiden. Mit diesem Instrument sollen die folgenden Subskalen gemessen werden: Aktiviertheit, Desaktiviertheit, Müdigkeit, Benommenheit, Extravertiertheit, Introvertiertheit, Selbstsicherheit, gehobene Stimmung, Erregtheit, Empfindlichkeit, Ärger, Ängstlichkeit, Deprimiertheit, Verträumtheit.

Neben solchen standardisierten Meßinstrumenten werden heute *Fragebogenmethoden* in der Emotionsforschung wieder mehr empfohlen (Wallbott & Scherer 1989). Sie unterliegen zwar in vielleicht stärkerem Maße systematischen Fehlerquellen wie bestimmten Antworttendenzen oder Antwortstilen (z. B. soziale Erwünschtheit), können aber reichhaltigeres Material über subjektive Bedeutungen ergeben. Dies gilt vor allem für offene Fragebögen (die dem Probanden ein freies Antworten ohne Antwortvorgaben erlauben), wie sie z. B. Scherer (1988) eingesetzt hat (s. *Abb. 4.3*).

Denken Sie an eine Situation, in der Sie Freude (Trauer, Angst, Ärger) erlebten.

Situationsbeschreibung
Wo befanden Sie sich? . . . .
Wer war involviert? . . . .
Was passierte genau? . . . .
. . . .
. . . .
Wie lange dauerte das Gefühl? Minuten, Stunden, Tage? . . . .
Wie endete die Situation? . . . .
. . . .

Beschreibung Ihrer emotionalen Reaktion
Mit welchen Worten können Sie Ihr Gefühl am besten beschreiben? . .
. . . .
Wie stark war das Gefühl? (bitte ankreuzen)
    überhaupt nicht   0   1   2   3   4   5   6   7   8   9   sehr stark
Was sagten Sie? . . . .
Was waren Ihre körperlichen Reaktionen (z. B. Zittern oder Magen-
krämpfe) und Ihre nonverbalen Reaktionen (z. B. bestimmter Gesichts-
ausdruck, Stimmfärbung oder Gestik)? . . . .

Emotionskontrolle
Wie sehr versuchten Sie zu kontrollieren, was Sie sagten?
    überhaupt nicht   0   1   2   3   4   5   6   7   8   9   sehr stark
Was taten sie dafür? . . . .
Wie sehr versuchten Sie Ihre nonverbale Reaktion zu beherrschen?
    überhaupt nicht   0   1   2   3   4   5   6   7   8   9   sehr stark
Wie taten Sie das? . . . .
Was würden Sie das nächste Mal in einer solchen Situation anders tun?

Abb. 4.3: Offener Fragebogen zur Emotionserhebung (Scherer 1988, S. 186)

Die hier eingebauten offenen Fragen erfordern dann genaue Kodieranweisungen, um eine vergleichbare Auswertung zu ermöglichen.
Noch stärker auf das individuelle subjektive Erleben bezogen
stellen sich *offene Interviewtechniken* dar. Hier soll der (dafür
eigens geschulte) Interviewer eine möglichst entspannte, freie
Gesprächsatmosphäre schaffen, in der der Proband, angeregt
durch offene Leitfragen und spezifisches, individuelles Nach-
fragen, seine Gefühle formulieren kann. Ein Interviewleitfaden
enthält die zentralen Leitfragen, Formulierungsvorschläge und

-alternativen sowie Hinweise auf die Auswertungsrichtungen. In *Abb. 4.4* ist als Beispiel ein Ausschnitt aus einem Inteviewleitfaden zur Erfassung von Glücksgefühlen angeführt.

---

* Gibt es in Ihrem jetzigen Leben Momente, in denen Sie sich glücklich fühlen? . . . .

(Bei jeder Nennung:)

(Intensive, tiefe, positive Emotion)

(Gut erinnerbar)

- Was war das für eine Situation? . . . . .
- Können Sie dieses Glückserleben kurz beschreiben?
  (Sie fühlen sich gut dabei? . . . .)
- Wann war das? Wie oft kommt das (im letzten Jahr) vor? Wann das letzte Mal?

(Aktivitäten)
(Neue Erfahrungen, Vorstellungen abstrakter allgemeiner Kategorien)
(Strahlungseffekt)

- Was haben Sie da getan? . . . .
- Was haben Sie dabei erfahren? . . . . . .
  (Können Sie die Empfindungen beschreiben? . . . .)
- Hat das Ihr Leben beeinflußt? . . . . . .
  (Beeinflußt das Ihr Leben? . . . .)

* Wenn wir jetzt wieder Ihr Leben als Ganzes betrachten, würden Sie sagen, es ist ein glückliches Leben? . . . .

* Was heißt für Sie: ein glückliches Leben? . . . .
- (Positives Lebensgefühl)
- (Allgemeine Lebenszufriedenheit)
- (Keine reine Ichbezogenheit)

* Ist es für Sie ein Ziel, glücklich zu sein? . . . .

* Würden Sie sagen, Sie haben ein positives Lebensgefühl, ganz allgemein? . . . .
  * Wie stark?

* Wenn Sie Positives und Negatives in Ihrem Leben gegeneinander abwägen, überwiegt da das Positive? Sind Sie ganz allgemein mit Ihrer Lebensbilanz zufrieden?
  * Wie sehr? . . . .

* Beziehen Sie Ihr Lebensgefühl in bezug auf Glück nur auf das eigene Wohlbefinden oder beziehen Sie sich dabei auch auf Ihre Mitmenschen, ihre Umwelt? . . . .
  * Wie stark? . . . .
  (* Verdeutlichen Sie dies!) . . . .

* Wie glücklich würden Sie Ihr Leben bezeichnen? . . . .

Abb. 4.4: Ausschnitt Inteviewleitfaden Glück (Mayring 1991, S. 119 ff.)

Um durch solche Interviews interindividuell vergleichbare Ergebnisse zu erzielen, müssen ein elaborierter Auswertungsleitfaden erstellt und inhaltsanalytische Interpretationsregeln festgelegt werden. Dann stellen die Interviews eine sehr geeignete Methode dar, um vor allem in noch wenig erforschten Bereichen differenziertes Material zu gewinnen.

Schließlich sind noch *graphische Methoden* zur Emotionserhebung zu nennen. Ein Beispiel wären die bekannten lachenden und weinenden Gesichter aus der Wohlbefindensforschung:

Der Proband muß hier markieren, welches der Gesichter seinem gegenwärtigen Gefühlszustand am ehesten entspricht. Vor allem in der Lebenslaufforschung werden sehr gerne Lebenslinien ('life graphs') zur Befindenserfassung eingesetzt (z. B. Bourque & Back 1985). Der Proband muß hier sein Befinden in einer Kurve entlang der Zeitachse ausdrücken.

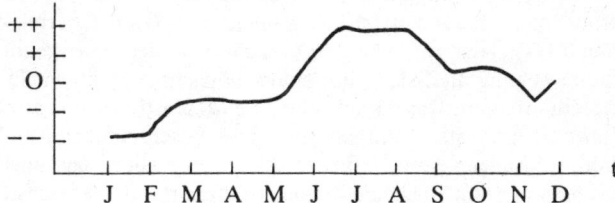

Auch der Rorschachtest wurde zur Erhebung emotionaler Zustände empfohlen (Kellermann 1989). Hier können Erwartung, Ekel, Trauer, Furcht, Überraschung, Akzeptanz, Freude und Ärger aus den verbalen Reaktionen auf Tintenklecksbildern abgeleitet werden.

Noch indirekter ist die Methode der *Sprachinhaltsanalyse* zur Emotionserhebung (Koch & Schöfer 1986). Hier wird eine Sprachprobe erhoben ("Berichten Sie 5 Minuten über irgend etwas Interessantes oder Aufregendes aus Ihrem Leben!") und dann systematisch nach z. B. Wohlbefinden, optimistischen Gefühlen, Angst, Hoffnung ausgewertet. Aber nur in den selteneren Fällen dürfte dies ein adäquates Vorgehen sein, da es doch recht zufällig erscheint, was in den Sprachproben an emotionalen Gehalten vorhanden ist.

4.2.2 Erfassung des Ausdrucksverhaltens

Die Analyse des Ausdrucksverhaltens hat in der Psychologie eine lange Tradition, von der aristotelischen Physiognomik über die Studien von Lavater und Carus bis ins frühe 20. Jahrhundert (z. B. Klages, Hellpach, Lersch; vgl. dazu Billmann-Mahecha 1989). Allerdings hat diese 'Ausdruckspsychologie' (vgl. zum Überblick Kirchhoff 1965) vorwiegend das Ziel gehabt, auf Persönlichkeitsmerkmale zu schließen. Aber auch in der heutigen Emotionsforschung gilt das Ausdrucksverhalten als ein Indikator für Emotionen, wenn auch die Art und Stärke dieses Zusammenhangs umstritten ist (zum Überblick Scherer & Wallbott 1990). So wird Ausdrucksverhalten auch als methodischer Zugang zur Emotionserfassung eingesetzt.

Dabei kann grundsätzlich an vier Ebenen angesetzt werden: der Mimik, der Stimme, der Gestik und der Haltung. Hier dürfte die Mimik am spezifischsten für einzelne Emotionen sein (Ricci-Bitti 1989) und ist deshalb auch am besten untersucht.

Der elaborierteste methodische Ansatz zur Erfassung des Gesichtsausdrucks stammt wohl von Paul Ekman (zum Überblick Ekman 1988). Hier wird die den Gesichtsausdruck bewirkende Muskelbewegung analysiert, um einen möglichst objektiven Indikator zu erhalten. Das darauf bezogene Meßinstrument (Facial Action Coding System) enthält genaueste Beschreibungen und Kodieranweisungen von Gesichtsmuskelbewegungen, das auch Kombinationen von Muskelbewegungen definiert. Mit Hilfe dieses Instrumentes ist es nun der Arbeitsgruppe um Ekman gelungen, zumindest sechs Emotionen (Überraschung, Ärger, Abscheu/Ekel, Freude/Glück, Furcht/Angst und Trauer) zu definieren. Problematisch an diesem Vorgehen ist einerseits der ungeklärte Zusammenhang des Gesichtsausdrucks zum Gefühlserleben. Andererseits ist noch nicht endgültig geklärt, *wie* universell gleichbedeutend der mimische Ausdruck interpretiert wird. Die Angaben prozentualer Übereinstimmung verschiedener Beurteiler bei der Zuschreibung von Emotionen zu bestimmter Mimik sind doch sehr unterschiedlich (und sehr selten 100 %!) (vgl. Ekman 1988).

Noch problematischer und auch spekulativer sind die Methoden, die an der Stimmfärbung ansetzen. Es zeigt sich, "daß zuverlässige Schlußfolgerungen über konkrete akustische Muster für den Ausdruck einzelner Emotionen bislang nicht gezogen werden können" (Scherer & Wallbott 1990, S. 384). Scherer und Wallbott (1990) haben die wichtigsten Parameter für eine Erfassung emo-

Parameter	Beschreibung
Grundfrequenz-Perturbation	Leichte Veränderung in der Dauer glottaler Zyklen
FO-Mittelwert	Mittlere Grundfrequenz (Vibrationsrate der Stimmlippen über eine Sprachäußerung gemittelt)
FO-Variationsbereich	Differenz zwischen höchstem und niedrigstem Grundfrequenzwert in einer Äußerung
FO-Variabilität	Streuungsmaß (z. B. Standardabweichung der Grundfrequenz)
FO-Kontur	Grundfrequenzwerte über den Zeitverlauf dargestellt (Intonation); wichtigste Variablen: allgemein aufwärts oder abwärts gerichtete Tendenz der Kontur, Regelmäßigkeit der Veränderungen der FO-Bewegungen in der Kontur
F1-Mittelwert	Frequenz des ersten (niedrigsten) Formanten (signifikante Energiekonzentration im Spektrum, Durchschnittswert für eine Sprachäußerung)
F2-Mittelwert	Mittlere Frequenz des 2. Formanten
Formanten-Bandbreite	Breite des Spektralbandes, das signifikante Formantenergie enthält
Formanten-Genauigkeit	Grad, in dem Formantfrequenzen die durch das phonologische System einer Sprache vorgegebenen Zielwerte erreichen
Mittelwert der Intensität	Energiewerte einer Sprachschallwelle, Durchschnittswert für eine Äußerung
Variationsbereich der Intensität	Differenz zwischen höchsten und niedrigsten Intensitätswerten in einer Äußerung
Variabilität der Intensität	Streuungsmaß der Intensitätswerte in einer Äußerung (z. B Standardabweichung)
Frequenzbereich	Differenz zwischen Grundfrequenzwert und höchstem Punkt in einem Frequenzspektrum, in dem noch Sprachenergie gemessen werden kann
Hochfrequente Energie	Relative Energiekonzentration im oberen Frequenzbereich (z. B. oberhalb von 1 kHz)
Rauschen	Aperiodische Energiekomponenten im Spektrum des Stimmsignals
Sprechrate	Anzahl von Sprachsegmenten per Zeiteinheit (z. B. Silben, Wörter)

Abb. 4.5: Emotionsrelevante akustische Parameter (Scherer & Wallbott 1990, S. 375)

tionsrelevanter akustischer Aspekte zusammengefaßt *(Abb. 4.5)*. In einem weiteren Schritt haben Scherer und Wallbott (1990) die vermutlichen Zusammenhänge solcher akustischer Parameter zu einzelnen Emotionen zusammengestellt. Sie stützen sich dabei auf die bisherigen (spärlichen) Forschungsergebnisse und auf die physiologisch zu erwartenden Zusammenhänge *(Abb. 4.6)*.

4.2.3 Erfassung physiologischer Emotionsindikatoren

Auch für die physiologischen Emotionsindikatoren gilt, daß das Verhältnis zum Emotionserleben in weiten Bereichen noch ungeklärt ist. In vielen Untersuchungen ergeben sich nur geringe Zusammenhänge zwischen physiologischen Indikatoren und sprachlichen Aussagen zum Emotionserleben. "Ob dies an der mangelnden Empfindlichkeit der Meßmethoden oder an dem Fehlen emotionsspezifischer Reaktionsmuster schlechthin liegt, bleibt eine offene Frage" (Schandry in Euler & Mandl 1983, S. 106). Andererseits sind Veränderungen vor allem des Vegetativen (Autonomen) Nervensystems bei vielen Emotionen beobachtbar. Neben dem Vegetativen Nervensystem ist durch neuere Forschung (besonders seit McLean, vgl. Larbig 1982; Plutchik & Kellermann 1989; Bösel 1986) das Limbische System als an emotionalen Prozessen entscheidend beteiligte Hirnstruktur herausgestellt worden. Seitdem sind einige Versuche unternommen worden, spezifische Emotionen in bestimmten Hirnstrukturen zu lokalisieren (z. B. Buck 1984, S. 86). Solche Versuche bleiben jedoch sehr spekulativ, was auch an den eingesetzten Methoden liegt. Andererseits wurde auch immer die entscheidende Rolle des Zentralen Nervensystems (ZNS) herausgestellt, das tieferliegende Hirnprozesse kontrolliert und integriert. Das bedeutet, daß solche Prozesse nie völlig automatisch ablaufen, sondern immer von Bewußtseinsprozessen beeinflußt werden können.

Die Methoden der Emotionserfassung, die sich auf physiologische Forschungen stützen, setzen nun an verschiedenen Ebenen an (Izard 1981):

– In *Läsionsstudien* werden die Emotionen von Organismen mit bestimmten zerstörten Hirnstrukturen untersucht, um Rückschlüsse auf deren Funktionen zu ziehen. So zeigen Affen mit chirurgisch entferntem Mandelkern (Nucleus amygdala im Limbischen System) deutlich weniger Furcht und Aggressivität. "Die Beziehungen zwischen den kortikalen Mechanismen, die das emotionale Verhalten steuern, sind allerdings so komplex,

Abb. 4.6: Zusammenhangsvermutungen akustischer Parameter zu Einzelemotionen (Scherer & Wallbott 1990, S. 375 u. 385)

Emotionen	GE-NIESS	FREU-DE	EKEL	VER-ACHT	TRAU-RIG	VER-ZWEI	ANGST	FURCHT	ÄR-GER	WUT	LANGE-W	SCHAM
Grundfrequenz												
Perturbation	∨=				∧	∧	∧∧	∧∧	◊	∧◊		∧
Mittelwert	∨=	∧	∧	◊	◊	∧	∧̂	∧̂	◊	∧̂	∨	
Bereich	∨=	∧			∨	∧	∧̂	∧̂	∨	∧̂		∧
Variabilität	∨	∧			∨	∧	∧̂	∧̂	∨	=∨	∧	
Kontur-Tendenz		∧			∨	∧	∧̂	∨	∨	∨		
Regelmäßigkeit der Konturveränderung	=	∨			∧	∧				=		
F1-Mittelwert	∨	∧	∧	∧	∧	∧	∧	∧	∧	∧	∧	∧
F2-Mittelwert		◊	∨	∨	∨	∨	∨	∨	∨	∨	∨	∨
F1-Bandbreite	∧	∧	∨̂	∧̂	◊	∨̂	∨̂	∨̂	∨̂	∨̂	∨	∨
Formantengenauigkeit		∧	∧	∧	∨	∧	∧	∧	∧	∧	◊	∧
Intensität												
Mittelwert	∨=	∧	∧	∧̂	∨	∧	∧	∧	∧	∧̂		
Bereich	∨̂	∧	∧	∧	∨	∧̂	∧	∧̂	∧̂	∧	∧	
Variabilität	∨	◊			∧	∧̂	∧̂	∧̂	∧̂	∧̂	◊	∧
Frequenzbereich												
Hochfrequente Energie		∧	∧	∧̂	∨	∧	∧	∧̂	∧	∧̂		
Sprechrate	∨	∧		∨	∨	∧	∧̂	∧̂	∧	∧		
Phonemtransitionen	∧	∧				∨				∨	◊	◊

Anmerkung: ANGST = Angst/Sorge, LANGEW = Langeweile/Gleichgültigkeit, VERACHT = Verachtung, EKEL = Mißfallen/Ekel, FREUDE = Hochstimmung/ausgelassene Freude, GENIESS = Genießen/stilles Glücksgefühl, FURCHT = Furcht/Schrecken, VERZWEI = Verzweiflung, ÄRGER = Verstimmung/kalter Ärger, WUT = heißer Ärger/Wut, TRAURIG = Traurigkeit/Niedergeschlagenheit, SCHAM = Scham/Schuld. F0 = Grundfrequenz, F1 = erster Formant, F2 = zweiter Formant. > = Anstieg, < = Abnahme. Doppelte Symbole bedeuten erhöhte angenommene Veränderungsstärke. Zwei Symbole in entgegengesetzte Richtung weisend beziehen sich auf Fälle, in denen gegensätzliche Einflüsse angenommen werden.

71

die durch Läsionen erzielten Störungen oft so schwer interpretierbar, daß in der Erforschung der Funktionen des Limbischen Systems voreilige Funktionslokalisationen häufig wieder revidiert werden mußten" (Larbig 1982, S. 112).

- Ähnliches gilt für die Methode der *elektrischen Stimulierung* bestimmter Hirnstrukturen, in der Regel mit implantierten Mikroelektroden. Bekannt sind hier die Versuche von Olds und Millner, bei denen sich Versuchstiere im nigro-striatalen System ("pleasure center") selbst reizen konnten und dies auch bis zur völligen Erschöpfung, auch bei Hunger und Durst, taten. Auch die Auslösung von Droh- und Angriffsverhalten ("Wut") bei Katzen durch Stimulation im Hypothalamus ist ein Beispiel für solche Untersuchungen (vgl. Izard 1981, S. 139 ff.).

- Die Untersuchung *psychophysiologischer Indikatoren* wie Herzfrequenz, Hautwiderstand, Atemfrequenz, Pupillenweite usw. (vgl. Fahrenberg 1983) spielen vor allem bei der Erforschung der Funktionen des Vegetativen Nervensystems im Emotionsgeschehen eine Rolle. Solche Studien sind vorwiegend in der Streßforschung durchgeführt worden (vgl. Kap. 7.2.23). So ist auch dieser methodische Ansatz nur für ganz eingeschränkte Fragestellungen in der Emotionsforschung tauglich.

5. Entstehung von Emotionen: Aktualgenese

(D. Ulich)

Zur Erläuterung von Ziel und Thema dieses Kapitels kehren wir kurz zu unserem einleitenden Beispiel aus dem dritten Kapitel zurück: Am ersten Tag seines Kindergartenbesuches erlebt der kleine Peter Angst, als seine Mutter sich anschickt fortzugehen. Wir wollen nun wissen, wie dieses konkrete Angsterlebnis *zustande kam*. Wir werden dabei auch die Frage nach interindividuellen Unterschieden von emotionalen Reaktionen und Reaktionsbereitschaften stellen, die uns ihrerseits zur Frage nach der Entwicklung dieser Unterschiede führt: Warum erlebt Peter Furcht beim Weggehen seiner Mutter – und Paul nicht – und wie ist dieser Unterschied entstanden?

5.1 Erklärungen der Aktualgenese von Gefühlsregungen

Die Frage nach der Entstehung von aktuellen Gefühlsregungen in einer gegebenen Situation *(Aktualgenese)* bedeutet: Wir fragen in einer Art Momentaufnahme bzw. Querschnittsbetrachtung nach den umittelbaren (und mittelbaren, s. u.) gefühlsauslösenden Bedingungen, also nach den Faktoren, die in einer gegebenen Situation ein Gefühl "hervorrufen" (Beispiel: Ein Auffahrunfall löst beim "unschuldig" Betroffenen Wut aus). Den Begriff "Aktualgenese" führte ursprünglich Sander ein, um die Entstehung einer "Gestalt" im Bewußtsein zu bezeichnen, also die Entwicklung einer (z. B. wahrnehmungsmäßigen) Konfiguration oder auch der Lösung eines Problems. Der Begriff bezeichnete die Art und Weise, wie etwas bewußt wird, wie etwas "Figur" wird, sich von einem Grund abzuheben beginnt.

5.1.1 Aktualgenese als Interaktion aktueller und dispositioneller Einflußfaktoren

Ein Verständnis der Aktualgenese von Emotionen erfordert eine Verbindung unterschiedlicher Betrachtungsebenen und "Anteile" an der Verursachung der konkreten Gefühlsregung. Jede konkrete Gefühlsregung ist ein jeweils neues, *einzigartiges*, unverwechselbares Erlebnis. Zugleich weisen aber die meisten Gefühlsregungen auch *wiederkehrende* persönlichkeitsspezifische Bestandteile auf und zeigen damit auch gewisse Regelmäßigkeiten. Angemessen verstehen können wir eine Gefühlsregung also nur aus beidem, aus der Verknüpfung "aktueller" und "dispositioneller" Einflußfaktoren. Zur Veranschaulichung dieser Einsicht haben wir (im Anschluß an Nolting & Paulus 1985, S. 53) ein einfaches Grundmodell konzipiert (vgl. *Abb. 5.1*).

Die Abbildung verdeutlicht die Entstehung einer Gefühlsregung – z. B. der Angst unseres Peter – als Interaktion zwischen unterschiedlichen Einflußfaktoren; die aktuelle Gefühlsregung ist also das Produkt dieser Interaktion. Grundsätzlich wirken stets Person- und Situationsfaktoren zusammen. Die Personfaktoren lassen sich untergliedern in unmittelbar vorauslaufende innere Prozesse, relativ überdauernde Verhaltens- und Erlebenstendenzen und schließlich deren jeweilige Entwicklungsgeschichte. Die Situationsfaktoren könnte man weiter untergliedern in Kontextgegebenheiten und konkrete Ereignisse. Das Schema verbindet die horizontale (Querschnitts-) mit der vertikalen (Längsschnitts-) Sichtweise. Weder aktuelle noch dispositionelle, weder Person- noch Situationsfaktoren können *für sich allein* eine bestimmte Gefühlsregung hervorrufen.

In dem Kästchen "aktuelle innere Prozesse" geschieht nun die Aktualgenese im engeren Sinne: Hier treffen die verschiedenen Einflüsse zusammen, hier findet eine Verarbeitung, eine Selektion oder Gewichtung der Einflüsse statt, hier "entsteht" das Produkt Angst (in unserem konkreten Fall). Teile eines individuellen Repertoires von emotionalen Schemata werden aktiviert, für die Person bzw. die Situation typische Interpretationsweisen kommen ins Spiel, situative Anreger, Bedürfnisse, Anreize und Modelle wirken sich aus. Dies alles ist z. B. für die Entstehung aggressiven Verhaltens recht gut analysiert und untersucht (vgl. z. B. Nolting 1987; Selg, Mees & Berg 1988); auch für Motivationsprozesse gibt es gute Analysen der Aktualgenese.

Im Bereich der Emotionsforschung gilt dies nur für bestimmte Gefühle wie z. B. Angst, Depression, Ärger oder auch die Bindungsforschung (vgl. auch Leventhal 1984, S. 168 f.). Krohne (1975) differenziert z. B. Angstbedingungen nach "distalen" (lebensgeschichtlichen) und "proximalen" Faktoren, wobei er zu den unmittelbaren Auslösern rechnet: Situationsunsicherheit, Reaktionsblockierung, Stärke der erlebten Bewertung, antizipier-

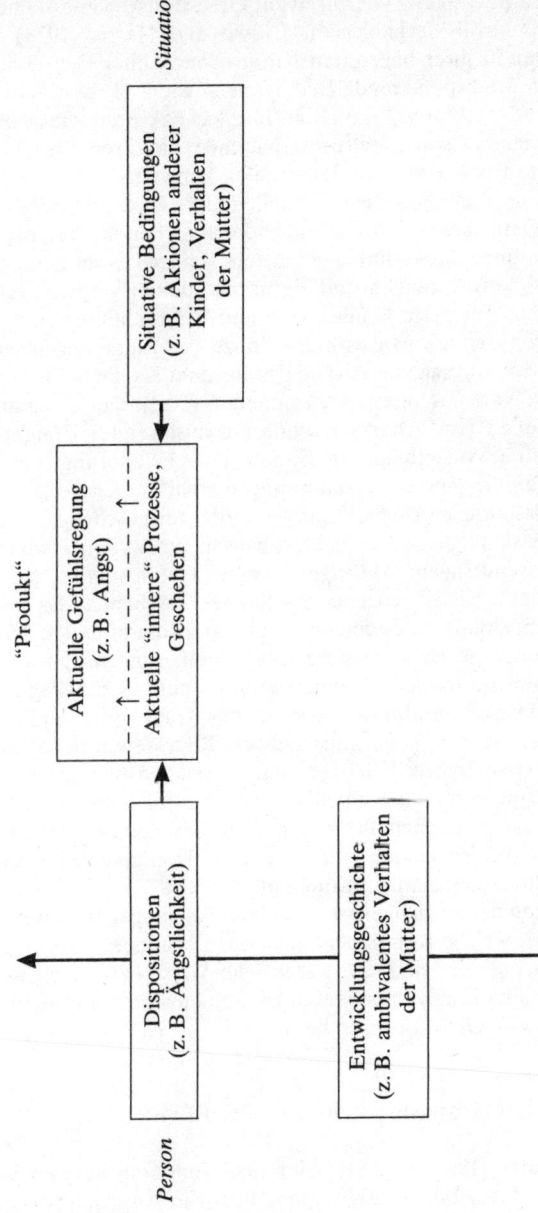

Abb. 5.1: Ein Grundmodell zur Emotionserklärung (leicht verändert nach Nolting & Paulus 1985, S. 53)

75

te Beeinträchtigung von Motiven, Grad der Angemessenheit der Angstkontroll-Mechanismen. Brown und Harris (1978) unterscheiden in ihrer bekannten Untersuchung über Depression bei Frauen prädisponierende Bedingungen wie z. B. bestimmte Vulnerabilitätsfaktoren, aktuell auslösende Faktoren wie z. B. Verlustereignisse sowie aufrechterhaltende Faktoren wie z. B. bestimmte Reaktionen aus der sozialen Umwelt.

Was in unserem Kästchen "aktuelle innere Prozesse" miteinander interagiert, dies sind freilich nicht die aktuellen und dispositionellen Einflüsse direkt und unvermittelt, sondern es sind gedächtnismäßige Verdichtungen und Repräsentationen vergangener Einflüsse, gespeicherte Erfahrungen und Wahrnehmungen, z. B. als Situationsdefinitionen wirksam, sowie Wahrnehmungen von Ereignissen. Aktualgenese ist aber stets mehr als die bloße Aktualisierung von Erlebenstendenzen oder (s. u.) die Belegung der Leerstellen von Schemata; ohne ein auslösendes Ereignis, das auch eine Vorstellung, ein Einfall, eine Erinnerung sein kann, kommen die inneren Verknüpfungen nicht in Gang.

In Anlehnung an die hier sehr viel weiter fortgeschrittene Motivationspsychologie (vgl. z. B. Heckhausen 1980) können wir zusammenfassend sagen: *Aktualgenese* einer Gefühlsregung meint ein aktuelles ereignisbezogenes psychisches Geschehen, das unter gegebenen situativen Bedingungen in Gang kommt und in dem eine wechselseitige Beeinflussung von aktuellen und dispositionellen Faktoren stattfindet, als deren Produkt eine Gefühlsregung entsteht. Diese Interaktion ist partiell eine Transformation bzw. Aktualisierung von gedächtnismäßigen Repräsentationen und gewohnheitsmäßigen Erlebens- und Verhaltenstendenzen. Offen bleibt zunächst – darauf gehen wir in den folgenden Abschnitten ein –, nach welchen Prinzipien diese Interaktion verläuft: Geschieht die Verknüpfung z. B. durch "kognitive Verarbeitung" oder durch assoziative "Kontiguität"?

Theorien der Aktualgenese von Gefühlsregungen hätten zu spezifizieren, welche Komponenten an der Entstehung einer Gefühlsregung beteiligt sind und auf welche Weise bzw. nach welchen Prinzipien diese Komponenten zusammenwirken und zur Entstehung einer Gefühlsregung beitragen.

5.1.2 Erklärungsmodelle und deren Evidenz

Leventhal (1984, S. 168) meint, daß Emotionstheorien bis auf wenige Ausnahmen bisher wenig über die Auslösung von Emotionen zu sagen haben. Wie sieht es mit der empirischen Evidenz derjenigen Theorien aus, die bestimmte Komponenten und Prozesse der Aktualgenese benannt haben? In einem informativen Artikel unterzieht Kuhl (1983) die – uns aus Kap. 3.2 teilweise schon bekannten – wichtigsten Theorien zur "Emotionsgenese" einer kritischen Betrachtung und kommt zu folgenden Schlüssen (vgl. auch Pekrun 1988, S. 101–150):

1. In den meisten Theorien geht es nicht um die Aktualgenese spezifischer Emotionen (wie Freude, Neid, Furcht), sondern "um *allgemeine* Aspekte der Emotionsgenese . . . , z. B. um die Frage, ob autonome Reaktionen oder der Gesichtsausdruck die Quelle des Emotionserlebnisses darstellen" (Kuhl 1983, S. 8).

2. Die Zwei-Faktoren-Theorie von Schachter und Singer (1962) – eine Gefühlsregung ist das Produkt aus unspezifischer physiologischer Erregung und der darauf bezogenen, situationsabhängigen Erklärung der Person – hat insgesamt wenig empirische Bestätigung gefunden (vgl. Kuhl 1983, S. 9 ff.). Ein Überblicksartikel (Reisenzein 1983) folgert, es sei aufgrund der Befundlage unwahrscheinlich, daß physiologische Erregung für das Erleben eines Gefühls unbedingt notwendig ist. Ebenso unwahrscheinlich sei, daß emotionale Zustände dadurch zustande kommen, daß die Person eine zunächst "unerklärliche" Erregung nachträglich erklärt bzw. begründet.

3. Izards Behauptung, daß Emotionen aufgrund einer propriozeptiven Rückmeldung des Gesichtsausdrucks entstehen, findet wenig empirische Bestätigung (Kuhl 1983, S. 11–13). Derartige periphere Prozesse können Emotionen wohl modulieren, im Regelfall erzeugen sie diese jedoch nicht (Pekrun 1988, S. 114). Es ist eher, auch gegen die James- und Lange Theorie, anzunehmen, daß Emotionen ihrerseits zu Ausdrucksverhalten und peripherer Aktivierung führen (ebd.).

4. Leventhals "Vorwärtsmeldungs-Hypothese" (1984) postuliert, daß Emotionen durch die Nervenimpulse bzw. "Informationen" hervorgerufen werden, die zentral zur motorischen Ausführung einer bestimmten Mimik ausgesandt werden. Für diese Annahme gibt es nach Kuhl keine direkten empirischen Belege. Überdies wird die Annahme über die emotionsgenerierende Wirkung des Emotionsausdrucks dann praktisch unüberprüfbar, wenn man zusätzlich annimmt, daß Emotionen auch unabhängig vom Gesichtsausdruck durch die Meldung des *intendierten* Ausdrucks an kortikale Zentren entstehen können (Kuhl 1983, S. 14).

5. Emotionsauslösung durch Prozesse im zentralen Nervensystem, vor allem in bestimmten Hirnregionen, ist spätestens seit

Cannon (1929) ein bedeutsamer Untersuchungsgegenstand. Kein Zweifel besteht daran, daß hirnorganische Vorgänge auch an der Entstehung von Emotionen beteiligt, manchmal mit diesen korreliert sind, wie bei allen psychischen Phänomenen. Man kann jedoch keinesfalls bestimmte Emotionen mit der Aktivierung ganz bestimmter Hirnregionen gleichsetzen (Kuhl 1983, S. 16). Wahrscheinlich ist, daß natürliche oder (durch Zufuhr von Drogen u. ä.) induzierte neurochemische Prozesse bzw. deren Veränderungen Gefühlserlebnisse steigern oder dämpfen können (Pekrun 1988, S. 112 f.). Bekannt ist die Möglichkeit, negative Emotionen künstlich zu reduzieren. Es ist bisher fraglich, ob neurochemische Substanzen in der Lage sind, emotionsspezifische Erregung auch von sich aus in Gang zu setzen (ebd.), vor allem unter natürlichen Bedingungen. "Primäre Quellen der Emotionsinduktion dürften deshalb Ereignisrepräsentationen sein (also Wahrnehmungen und Kognitionen)" (Pekrun, ebd.).

6. Daß die Wahrnehmung z. B. von Ereignissen, Merkmalen und Verhaltensweisen anderer Personen, von Gegenständen und Vorgängen in der Umwelt und daß auch Kognitionen (gedächtnismäßige Repräsentationen von Sachverhalten; Überzeugungen, Meinungen, Wissen) an der Aktualgenese von Gefühlsregungen beteiligt sind, dies kann nur von Theoretikern bestritten oder übersehen werden, die an eine reflex- oder instinkthafte Passung von Reiz und (Gefühls-)Reaktion glauben. Heute konzentriert man sich stark auf kognitive Einschätzungs- bzw. Bewertungsprozesse, die von den meisten zwar nicht als hinreichende (einzige), aber doch als notwendige Determinanten der Gefühlsentstehung angesehen werden.

Gute Belege für deren Wirksamkeit gibt es in den Bereichen Angst, Ärger, Depression, Streß (vgl. auch Pekrun 1988, S. 109 f.), wobei allerdings die kausale Abfolge oft unklar ist. Annahmen über emotionsvermittelnde kognitive Prozesse lassen häufig offen, für welche Emotionen welche Arten von Bewertungsprozessen nötig sind, wie hoch der Bewußtseins- und Komplexitätsgrad dieser Vorgänge ist, inwieweit die Emotionsentstehung tatsächlich von "höheren" kognitiven Verarbeitungen und nicht vielmehr von strukturellen Gegebenheiten wie z. B. Schemata abhängt (vgl. auch Kuhl 1983, S. 17–18).

Die seit einigen Jahren dominierende Art und Weise, die Aktualgenese von Gefühlsregungen theoretisch zu konzeptualisieren, besteht darin, kognitivistisch und systemtheoretisch orientierte *Prozeßmodelle* zu entwerfen. Gemeinsam ist diesen Versuchen die Überzeugung, daß "bestimmte Situationen und resultierende

Situationswahrnehmungen nicht direkt, sondern erst über die Vermittlung kognitiver Prozesse Emotionen auslösen" (Pekrun 1988, S. 116). Die meisten dieser Prozeßmodelle sind stärker auf das Zustandekommen von *Handlungen* zentriert als auf Emotionen, denen meist die Rolle von Nebenprodukten zugeschrieben wird. Die meisten Theorien lehnen sich mehr oder weniger stark an allgemeine Modelle der Informationsverarbeitung an. Die Modelle unterscheiden sich darin, welche Wirkvariablen sie in den Mittelpunkt stellen:

a) Kognitive Einschätzungen im Sinne der *Bewertung* der persönlichen Bedeutsamkeit (relevant für das eigene Wohlbefinden?) und – im Falle von Bedrohung – der eigenen Bewältigungskompetenz. R. S. Lazarus (vgl. Lazarus & Folkman 1987) hat als einer der ersten eine Systematisierung der psychischen "Mediationsvorgänge" vorgenommen, die beim emotionalen Erleben, vor allem bei Angst und Streß, eine Rolle spielen. Obwohl hier auch Dimensionen angesprochen sind, liegt das Gewicht auf den Prozessen selbst, die allerdings bisher eher produktorientiert, d. h. vor allem anhand individueller Urteile, und nicht prozeßorientiert erfaßt wurden.

b) Kognitive Einschätzungen im Sinne zeitlich sequenzierter *Prüfschritte* im Hinblick auf die Neuheit, Angenehmheit, Bedürfnisrelevanz, Bewältigbarkeit und der Kompatibilität des Ereignisses mit dem Selbstkonzept (Scherer 1984; Leventhal & Scherer 1987). Mit der Evolution und auch der individuellen Entwicklung verändern sich die Prüfschritte in ihrer Komplexität und in den angewandten Kriterien: *Was* ist neu, angenehm usw., unter welchen Umständen, für wen? Im Laufe der Entwicklung entstehen neue Ziele und Werte, neue Anlässe für Emotionen, für Bewältigung und auch für Versagen (Scherer, a. a. O.). Im Mittelpunkt stehen also die Prüfschritte, deren Abfolge und die Kriterien, an denen sich die Prüfschritte orientieren.

In seinem wichtigen Buch über Emotionen (1986) hat Frijda ein Modell des "Emotionsprozesses" (S. 454) vorgestellt, das eine ganz ähnliche Abfolge von Prüfschritten vorsieht. Frijda interessiert sich für Emotionen im Rahmen eines Handlungsregulationsmodells; Emotionen sind für Frijda Veränderungen der Handlungsbereitschaft, die in Reaktion auf Ereignisse auftreten, die bedeutsam sind für die Interessen und Handlungsziele der Person (S. 371). Handlungsziele liegen den Emotionen zugrunde, sie machen die jeweilige Bedeutungshaltigkeit der Emotionen aus. Emotionen sieht Frijda also überwiegend auf die Realisierung von Handlungszielen bezogen, in deren Dienst stehend.

In den einer Handlung vorausgehenden Informationsverarbeitungs- (eigentlich: Motivations-)Prozeß gehen als Größen ein: ein zielrelevantes Ereignis, die Handlungsziele (concerns) der Person sowie Regulationsprozesse, welche die folgenden Prüfungen durchführen: Informationsaufnahme, Verschlüsseln und Entschlüsseln, vergleichende Relevanzbewertung, Kontextbewertung, Bewertung der Dringlichkeit, Schwierigkeit und Ernsthaftigkeit des Ereignisses, Generierung einer Veränderung der Handlungsbereitschaft (Emotion) und schließlich Generierung einer Handlung sowie physiologischer Begleiterscheinungen. Emotionale Reaktionen werden ferner durch eine Zahl intervenierender Variablen vermittelt (Frijda 1986, S. 372 f.): Kodier-Kategorien (Maßstäbe der Vergleiche, s. u.), Wissen um Situationen, Reaktions-Modi, spezifische Bereitschaften und Schwellen, besondere Relevanzkriterien, die sich aus den Handlungszielen ergeben.

c) *Dimensionen* der kognitiven Einschätzung, entlang derer die Bewertungen vorgenommen werden. Weiner (1985) befaßte sich mit Emotionen, die sich aus der unterschiedlichen Einschätzung der Verursachung von Ereignissen und Handlungsfolgen (ursprünglich: Erfolg und Mißerfolg) ergeben. In Erweiterung seines attributionstheoretischen Ansatzes unterscheidet er vier Dimensionen: Valenz eines Ereignisses (positiv/negativ), Lokation (selbst oder durch andere verursacht), Kontrollierbarkeit (persönlich oder durch andere oder gar nicht) und Stabilität (Ursache stabil oder variabel). Durch Anwendung dieser Dimensionen gelangen wir nach Weiner zu unterschiedlichen Emotionen, z. B. "Dankbarkeit" bei: positiver Einschätzung, Ereignis durch andere Person verursacht und von dieser kontrollierbar (kritisch zu Weiner z. B. Kuhl 1983, S. 17 f.).

Pekrun (1988, S. 144 ff.) nennt folgende Dimensionen der Einschätzung: Kontrollerwartung, Situations-Folgen-Erwartung, Gesamtkontrollerwartung, Handlungskontrollerwartung, Handlungsfolgenerwartung, Ausmaß der positiven Valenz des Ereignisses, dessen subjektive Zeitdistanz, Unvorhersagbarkeit. Roseman (1984) nennt bipolare Dimensionen der Einschätzung wie positiv/negativ, Motiv-konsistent/inkonsistent, hinwendend/abwendend, durch die Umstände/durch andere/selbst verursacht, gewiß/ungewiß, schwach/stark. Hier ist der Übergang zu einem allgemeinen Klassifikationsmodell von Emotionen fließend. Freude wird z. B. bestimmt durch die Konfiguration "positiv", Motiv-konsistent, hinwendend, gewiß, schwach oder stark, durch Umstände verursacht.

Auf empirischem Wege gelangten Smith und Ellsworth (1985) zu folgenden sechs Dimensionen der emotionsrelevanten kognitiven Einschätzung: Angenehmheit, antizipierte Anstrengung, Gewißheit, Aufmerksamkeits-Aktivität, Verantwortlichkeit/Kontrolle für sich bzw. andere, situationale Kontrolle.

d) *Ebenen* und Organisationsformen der Verarbeitung. Wie in Kap. 3.2 schon kurz skizziert, hat sich vor allem Leventhal (1984) um eine Differenzierung von Verarbeitungsebenen bemüht. Ausgehend von einer Unterscheidung zweier parallel funktionierender Systeme der "Problem-Kontrolle" und der "Emotions-Kontrolle" und dort jeweils parallel lokalisierter Stufen der Repräsentation bzw. Erfahrung, der Einschätzung und der Bewältigung postuliert er drei hierarchische Ebenen der Verarbeitung zur Konstruktion emotionaler Reaktionen (1984, S. 126, 128).

e) *Integration von Verarbeitungsebenen und Verarbeitungsschritten*. Leventhal und Scherer (1987) versuchten, ihre Auffassungen zu einem integrierten Modell zusammenzufassen, indem sie den drei Verarbeitungsebenen (s. Pkt. d) jeweilige Prüfschritte zuordnen. Es entsteht ein recht allgemeines Modell der Handlungsregulation (S. 17), das im Hinblick auf die Aktualgenese von Gefühlsregungen sehr wenig aussagekräftig ist. Die Autoren fragen sich selbst (ebd.), ob der Begriff Emotion hier nötig ist, um die Prüfschritte und deren Verhaltenskorrelate zu erläutern. Sie betonen auch, daß für die meisten Emotionen mehr als ein Prüfverfahren durchgeführt werden muß.

Kuhl (1983, S. 21) weist darauf hin, daß es sich bei der Analyse des Emotionsgeschehens nach Verarbeitungsschritten und nach Verarbeitungsebenen nicht um alternative, sondern um ergänzende Betrachtungsweisen handelt: "Die Informationsverarbeitung erfolgt *auf* verschiedenen Ebenen *in* verschiedenen Schritten". Kuhl hat selbst ein "systemtheoretisches Modell der Emotionsgenese" entwickelt (S. 19), in dem er wie Leventhal und Scherer sukzessive Verarbeitungsschritte auf mehreren Ebenen postuliert. Emotionszustände spielen dabei die Rolle eines Zwischenschritts; die eigentlich interessierenden Reaktionen sind Ausdrucksreaktionen, autonome Reaktionen und Handlungen.

Die vorgestellten Theorien sind erste, empirisch noch wenig überprüfte Ansätze zur Erklärung der Aktualgenese von Emotionen. Offen blieben bisher u. a. die Herkunft der Dimensionen und Kriterien der kognitiven Verarbeitung, die Frage nach dem genauen Zusammenwirken dispositioneller, aktueller und struktureller Einflußfaktoren, die Entstehung intra- und interindividueller Unterschiede emotionaler Reaktionen, die Frage, welche *weiteren* Komponenten – neben kognitiven Prozessen – an der Aktualgenese beteiligt sind.

Wir glauben, daß es zur Lösung der genannten Probleme einer Ergänzung des prozessualen Modells der Informationsverarbeitung durch eine *strukturdynamische* und *strukturgenetische* Perspektive, ausgedrückt im Konzept des emotionalen Schemas, bedarf (vgl. Ulich 1991, 1992; Ulich & Kapfhammer 1991). Eine darartige Sichtweise kann zum einen besser der Tatsache Rechnung tragen, daß emotionales Erleben oft allein aufgrund von Kontiguität, d. h. auf gewohnheitsmäßig-assoziative Weise, zustande kommt. Zum anderen kann diese Perspektive Aktual- und Ontogenese besser verbinden, indem sie z. B. deutlich macht, wie es zur Stabilisierung emotionaler Reaktionsbereitschaften kommt, in welcher Form diese in der Persönlichkeitsstruktur repräsentiert sind und unter welchen Bedingungen sie aktualisiert werden.

5.2 Die Rolle emotionaler Schemata in der Aktualgenese von Gefühlsregungen

Ausgangspunkt der strukturdynamischen Sichtweise ist folgender: Gefühlsregungen entstehen mindestens *auch* aufgrund einer autonomen oder teilautonomen, internen Organisation der Eindrucksbildung und des Erlebens, also aufgrund von Strukturierungs- und Schematisierungsprozessen, die sich in der Weise verselbständigen und automatisieren können, daß ein Gefühl allein aufgrund der Assoziation zwischen Ereignis und emotionalen Schemata entsteht.

Schon Ach hatte darauf hingewiesen, daß die Emotionsgenese nicht ausschließlich aufgrund komplexer Urteilsprozesse zustande kommt, sondern daß im Erleben eher die Unmittelbarkeit emotionaler Prozesse im Vordergrund steht (nach Kuhl 1983, S. 18, vgl. auch Zajonc 1980). Ein Großteil unserer Verarbeitungsleistungen geschieht vermutlich unbewußt bzw. "intuitiv-holistisch" und weniger "sequentiell-analytisch" (Keller et al. 1990, S. 5, unter Bezugnahme auf Kuhl).

"Bewertung" wäre somit inhärenter Bestandteil des Erlebens, der sich aus der Berührung von Ereignis und Schema "automatisch" ergibt – und nicht Produkt aktueller kognitiver Einschätzungen und Prüfschritte. Fühlen wäre somit weniger "processing" als vielmehr "framing", also Schematisierung. Erleben erfolgt häufig auf gewohnheitsmäßig-assoziative Weise. Die wesentlichen dispositionellen Komponenten wären dann struktureller Natur, in Gestalt der emotionalen Schemata. Deren Stellung in der Aktualgenese soll zunächst allgemein gekennzeichnet werden.

5.2.1 Ein Komponenten-Modell der Aktualgenese

Schon in Kapitel 3.4 hatten wir kurz unser *Komponenten-Modell der Aktualgenese* vorgestellt. *Abb. 5.2* zeigt den hypothetischen Einfluß der vier Komponenten Ereignis, Momentanverfassung der Person, emotionale(s) Schema(ta) und Situation/Kontext. Aktuelle Gefühlsregungen sehen wir hervorgehen aus der individuumspezifischen Interaktion dieser vier Komponenten. Es interagieren dabei jeweils die wahrnehmungs-, vorstellungs- und gedächtnismäßigen *Repräsentationen* dieser Komponenten.

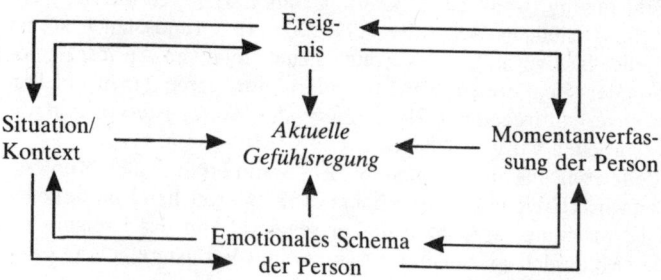

Abb. 5.2: Entstehung einer aktuellen Gefühlsregung

Bereit 1913 hatte Külpe (zit. nach Traxel 1983 a, S. 14) eine recht ähnliche Formel der Aktualgenese, ebenfalls mit dispositionellen und aktuellen Elementen, entwickelt. Wallbott und Scherer (1985) haben aus Emotionserinnerungen den Zusammenhang ebenfalls vergleichbarer Komponenten zu rekonstruieren versucht, nämlich Situationscharakteristika, Personcharakteristika, Reaktionscharakteristika und Kontrollcharakteristika.

Unter Aktualgenese einer Gefühlsregung verstehen wir jetzt ganz allgemein die Generierung der emotionalen Bedeutung eines Ereignisses. Unser Komponenten-Modell gibt dabei die *Makro-Struktur* der Aktualgenese wieder: Die emotionale Bedeutung eines Ereignisses entsteht aus der Interaktion der vier Komponenten. Darüber hinaus werden wir später (Kap. 5.2.2) die *Mikro-Struktur* der Aktualgenese beschreiben: Die emotionale Bedeutung eines Ereignisses ergibt sich durch die Belegung von bestimmten Leerstellen in bestimmten emotionalen Schemata. Doch sehen wir uns zunächst die Komponenten der Makro-Struktur an:

1. Es besteht hoher Konsens darüber, daß an der Emotionsauslösung stets ein Reiz bzw. ein *Ereignis* beteiligt sein muß; Emotionen sehen die meisten Autoren als Reaktionen an. Wir fassen Ereignis sehr allgemein, nämlich als jede merkbare, aufmerksamkeitserregende "innere" oder "äußere" Veränderung, also sowohl Gegenstände, Geschehnisse und Personen in der Umwelt wie auch Einfälle, Gedanken, Erinnerungen und Vorstellungen von Dingen und Ereignissen. Vielleicht wird man sie einmal klassifizieren können im Hinblick auf bestimmte Ereignisparameter (wie in der Lebensereignisforschung) oder im Hinblick auf Anregungsbedingungen oder Aufforderungsgehalte (wie in der Motivationsforschung). Nach Frijda (1986, S. 374) entsteht dann eine Gefühlsregung, wenn Ereignisse mit Handlungszielen interagieren. Ähnlich sieht es Schneider (1990, S. 434): Grundsätzlich könne "jeder Sachverhalt, jedes Ereignis zum situativen Auslöser emotionaler Reaktionen werden, sofern nur durch einen solchen Sachverhalt irgendeine Handlungs- oder Wertungsdisposition angesprochen wird".

Stellen wir uns ein Beispiel vor: Ein Mann erfährt, daß er entlassen wird (Ereignis). Wovon hängt es ab, mit welchen Emotionen – Überraschung, Trauer, Wut – er reagiert? Hat das Ereignis für den Mann den speziellen Charakter eines Verlustereignisses oder einer Befreiung vom Joch der Arbeit?

2. Der *situative Kontext* eines Ereignisses und des darauf bezogenen Erlebens bestimmt dieses ganz wesentlich mit; es gibt vielleicht sogar charakteristische Beziehungen zwischen Kontext und bestimmten Emotionen (vgl. Wallbott & Scherer 1985). Mit situativem Kontext ist gemeint, welche Person(en) noch anwesend oder beteiligt war(en), wo das Ereignis geschah, zu welcher (Tages-)Zeit, im familiären, beruflichen oder Freizeitkontext u. ä. m. Von Bedeutung ist auch die subjektive Meinung über den Kontext einschließlich aktueller (gesteuerter, zufälliger) Kontextinformation, die mit gespeicherten und gegenwärtigen Informationen über das Ereignis in Wechselwirkung tritt.

Die Situation kann im Hinblick auf die Entstehung einer ganz bestimmten Gefühlsregung zusätzlich sensibilisieren oder auch ablenken, die Fokussierung der Aufmerksamkeit fördern oder hemmen und damit die Wahrscheinlichkeit der Aktivierung ganz bestimmter emotionaler Schemata mitbeeinflussen. So wird der Mann, der eben von seiner Entlassung erfahren hat, tendenziell unterschiedliche Gefühle erleben je nachdem, ob er allein ist oder im Büro oder in der Familie.

3. Die Bedeutung eines emotionalen Ereignisses ergibt sich im Schnittpunkt bzw. Überlappungsbereich mehrerer gleichzeitig oder nacheinander aktivierter *emotionaler Schemata* oder genauer: bei einer partiellen "Passung" von Ereignis und Schemata. Es gibt nicht nur Handlungsorientierungen, auch das Erleben ist in bestimmten Bezugssystemen verortet. Die spezifische emotionale Bedeutung eines Ereignisses entsteht dadurch, daß dieses in bestimmte emotionale Schemata gerät und hier eine Bedeutungsverleihung erfährt. Die Promptheit und Intensität einer emotionalen Reaktion hängt ganz wesentlich vom Grad der Passung (Entsprechung) zwischen Ereignis (Wahrnehmung) und entsprechenden Leerstellen der emotionalen Schemata ab, wie später deutlich werden wird. Schon Leventhal (1984) hatte ja darauf hingewiesen, daß emotionales Erleben (auch) schemagesteuert ist.

Für uns sind emotionale Schemata die zentralen dispositionellen Komponenten der Aktualgenese. Sie steuern auch die Reaktionen unseres Mannes, der entlassen wurde. Welche Schemata hat er für das Ereignis zur Verfügung, mit welcher Wahrscheinlichkeit "gerät" das Ereignis eher in Trauer- als in Wut-Schemata? Reagieren Männer auf Verlust nicht häufig mit Schuldvorwürfen und Wut anstatt mit Trauer? Wie oft hat dieser Mann bisher auf Verlustereignisse mit Wut anstatt mit Trauer reagiert?

4. Die *Momentanverfassung* der Person gibt – ähnlich dem situativen Kontext – die Folie bzw. den Hintergrund ab für die Wahrnehmung von Situation und Ereignis und für das Erleben. Wir verstehen unter Momentanverfassung die Gesamtheit der in diesem Augenblick wirksamen Zustände und Verfassungen der Person wie z. B. Stimmungen, Überzeugungen, Bedürfnisse, Handlungspläne, körperliche Zustände, Hintergrundwissen u. ä. m. Wir meinen also etwas Ähnliches wie Lewin mit seinem Konzept des Lebensraumes. Auch die Momentanverfassung kann zusätzlich in eine bestimmte Richtung sensibilisieren oder ablenken. So wird unser Mann auf die Nachricht von seiner Entlassung unterschiedlich reagieren je nachdem, ob er gerade fünf Millionen im Lotto gewonnen hat oder vom Besuch seiner schwerkranken Frau im Krankenhaus zurückkommt.

Im Folgenden beschäftigen wir uns nun schwerpunktmäßig mit einem *Ausschnitt* aus unserem Modell der Aktualgenese, nämlich mit den emotionalen Schemata. Sehen wir uns dazu, als Ausgangspunkt der folgenden Überlegungen, kurz ein Beispiel an: Ein und dasselbe Ereignis – ein Kind wird geschlagen – löst drei unterschiedliche Reaktionen aus: "Geht mich nichts an!", "Der arme Kerl tut mir leid!", und "Ich freue mich, daß er seine Strafe kriegt". Wie kann man diese Unterschiede erklären? Aus dem eben skizzierten Modell der Aktualgenese ergibt sich: Welche Gefühlsregung auf ein konkretes Ereignis hin entsteht, hängt davon ab, 1. über welche emotionalen Schemata eine Person verfügt, 2. welche dieser Schemata auch tatsächlich aktiviert werden, und 3. wie diese Aktivierung durch die Momentanverfassung der Person und den situativen Kontext mitbeeinflußt wird.

Hypothetisch erklären wir die unterschiedlichen emotionalen Reaktionen in unserem Beispiel damit, daß die drei Personen über unterschiedliche emotionale Schemata verfügen und daß durch das Ereignis unterschiedliche Schemata aktiviert werden, nämlich für "Freude" *oder* für "Mitgefühl". Es wird im folgenden zu klären sein,

– auf welche Weise emotionale Schemata das emotionale Erleben "organisieren",

– wie die Schema-Aktivierung konkret, nämlich als Leerstellen-Ausfüllung, die Gefühlsregung bewirkt und schließlich,

– welche Strukturen emotionale Schemata haben und wie diese Strukturen in der Ontogenese entstehen.

Die eng miteinander verbundenen beiden Fragen nach der Entstehung bzw. Strukturbildung emotionaler Schemata und nach deren Rolle bei der Aktualgenese von Gefühlsregungen kann man auch unter den einander ergänzenden Perspektiven "trait" (Persönlichkeitsmerkmal) und "state" (Zustand) thematisieren: Aus ersterer stellen sich emotionale Schemata dar als dispositionale Strukturkomponenten emotionaler Reaktionstendenzen; in der "state"-Version sind emotionale Schemata die Aktualitätsform bzw. die aktualisierten Zustandsformen der dispositionalen Strukturkomponenten (Ulich 1991). Die "state"-Version stellen wir in Kap. 5.2.3, die "trait"-Version in Kap. 5.2.4 vor. Zunächst folgt eine allgemeinere Charakterisierung emotionaler Schemata.

5.2.2 Emotionale Schemata als Organisationsformen emotionalen Erlebens

Im Laufe ihrer Entwicklung lernen Kinder nach Piaget immer besser, Erfahrungen zu verallgemeinern und allgemeine Strategien des Denkens und Handelns auszubilden. Aus wiederkehrenden Episoden und wiederholten Aktivitäten entwickeln Kinder allmählich "typische" Weisen, mit bestimmten Klassen von Umweltgegebenheiten umzugehen: Sie erkennen etwa, daß man zum Greifen zunächst den Daumen von den anderen Fingern abspreizen muß, daß der Flüssigkeitsspiegel in einem Gefäß unabhängig von der Stellung des Gefäßes immer waagrecht ist, daß "Wauwau" nicht die Gesamtklasse aller Tiere umfaßt, sondern eine Unterkategorie darstellt u. v. m.

Greifhandlungen, Gefäße und Tiere unterscheiden sich jeweils in mannigfacher Weise. Ob das Kind aber nun einen Bauklotz, einen kleinen Ball oder eine Spielzeugente greift: Immer vollzieht es diese Handlung nach einem gleichbleibenden Prinzip bzw. nach einem "Schema", welches die "typische" wiederkehrende Form, also die Struktur dieser Handlung kennzeichnet. "Das Schema oder die Struktur des Greifens wird je nach Situation und je nach zu greifendem Gegenstand in anderer Weise realisiert" (Montada 1987, S. 411), d. h., das allgemeine Schema muß meist in gewisser Weise an Situationen und Gegenstand angepaßt und damit partiell verändert werden (Akkommodation). Die Wiederholung gleicher oder sehr ähnlicher Handlungen oder Erfahrungen führt dagegen zu einer fortwährenden Anreicherung (Assimilation) und Verfestigung von Schemata.

"Die Struktur oder Form einer Handlung unterscheidet Piaget also von der aktuellen Realisierung oder dem konkreten Inhalt" (Montada, a. a. O.). "Schemata vereinfachen den Umgang mit der Welt, weil sie aus Verschiedenem immer wieder Gleiches machen; Schemata stellen den Niederschlag der Erfahrungen dar. Schemata stiften also 'Invarianz', d. h., sie machen verschiedene Dinge für den Organismus zu gleichartigen" (Flammer 1988, S. 136, s. o. das Beispiel "Greifen"). Dies wird dadurch möglich, daß nicht konkrete Einzelheiten elementenhaft, additiv-assoziativ, in einer 1 : 1-Relation gespeichert werden, sondern Abstraktionen, Interpretationen, Typisierungen und Verallgemeinerungen stattfinden mit der Folge, daß Organisationsformen psychischer Prozesse und Zustände entstehen. Diese ermöglichen Selektion und Ordnung von "Reizen" und Eindrücken und damit eine sowohl erfahrungsbegründete wie auch flexible und entwicklungsfähige Orientierung und Bewältigung.

Die Strukturbildung wird durch Lernprozesse angeregt, entfaltet aber auch eine gewisse Eigendynamik und Eigengesetzlichkeit unterhalb der Bewußtseinsschwelle (vgl. Seiler 1991). "Ein Schema ist das Ergebnis eines (ersten) Abstraktions- und Generalisierungsaktes des Individuums, aufgrund dessen von den konkreten Umständen und Gegebenheiten der Situation, unter denen es gelernt wurde, abgesehen werden kann. Ein Schema ist ein erster, hypothetischer Bezugsrahmen, der wie eine Schablone an neue Erfahrungen angelegt wird" (Joerger 1976, S. 47). "Schemata haben die Eigenart von Gewohnheiten, sie setzen also Veränderungen einen gewissen Widerstand entgegen" (ebd.).

Diese Überlegungen hat nun Piaget selbst (1945) auch auf Emotionen angewandt: "Affektive Schemata" sind für ihn eine Art "Gußform" unterschiedlicher, jedoch wiederkehrender Gefühle – also auch hier die Unterscheidung einer Struktur oder Form einer Emotion von deren aktueller Realisierung bzw. dem konkreten Inhalt. Affektive Schemata sind für Piaget in ähnlicher Weise Organisationsformen des Fühlens, wie kognitive Strukturen Organisationsformen der geistigen Verarbeitung darstellen. Boesch (1984), Ewert (1983) und Grawe (1987) haben die Überlegungen Piagets aufgegriffen. Wie Handlungen oder Denkakte haben auch Gefühlserlebnisse vergleichbare Züge und gemeinsame Elemente, die Basis von (impliziten, schematisierenden) Verallgemeinerungen werden können, ja müssen, wenn Kinder in die Lage kommen sollen, *dieselbe* Gefühlsqualität (z. B. Trauer) bei ganz *unterschiedlichen* Gelegenheiten (z. B. Verlustereignissen) erleben zu können.

Piaget selbst hat seine Überlegungen zu den "affektiven Schemata" wenig konkretisiert. Wir knüpfen nun im folgenden an seinem Grundgedanken an und versuchen diesen ein wenig zu elaborieren, indem wir über Piaget hinausgehend weitere strukturdynamische und strukturgenetische Überlegungen entwickeln bzw. heranziehen.

Auch Gefühlserlebnisse haben wiederkehrende Formen, nämlich die von uns jeweils als mehr oder weniger identisch erlebten spezifischen Gefühlsqualitäten (Ärger, Neid, Furcht). Die Anlässe, Gelegenheiten und "Gegenstände" sind dabei ebenso unterschiedlich wie beim Greifen oder beim Aufbau von Begriffen. Emotionale Schemata entstehen aufgrund von Erfahrung, Erleben und Lernen und aufgrund einer internen Organisation von Eindrücken und Erfahrungen zu Strukturen. Erfahrungen sind also in Form von emotionalen Schemata repräsentiert, sie sind Hilfen zur Strukturierung der Erfahrungswelt. Auch emotionale Schemata machen aus Verschiedenem immer wieder Gleiches, indem sie Bedeutungsäquivalenzen stiften, also heterogene "Reize" zu Klassen von Auslösern derselben Gefühlsqualität zusammenfassen. Obwohl jedes einzelne Gefühlserlebnis "einzigartig" ist, können Teile desselben doch aufgrund von Ähnlichkeiten zu anderen in Beziehung gesetzt, als "typisch" für eine bestimmte Gefühlsqualität (z. B. Mitgefühl) erkannt und erlebt, also als Realisierung einer wiederkehrenden Form verstanden werden.

Das Konzept des emotionalen Schemas ist eine heuristische Hilfskonstruktion (ein hypothetisches Konstrukt) zur Verdeutlichung der Strukturiertheit und Selektivität bzw. der Ordnungstendenzen und Ordnungsgesichtspunkte des Fühlens. Zwei Merkmale erscheinen zentral, nämlich das der Vereinfachung durch Absehen vom Konkreten und Individuellen und das der Beziehungs-Stiftung zwischen den Teilen des Schemas mit dem Ergebnis von Konfigurationen von Teilstrukturen sowie von Reaktionen und diesen zugeordneten möglichen Auslösern (vgl. Kap. 5.2.3 und 5.2.4).

Emotionale Schemata sind psychische Strukturen und als solche Bezugssysteme des aktuellen Erlebens, innerhalb derer sich die emotionale Bedeutung eines Ereignisses ergibt, die also Ereignissen Bedeutung verleihen. Dies geschieht durch Schematisierung, also durch "Ausrichtung", In-Perspektive-Setzen, durch Filterung und assoziative Koppelung mit bestimmten Bedeutungsetiketten (z. B. Bedrohung). Die Bedeutungsverleihung geschieht durch bestimmte Substrukturen (vgl. Kap. 5.2.4) und ist Ausdruck einer differentiellen emotionalen Reagibilität. Emotionale Schemata ermöglichen das Ver- und Entschlüsseln von emotionalen Eindrücken und Erlebnissen.

Emotionale Schemata sind – bildlich gesprochen – soziokulturell und individualgeschichtlich präformierte *"Mustervorlagen für die Vervielfältigung von Gefühlsregungen"* (vgl. oben die "Gußformen" Piagets), und zwar in dem doppelten Sinne einmal des Verstehens von eigenen und fremden Gefühlsregungen und zum anderen der (nicht bewußten oder gesteuerten) Produktion, "Kreation" bzw. "Konstruktion" von Gefühlserlebnissen. Für Leventhal (1984, s. o.) bilden emotionale Schemata lediglich eine von drei Ebenen der kognitiven Repräsentation bzw. Informationsverarbeitung, und zwar meint er damit stark wahrnehmungsgebundene Erinnerungen früherer emotionaler Episoden, deren schematisierende Verdichtung und die gedächtnismäßige Integration der einzelnen Wahrnehmungsebenen, individuellen Reaktionen, Erfahrungen und situativen Auslöser.

Klarer als das Schema-Konzept von Leventhal sind die von ihm benannten Funktionen der schematischen Verarbeitung (1984, S. 135 f.): Emotionale Schemata erlauben eine äußerst rasche, unwillkürliche, nicht-bewußte, anstrengungslose, automatische, wahrnehmungsmäßig-emotionale Einschätzung gegebener Situationen; sie schaffen Erwartungen, indem sie die Aufmerksamkeit filtern und lenken; sie leiten die Verfestigung episodischer Erinnerungen; sie tragen zur Generalisierung von emotionalen Erfahrungen zu bestimmten Prototypen bei; bei Aktivierung mehrerer Schemata gleichzeitig können Gefühlsmischungen entstehen; emotionale Schemata dienen der Organisation und Akkumulierung von Erleben und Erfahrungen. Einige dieser Funktionen heben in ähnlicher Weise, oft Leventhal folgend, auch andere Autoren hervor (vgl. zusätzlich Lantermann 1983; Pekrun 1988; Scheele 1990; Malatesta & Haviland 1985, S. 13).

5.2.3 Die Aktivierung emotionaler Schemata als Leerstellen-Ausfüllung

Wie hängen nun bleibende *Form* und wechselnder *Inhalt* beim Gefühlserleben zusammen, wie kann also ein allgemeines emotionales Schema, z. B. des Mitgefühls, dazu beitragen, eine aktuelle ereignisbezogene Gefühlsregung des Mitgefühls hervorzurufen? Einer Antwort auf diese Frage nähern wir uns auf einem Umweg über die Psychologie des Wissenserwerbs durch Informationsverarbeitung, welche (kognitive) Schemata als "Leerstellen-Systeme" konzeptualisiert (wir folgen hier – mit Modifikationen – insbesondere Rumelhart & Ortony 1977; vgl. auch Waldmann 1990).

Was bedeutet nun "Leerstellen-System"? Stellen wir uns vor, ein Bekannter sagt: "Morgen verreise ich." Diese Aussage löst eine Reihe allgemeiner Antizipationen und Erwartungen aus, die wir mit dem Begriff des Reisens verbinden: ein Ziel, eine Ortsveränderung, das Zurücklegen eines Weges, einer Entfernung, Abschied, Mitnehmen von Gepäck, Benutzung von Reisemitteln wie z. B. Eisenbahn, das Überqueren von Grenzen. Letzteres ist sicher fakultativ, während das Zurücklegen eines Weges obligatorisch ist. Wir sehen: Der Begriff "Reisen" enthält notwendige, konstituierende Merkmale, die zusammengehören bzw. -passen und ein sinnvolles Ganzes bilden.

Freilich weiß ich nun noch nicht, wohin der Bekannte tatsächlich fährt, wie er dorthin gelangt usw. Nach der Rückkehr von der Reise kann ich ihn fragen und auf diese Weise zu einer Spezifizierung der allgemeinen Merkmale gelangen. Die Spezifizierungen hängen vom jeweils konkreten Fall ab, während die allgemeinen Merkmale festliegen. Die allgemeinen Merkmale kann ich nun auch als Variablen bzw. "Leerstellen" bezeichnen, die durch bestimmte "Werte" belegt bzw. mit Werten ausgefüllt werden können (vgl. Rumelhart & Ortony 1977); dies zeigt *Abb. 5.3.*

Gepäck   Reisemittel   Ziel

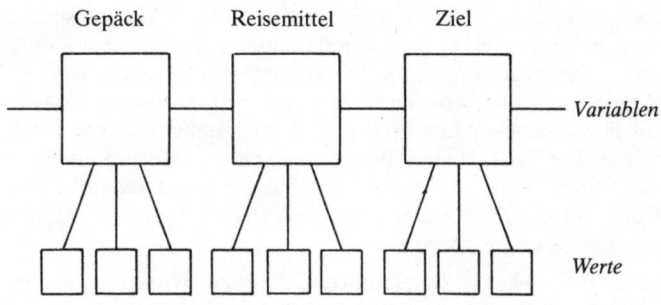

Variablen

Werte

Abb. 5.3: Kognitives Schema des "Reisens" (Ausschnitt)

Die Wahrscheinlichkeit, mit der eine Variable einen bestimmten Wert annehmen kann, ist dabei recht unterschiedlich. Die Gesamtheit der für die Belegung einer Leerstelle in Frage kommenden Werte bezeichnet man als "Wertebereich"; die Werte sind dabei normal verteilt. Recht unwahrscheinlich ist z. B., daß unser Bekannter als "Reisemittel" (Variable, Leerstelle) eine Postkutsche (Wert) benutzen wird; mehr in der Mitte der Normalverteilung dürften Auto, Zug, Flugzeug liegen.

Wie gelangen wir nun zur Kenntnis der Variablen (Leerstellen), Werte und Wertebereiche? Ein Weg dazu ist die Analyse von Wissensstrukturen. Laucken et al. (1988; Laucken 1989) haben Briefe analysiert, in denen sich Bürger über Lärm beschweren. Aus diesen Briefen haben die Autoren ein gleichbleibendes, konstituierendes Ordnungsmuster, ein Leerstellengefüge der "Gegenwehr" extrahiert, das eine geordnete Verbindung von 16 Leerstellen zu drei Bereichen darstellt: Aussagen zum Leid, zur Schuld und zum Recht. Die Analyse ergibt ein "konstitutives

Leerstellenraster", in dem obligatorische (z. B. Leid) und fakultative Leerstellen enthalten sind (Laucken et al. 1988, S. 270). Die Beschwerdebriefe selbst stellen sich den Autoren dann dar als "inhaltliche Spezifizierungen gegenwehrthematischer Grundstrukturen", als "Ausfüllungsvarianten eines grundlegenden Leerstellensystems" (Laucken 1989, S. 99). Eine Leerstelle ist somit "eine thematische Hülse für denkbare Fälle ihrer Spezifikation" (a. a. O., S. 175).

In der Psychologie des Wissenserwerbs sind kognitive Schemata Wissensstrukturen, die im Gedächtnis einen bestimmten Realitätsbereich verallgemeinernd und prototypisch repräsentieren und dadurch sowohl das Verstehen (z. B. von Texten) wie auch das Produzieren (z. B. von Sätzen) ermöglichen. Schemata spielen eine aktive Rolle bei der Informationsaufnahme, -verarbeitung und -abgabe, indem sie die Einordnung von Objekten usw. ermöglichen, Antizipationen hervorrufen und die Informationssuche in Richtung auf Leerstellen-Ausfüllung steuern. Zur Verdeutlichung der Variablen und Werte eines Schemas bilden Rumelhart und Ortony (1977, S. 101 f.) eine Analogie zum Drehbuch: Den Rollen im Drehbuch entsprechen die Variablen (Leerstellen), den Schauspielern die Werte.

Für den Forscher ist das Schema-Konzept ein Werkzeug, um bestimmte psychische Vorgänge und Leistungen zu verdeutlichen und zu erklären (vgl. Waldmann 1990): Wie geschieht Wahrnehmung (vgl. Neissers Schema-Konzept 1979)? Wie geschieht schlußfolgerndes Denken? Wie funktioniert das Gedächtnis, wie bewältigt es z. B. riesige Mengen von Informationen (vgl. Alba & Hasher 1983)? Überall scheinen Strukturierungen und Schematisierungen im Spiel zu sein, und es gibt keinen Grund anzunehmen, daß dies beim emotionalen Erleben anders sei. Auch im emotionalen Erleben können wir "Ordnungsstrukturen" ausmachen, mit deren Hilfe Erfahrungen "organisiert und verstanden werden können" (Ballstaedt et al. 1981, S. 29, über kognitive Schemata).

In Analogie zu kognitiven Schemata konzipieren wir nun emotionale Schemata ebenfalls als Leerstellengefüge: Wenn ich emotionale Schemata der Angst, des Ärgers usw. entwickelt habe, dann kann ich a) diese Emotionen selbst erleben und b) diese Emotionen bei anderen verstehen, in Analogie zu: Wenn ich über das kognitive Schema des "Reisens" verfüge, dann kann ich a) Aussagen verstehen, in denen das Reisen vorkommt, und b) Aussagen über Reisen produzieren.

Die Belegung der Leerstellen emotionaler Schemata *ist* das aktuelle Gefühlserlebnis. Emotionale Schemata repräsentieren die allgemeine Organisationsform einer Klasse von Gefühlsregungen (z. B. Angst) *durch* eine Struktur von Variablen (Leerstellen) und potentiell zuordenbaren Werten (Wertebereiche). Ein Wert steht für bzw. ist ein Platzhalter für eine Merkmalskonfiguration, die eine Klasse von Ereignissen, Gegenständen, Personen usw. kennzeichnet – z. B. alle Merkmale, die in ihrem Zusammenvorkommen die "Gefährlichkeit" von Hunden als generalisierten Angst-Auslösern ausmachen. Wird ein Schema durch ein Ereignis aktualisiert, dann werden die "theoretischen" Werte durch "echte" Ereignis-Merkmale bzw. deren wahrnehmungsmäßige Repräsentationen belegt: Die Leerstellen werden ausgefüllt.

Eindrücke gelangen in das System der emotionalen Schemata und regen direkt – über Kontiguität – bestimmte plausible, "verwandte", passende Schema- und Werte-"Anwärter" auf Leerstellenausfüllung an (Rumelhart & Ortnoy 1977, S. 130). Eindrücke werden an die Leerstellen des Schemas angepaßt, gleichzeitig fungiert das Schema auch als "Suchplan" (Ballstaedt et al. 1981, S. 241, 104). Auch emotionale Schemata ermöglichen, strukturieren und begrenzen Erfahrungen (a. a. O., S. 29).

Zur Veranschaulichung der Mikro-Struktur der Aktualgenese *als* Leerstellen-Ausfüllung gehen wir noch einmal zum eingangs vorgestellten Beispiel zurück und fragen, *wie* es bei einer der drei Personen zur Gefühlsregung *Mitgefühl* kam. Eine Synopse der Aussagen in der Fachliteratur ergibt zunächst ein Mitgefühl-Schema, das vier Variablen (Leerstellen) und diesen zugeordnete Wertebereiche enthält (vgl. *Abb. 5.4*).

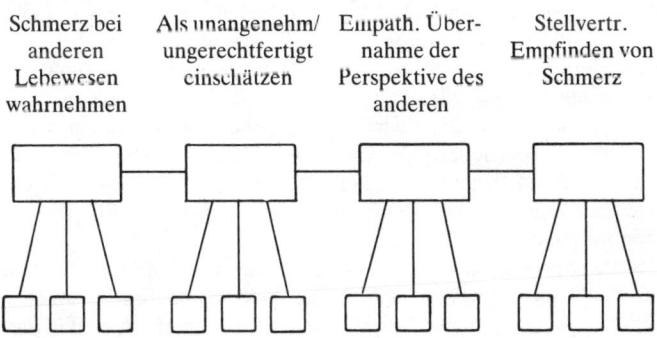

Abb. 5.4: Emotionales Schema des "Mitgefühls"

In einem nächsten Schritt greifen wir *eine* Variable – empathische Übernahme der Perspektive anderer – heraus und sehen uns den Vorgang der Leerstellenbelegung genauer an (vgl. *Abb. 5.5*).

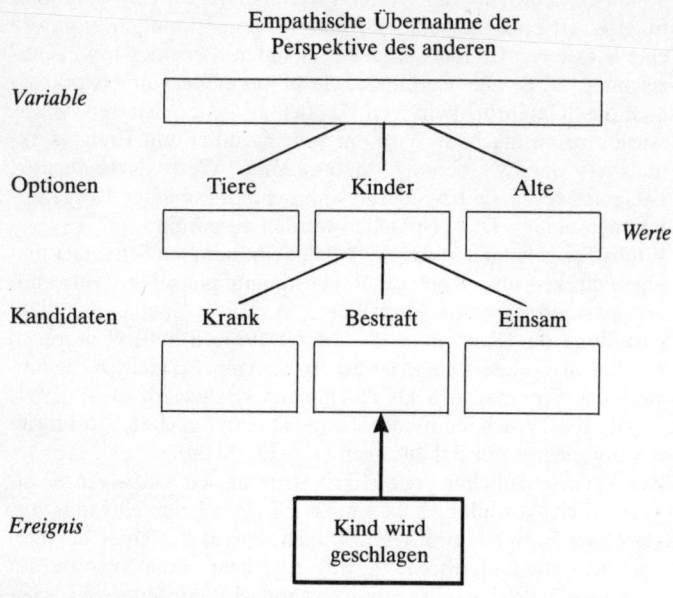

Abb. 5.5: Leerstellenausfüllung "Mitgefühl"

Das allgemeine Mitgefühl-Schema eröffnet in Gestalt der auf zwei Ebenen zugeordneten Wertebereiche eine Reihe von Leerstellen, die "darauf warten", durch konkrete Ereignisse bzw. deren Merkmale ausgefüllt zu werden. Ein Schema tritt in Funktion, wenn ein Ereignis als "Fall von..." z. B. mitgefühlauslösenden Ereignissen identifiziert wird; Mitgefühl erlebt die Person, wenn es zu einer (partiellen) Deckung oder Passung der Ereignismerkmale mit den Werten im Schema kommt. Je nach der Differenziertheit eines emotionalen Schemas gibt es mehrere Ebenen von Wertebereichen.

In unserem Fall kommt es zur Gefühlsregung "Mitgefühl", weil diese Person – im Vergleich zu den beiden anderen Personen – über ein entsprechendes emotionales Schema verfügt, weil in diesem Schema zugeordnete Leerstellen für "Kind" und "bestraft" vorhanden sind, weil ein entsprechendes auslösendes Ereignis

eintritt und weil schließlich der situative Kontext und die Momentanverfassung der Person die Entstehung dieses Gefühls zusätzlich fördern (z. B. durch Fokussierung der Aufmerksamkeit).
Erklären und vielleicht auch vorhersagen können wir die emotionale Reaktion einer Person (u. a.) dann, wenn wir wissen, welche
Variablen in welchen emotionalen Schemata vorhanden sind und
mit welcher Wahrscheinlichkeit welche Variablen welche Werte
annehmen können. So gibt es z. B. Menschen, deren Mitgefühl
durch den Anblick eines mißhandelten Hundes, aber nicht durch
den Anblick eines mißhandelten Kindes erregt werden kann.
Es gibt eine Reihe von empirischen Hinweisen darauf (vgl. Harris
1989, S. 28–51), daß die Entwicklung eines Schemas für Mitgefühl an ganz bestimmte förderliche Sozialisationsbedingungen gebunden ist (vgl. auch Mantell 1978). Untersuchungen über die
Entstehung feindseliger versus unterstützender emotionaler Reaktionstendenzen könnten ein Prototyp sein für die Prüfung der
Frage, wie es zur Ausbildung bestimmter emotionaler Schemata
kommen kann.
Es ist davon auszugehen, daß nicht alles emotionale Erleben (z. B.
Schreck) schemagebunden ist; manche Ereignisse haben vermutlich, besonders für sehr kleine Kinder, unmittelbar überlebens-
relevante Bedeutung. Vielleicht gibt es auch wenige angeborene
emotionale Schemata (Pekrun 1988). Für die Mehrzahl der emotionalen Reaktionsbereitschaften einer erwachsenen Person dürfte
allerdings gelten, daß diese unter dem Einfluß individueller Lernprozesse zustande gekommen sind.
In der eben skizzierten "State"-Version bedeuten emotionale
Schemata die jeweils *aktualisierten* Zustandsformen der individuell entwickelten emotionalen Reaktionstendenzen. Dieser *Dis-
positions*-Form emotionaler Schemata wenden wir uns nun zu.

5.2.4 Die dispositionale Struktur emotionaler Schemata

Dieses Unterkapitel handelt – im Sinne der "trait"-Version emotionaler Schemata – von dispositionalen Strukturkomponenten
emotionaler Reaktionstendenzen (und andeutungsweise von deren Genese, dazu auch Kap. 6.4). Emotionale Schemata sind psychische Strukturen, die entwicklungspsychologisch gesehen aus
ineinander verschachtelten Substrukturen aufgebaut sind (vgl.
zum Folgenden Ulich 1992; Ulich & Kapfhammer 1991). Diese
Substrukturen repräsentieren bestimmte Einflüsse und Einfluß-
quellen in unterschiedlicher, jedoch ergänzender Form. Alle Sub-

strukturen tragen auf ihre Weise dazu bei, die Wahrscheinlichkeit des Auftretens einer bestimmten Gefühlsregung (z. B. Mitgefühl) auf ein bestimmtes Ereignis hin (ein Kind wird geschlagen) zu beeinflussen. Die Substrukturen überlappen sich sowohl von ihrer Genese her wie auch in ihren Wirkungen.

Abb. 5.6 faßt die vier Substrukturen "Gefühlstypen", "kulturelle Gefühlsschablonen", "emotionale Wertbindungen" und "emotionale Gewohnheitsstärken" vorgreifend mit Kurzdefinitionen zusammen.

Gefühlstypen	= Begrifflich-strukturelle Komponente; Kontext-invariant; Kompetenz-Aspekt (Fähigkeit)
Gefühlsschablonen	= Konventionelle Komponente, Kontext-sensibel; kulturell-normativer Aspekt
Wertbindungen	= Evaluative Komponente; Präferenz-Aspekt
Gewohnheitsstärken	= Dispositionelle Komponente; Eigenschafts-Aspekt (Bereitschaft)

Abb. 5.6: Substrukturen emotionaler Schemata

Zunächst ein Beispiel, auf das wir uns im Folgenden mehrmals beziehen werden:

Douglas, ein 13 Monate alter Bub, spielt mit Bauklötzen. Vorsichtig setzt er einen Klotz auf den anderen. Als der Turm fertig ist, lacht Douglas und klatscht in die Hände. Seine Mutter ruft aus: "Gut, Doug. Das ist ein großer Turm. Freust du dich (Don't you feel good)!?" Als Douglas später einen weiteren Klotz auf die Spitze des Turms legen will, stürzt dieser ein. Der Bub bricht in Tränen aus und verstreut energisch die Bauklötze um sich herum. Sein Weinen bringt die Mutter herbei. Sie nimmt ihn auf den Schoß, wischt ihm die Tränen ab und sagt sanft zu ihm: "Fühl' dich nicht schlecht. Ich weiß, du bist ärgerlich. Es ist frustrierend, einen so hohen Turm zu bauen, da, versuch's nochmal" (Lewis & Rosenblum 1978, S. 1).

Im Folgenden werden wir skizzieren, welche Beiträge die einzelnen Substrukturen zur Entstehung einer Gefühlsregung leisten und welche Einflüsse und Lernprozesse jeweils in den Substrukturen repräsentiert sind.

a) *Gefühlstypen* repräsentieren verallgemeinerte, "typische" Konfigurationen von Ereigniswahrnehmungen, Wahrnehmungen des eigenen Zustands und Emotionsbenennungen (vgl. auch Lewis &

Michalson 1983, Kap. 4–7). Gefühlstypen verkörpern Koppelungen zwischen diesen drei Komponenten; sie repräsentieren diese Koppelungen im Gedächtnis in abstrakter Form. Die Koppelungen entstehen in der individuellen Entwicklung nicht nur aufgrund von konkreten Gefühlserlebnissen, sondern auch aufgrund der "internen Organisation" dieser Erfahrungen unter dem Einfluß von Schematisierungsprozessen wie Selektion, Abstraktion, Interpretation und Integration (vgl. Alba & Hasher 1983). Dadurch kommt es zu einer Vereinheitlichung des individuellen Emotionsvokabulars über unterschiedliche Auslöser und Situationen hinweg.

Gefühlstypen entstehen also aus wiederkehrenden, sukzessiven Koppelungen zwischen Ereigniswahrnehmungen, Zustandswahrnehmungen und Emotionsbenennungen. Unser Beispiel "Douglas" demonstriert sehr schön diesen Vorgang der Synchronisierung: Douglas erlebt in Verbindung mit einem bestimmten Ereignis und einer bestimmten Situation einen eigenen Zustand, der von der Mutter benannt wird: "Don't you feel good!" angesichts des fertigen Turms bzw. "I know you're angry", "It's frustrating" angesichts des umgestürzten Turms. Douglas lernt auf diese Weise den Zustand zu benennen, den er fühlt. Er kommt allmählich zur Unterscheidung verschiedener Gefühlsqualitäten. In dem Maße, in dem Personen über verschiedene Gefühlstypen verfügen, sind sie auch zum Erleben unterschiedlicher Gefühlsqualitäten fähig.

Die Betreuungspersonen kleiner Kinder helfen durch Kommentierung und Benennung der situationsentsprechenden Gefühle den Kindern, adäquate Reaktionsbereitschaften auszubilden und allmählich eine immer zutreffendere Kenntnis "typischer" emotionsauslösender Ereignisse und Situationen zu entwickeln. Die Bezugspersonen agieren dabei als Mittler zwischen den Kindern auf der einen Seite und kulturellen Gefühlstypisierungen, eigenen Gefühlstypen und Erfahrungen und hergestellten, bestimmte Gefühle provozierenden "settings" auf der anderen Seite.

Die Forschung hat bestimmte Entwicklungstendenzen herausgefunden; jüngere Kinder verbinden Emotionswörter eher mit den entsprechenden Situationen, während ältere Kinder (etwa ab sechs Jahren) Emotionswörter eher mit den entsprechenden inneren Zuständen verknüpfen (vgl. Harris 1985). Es geht bei der Entwicklung von Gefühlstypen um mehr als um "kognitive Situationstypisierung" (Brandtstädter 1985) oder um Konzeptbildung (vgl. z. B. zum Gefühl der Peinlichkeit Roos 1988; Seidner et al. 1988). Die Typen-Elemente, bei Angst z. B. Bedrohung, Ungewißheit, Hilflosigkeit, sind zentrale inhärente *Erlebnis*komponenten, nicht nur Bedeutungskomponenten des umgangssprachlichen Begriffs der Angst.

Gefühlstypen sagen mir, welches Gefühl es ist, das ich gerade erlebe. Douglas lernt allmählich, daß sich Freude und Ärger jeweils in gewisser Weise immer "gleich" anfühlen. Gefühlstypen stellen die begrifflich-strukturelle Komponente emotionaler Schemata dar. Sie sind bis zu einem gewissen Grad Kontext-invariant; sie repräsentieren den Kompetenz-Aspekt emotionalen Erlebens, und zwar im Sinne von "Fähigkeit".

b) *Kulturelle Gefühlsschablonen* repräsentieren kulturspezifische, ereignis- und situationsbezogene Relevanzkriterien und Erwartungen im Hinblick auf die Auslösung und das Erleben ganz bestimmter Gefühle in bestimmten Situationen. Wir lernen nicht nur, wie wir uns fühlen, wenn wir z. B. Angst haben, wie sich die Angst etwa im Vergleich zur Wut "anfühlt", sondern wir lernen auch, *wovor* wir Angst haben, worauf wir stolz sind, welche Verluste uns traurig machen. Gefühlsschablonen repräsentieren die historisch und interkulturell unterschiedlichen Wahrscheinlichkeiten, mit denen (bereits "kompetente") Personen spezifische Gefühlsqualitäten situations- und ereignisabhängig auch tatsächlich erleben, also z. B. Angst vor Versagen versus Angst vor bösen Geistern oder Zorn über eine kleine Beule im Auto versus Zorn über eine "Ehrverletzung".

Kulturelle Gefühlsschablonen spezifizieren also mögliche Gegenstände oder Anlässe für bestimmte Gefühlsreaktionen. Sie bestimmen damit die Bandbreite (Wertebereiche, s. o.) der typischen Gefühlsinhalte, die durchschnittlich erwartbaren Emotionen mit; dies freilich nicht ausschließlich, da in der individuellen Entwicklung von emotionalen Reaktionsbereitschaften weitere Faktoren eine Rolle spielen (vgl. Kap. 6). Neben diesen erhöhen jedenfalls die kulturellen Gefühlsschablonen die Auftretenswahrscheinlichkeit solcher Gefühlsregungen, die in einer bestimmten Kultur als "typisch", also durchschnittlich erwartbar in bestimmten Klassen von Situationen gelten. Gefühlsschablonen entstehen aus dem wiederkehrenden Erleben derartiger "typischer" Gefühle und dienen allmählich als "Vervielfältigungsmuster" dieser Gefühle, also z. B. Stolz nach einem Erfolg, Neid auf den Wohlstand anderer Menschen, Freude über die Niederlage des Konkurrenten.

Im interkulturellen Vergleich zeigen Armut oder Reichhaltigkeit sprachlicher Bezeichnungen für Emotionen wichtige Unterschiede im Hinblick auf die relative Bedeutsamkeit dieser Emotionen in einer bestimmten Kultur an (Levy 1984). Kulturelle Gefühlsschablonen sind Bestandteil von kulturellen "Mitgliedschaftsent-würfen", die Wünsche und Erwartungen in Hinblick darauf spezifizieren, welche Merkmale ein "ordentliches" (erwachsenes) Mitglied der Gesellschaft oder Gruppe ausmachen (vgl. Hurrelmann & Ulich 1991). Diese Mitgliedschaftsentwürfe enthalten auch für das emotionale Erleben bestimmte Regeln und Erwartungen im Hinblick darauf, wann und in welchen Situationen wem gegenüber welche Gefühle erwünscht oder unangemessen sind (vgl. Lewis & Saarni 1985; Ekman 1984; Hochschild 1979; Ulich & Kapfhammer 1991).

Unser Douglas, so meint die Mutter, soll sich nach dem Erfolg "gut" fühlen. Nach Mißerfolg – der Turm stürzt ein – soll er es noch einmal versuchen. Wird er später "Stolz" vor allem mit einer eigenen Leistung verbinden und "Angst" vor allem mit der Erwartung, nicht gut genug zu sein, vielleicht zu versagen? Früher hatten Kinder vor anderen Dingen Angst: vor Sünde und Verdammnis, vor bösen Geistern, vor Ärgerausbrüchen Erwachsener, vor selbst heraufbeschworenem Unglück (vgl. Gordon 1989).

Die Kultur enthält die Schablonen als Vervielfältigungsmuster; diese sind erworbene Typisierungen von Ereignissen, Beziehungen, Dingen usw. im Hinblick auf deren emotionale Relevanz. Gefühlsschablonen stellen mithin die "konventionelle" Komponente emotionaler Schemata dar; sie repräsentieren den kulturellnormativen Aspekt und sind entsprechend kontextsensibel.

c) *Emotionale Wertbindungen* repräsentieren individuelle gefühlsrelevante Wertbezogenheiten und Wertpräferenzen, im Sinne von Maßen der Involviertheit und Betroffenheit, im Sinne von "Wichtigkeitsindizes". Eine Gefühlsregung drückt stets eine bedeutungshaltige Beziehung zwischen einem Ereignis und der Person aus, also die "persönlichen Implikationen" eines Ereignisses für die Person (Gordon 1989, S. 320 f.). Wertbindungen zentrieren Erleben (und Verhalten). Die Mutter in unserem Beispiel reagiert nur deshalb mit Freude und Sorge auf ihr Kind, weil dessen Wohlergehen, Unversehrtheit und Glück für sie besondere Werte darstellen. Schon in Kap. 3 hatten wir zu verdeutlichen versucht, daß Fühlen das Gegenteil von Gleichgültigkeit ist, daß wir nur dann etwas fühlen, wenn etwas von Belang für uns ist, uns etwas angeht.

Wertbindung ist die engagierte, Ich-beteiligte – wenngleich in der Regel nicht über bewußte Vornahmen oder Urteile wirkende – Überzeugung, daß bestimmte Werte gelten und verwirklicht werden sollen (vgl. allgemein zu Wert und Werthaltung Graumann &

Willig 1983). Werte stellen erwünschte Zustände oder Eigenschaften dar; ein Wert ist ein "Gut" (Scholl-Schaaf 1975, S. 49), also etwas, das sein *soll* (Rivera 1985, S. 375), ein Sachverhalt, von dem ich will, daß er existiert – in einer etwas überholten Terminologie also auch das Gute, Wahre und Schöne (z. B. auch ein Sonnenuntergang in den Bergen). Von der Wert-Verwirklichung ist sowohl der bloße Wunsch danach wie auch die Feststellung der Realisierung zu unterscheiden. Dabei ist ein Bezug auf die Person als Subjekt der Wertung nicht immer notwendig; so gilt z. B. der Wert des Lebens unabhängig davon, ob dieser Wert im Einzelfall mißachtet wird (Scholl-Schaaf, a. a. O.).

Nicht Informationsverarbeitung ist hier gemeint, nicht Bewertung im Sinne der oben dargestellten Prozeß-Modelle der Aktualgenese; Wertbindung meint vielmehr Wertbezogenheit im Sinne einer (strukturellen) Zuständlichkeit. So impliziert etwa das Erleben von Mitgefühl in unserem obigen Beispiel weniger einen differenzierten, zeiterstreckten, stufenförmigen Bewertungsprozeß, sondern, wie skizziert, das Vorhandensein und die Aktivierung entsprechender emotionaler Schemata: *Weil* für die Person das Wohlergehen von Kindern einen Wert darstellt, empfindet sie Mitgefühl. Das Ereignis gerät in das Schema und erfährt dort seine Bedeutungszuschreibung.

Kulturelle Bedeutungszuschreibungen und Bezugspersonen vermitteln, *was* uns als wertvoll oder wertlos, relevant oder irrelevant erscheinen soll. Wir lernen, in was wir involviert sein sollen oder nicht, wir lernen, was als das "Gute, Wahre und Schöne" anzusehen ist. Wertbindungen lösen in einem hohen Maße die biologischen Notwendigkeiten der frühesten Kindheit ab (vgl. auch Rivera 1985, S. 375 ff.), von denen freilich Elemente vitaler Betroffenheit über das ganze Leben hinweg erhalten bleiben und zu Bestandteilen von Wertbindungen werden. Der bei unserem Douglas sich möglicherweise aufbauende Wert "individuelle Leistung" ist dennoch etwas qualitativ anderes und Neues als etwa die überlebensnotwendige Bindung zwischen ihm und seiner Mutter.

Wertbindungen sind, zusammenfassend, die evaluative Komponente von emotionalen Schemata; sie repräsentieren den Präferenzaspekt.

d) *Emotionale Gewohnheitsstärken* repräsentieren ontogenetisch entstandene, emotionsspezifisch unterschiedlich stark ausgeprägte Tendenzen emotionaler Schemata, durch ein Ereignis bzw. eine Klasse von Ereignissen aktiviert zu werden. So gibt es Personen, die zu Feindseligkeit neigen, rasch in Zorn geraten, stets bereit sind, andere um ihr vermeintlich besseres Leben zu beneiden, während andere "nichts aus der Ruhe bringt". Der Begriff Gewohnheitsstärke ist ein Konstrukt aus dem Theoriesystem des Neobehavioristen C. L. Hull, der damit die Stärke der Tendenz erklären und vorhersagen wollte, mit der ein Reiz eine bestimmte Reaktion auszulösen vermag. So kann z. B. häufiges aggressives Verhalten zur "Ausprägung aggressiver Gewohnheiten im Verhältnis zur Beherrschung anderer Verhaltensformen" führen, also dazu, daß aggressive Verhaltensweisen im Verhaltensrepertoire der Person einen breiten Raum einnehmen, leicht zur Verfügung stehen und rasch eingesetzt werden (Nolting 1987, S. 113 ff.).

Wir bilden nun unser Konstrukt der "*emotionalen* Gewohnheitsstärke" in Analogie zum verhaltensbezogenen lerntheoretischen Konzept, jedoch ohne die Unterstellung, daß alle emotionalen Reaktionsbereitschaften ausschließlich über Konditionierungsprozesse entstanden sind.

Emotionale Gewohnheitsstärke meint die Leichtigkeit bzw. den Grad der Aktivierbarkeit bestimmter emotionaler Schemata. Zu denken ist an eine positive "Voreingenommenheit" im Hinblick auf das Erleben eines bestimmten Gefühls; *diese* Gefühle sind "wiederkehrende Anliegen" (Heckhausen über Motive). In bezug auf negative Gefühle, wie z. B. häufig wiederkehrende Ängste, muß man allerdings eher von einem "Wiederholungszwang" sprechen. Hohe Gewohnheitsstärke bedeutet also leichte Erregbarkeit eines Gefühls, natürlich situations- und ereignisabhängig. Die "Schwellen" der Reagibilität sind niedrig, die Reaktionsbereitschaft hoch (vgl. auch Frijda 1986). Im "subjektiven Lebensraum" (Lewin) der Person existieren für diese Gefühle "Zonen emotionaler Ansprechbarkeit". Die Person ist mit dem betreffenden Gefühl vertraut, sie ist daran "gewöhnt", sie erwartet oder wünscht seine häufige Wiederkehr.

Unterschiedliche emotionale Gewohnheitsstärken bedeuten unterschiedliche emotionale Reaktionsbereitschaften bzw. -neigungen. Gewohnheitsstärken sind also die dispositionellen Komponenten von emotionalen Schemata; sie repräsentieren den "Eigenschafts"-Aspekt, hier im Sinne von Bereitschaft, nicht von Fähigkeit. Die Gewohnheitsstärke ist den drei anderen Substrukturen möglicherweise vor- oder übergeordnet insofern, als diese letztlich in die Gewohnheitsstärke miteingehen, diese mit ausmachen. Im Falle unseres Douglas können Stolz und Scham in Leistungssituationen eine hohe Gewohnheitsstärke annehmen, wenn seine Mutter ihn häufig entsprechend arrangierten Situationen aussetzt und wenn gleichzeitig alternative Arrangements, die z. B. das Erleben von Mitgefühl und Hilfsbereitschaft anregen, nicht angeboten werden.

Wir können nun unter Bezug auf das Modell der Leerstellenausfüllung (Kap. 5.2.3) zusammenfassen, was es bedeutet, über ein emotionales Schema z. B. für das Erleben von Mitgefühl zu verfügen:

1. "Gefühlstypen" machen die Person zu einem "kompetenten Erleber", sie ist grundsätzlich zum Erleben von Mitgefühl fähig, da sie entsprechende Koppelungen von Zustandswahrnehmung, Ereigniswahrnehmung und Emotionsbenennung generalisiert hat. Gefühlstypen bestimmen die Variablen-Struktur im Leerstellengefüge einer Emotion, sie geben einer bestimmten Gefühlsqualität ihren Namen.

2. "Kulturelle Gefühlsschablonen" bestimmen im Leerstellengefüge die Wertebereiche mit, d. h. die Wahrscheinlichkeit, mit der eine Variable einen bestimmten Wert annehmen kann. Fällt das Ereignis in ein kulturell präformiertes "Raster" für die Auslösung von Mitgefühl, gehört das Ereignis also zu den kulturell typischen potentiellen Auslösern für Mitgefühl? Gefühlsschablonen bestimmen die Wertebereiche nicht allein, aber sie begrenzen die Werte auf kulturell erlaubte bzw. vorgeschriebene potentielle Auslöser.

3. "Wertbindungen" entscheiden wesentlich mit, ob aus der "Kompetenz" eine "Performanz" wird, ob also bei Eintreten eines bestimmten Ereignisses überhaupt eine entsprechende Gefühlsregung entsteht, abhängig von dem Wert, der jeweils betroffen ist. Stellt die Unversehrtheit anderer Personen überhaupt einen Wert dar, inwieweit konstituiert dieser Wert bei einer Person "Zonen emotionaler Reagibilität", wie sind die "Schwellen" der Ansprechbarkeit beschaffen? Ab einer gewissen Intensität eines Ereignisses erzwingen Wertbindungen geradezu eine emotionale Reaktion.

4. "Emotionale Gewohnheitsstärken" erleichtern oder erschweren in differentieller Weise die ereignisabhängige Auslösbarkeit, Promptheit und Häufigkeit spezifischer emotionaler Reaktionen. Je öfter eine Person in der Vergangenheit ein bestimmtes Gefühl wie z. B. Mitgefühl erlebt hat, desto größer ist die Gewohnheitsstärke. Mit eine Rolle spielen hier freilich "exemplarische" Erfahrungen: Oft genügt nur ein einziges Erlebnis, um eine Emotion der Person sehr vertraut zu machen. Das häufige Erleben einer Emotion kann auch aversive Tendenzen im Hinblick auf diese Emotion auslösen und damit die Gewohnheitsstärke schwächen, z. B. beim "Abstumpfen" angesichts täglich miterlebten Leids.

6. Sozialisation und Entwicklung von Emotionen[1]

(D. Ulich)

Das vorangegangene Kapitel endete mit einem Überblick zu den vier Substrukturen emotionaler Schemata. Zur Genese emotionaler Schemata werden wir erst im letzten Abschnitt dieses Kapitels weitere Überlegungen anstellen. Zuvor ist zu klären, welche Konzeptionen emotionaler Entwicklungen derzeit existieren, welche empirischen Befunde im zentralen Forschungsbereich "Mutter-Kind-Interaktion und emotionale Entwicklung" vorliegen und wie Kultur und Gesellschaft die emotionale Entwicklung mit beeinflussen. In diesem 6. Kapitel liegt der Akzent weniger auf Theorien (vgl. hierzu z. B. Campos et al. 1983) als vielmehr auf empirischen Forschungsergebnissen.

6.1 Konzeptionen emotionaler Entwicklung

In der Entwicklungspsychologie hat man bisher die Entwicklung von Emotionen gegenüber der Entwicklung kognitiver Funktionen stark vernachlässigt. Auch zur sozialen und motivationalen sowie motorischen Entwicklung liegen wesentlich mehr Befunde vor. Emotionale Entwicklung untersuchte man vor allem in den ersten drei Lebensjahren. Breiten Raum nehmen dabei Studien zur Entstehung einer sicheren Bindung von Kindern ein (vgl. Kap. 6.2). Ausgedehnte Forschungen gibt es zu spezifischen Emotionen, wie z. B. zur Angst.

Wie in anderen Bereichen der Entwicklungspsychologie versucht man auch im Hinblick auf die emotionale Entwicklung, allgemeine Entwicklungsverläufe festzustellen und durch Phasen- oder Stufenmodelle wiederzugeben. Dabei haben derzeit biologische Reifungstheorien ein starkes Übergewicht, was mit der Fixierung der Forschung auf die frühe Kindheit bzw. das erste Lebensjahr zusammenhängt, in dem tatsächlich biologische Erfordernisse des

---

[1] Einige Passagen der Unterkapitel 6.2 und 6.3 entstammen einer früheren Veröffentlichung (Ulich 1992).

Überlebens, der Spannungsregulation und der Bindung die Entwicklung dominieren. Entsprechend dem Gewicht biologisch-funktionalistischer Emotionstheorien sieht man emotionale Entwicklung heute bevorzugt an als die *Entfaltung* angeborener Emotionssysteme (vgl. z. B. Scherer & Ekman 1984, S. 74), welchen insgesamt eine zentrale Rolle in der adaptiven Organisation der Person-Umwelt-Interaktion zugewiesen wird (vgl. z. B. Campos et al. 1989).

Kontrovers ist immer noch die Frage, ob sich die einzelnen Emotionen aus allgemeinen unspezifischen Erregungszuständen allmählich herausdifferenzieren oder ob sie als diskrete "grundlegende" Emotionen genetisch angelegt sind und unter bestimmten Umwelteinflüssen zur Entfaltung gelangen (vgl. z. B. Izard & Buechler 1980). Diese Fragen versuchte man lange Zeit ausschließlich über das Ausdrucksverhalten von Kindern zu beantworten: In welchem Alter lassen sich welche Emotionen zum ersten Mal beobachten, und läßt sich daraus eine universelle Stufenfolge der Entwicklung von Emotionen ableiten?

Weitere "klassische" Schwerpunkte sind das soziale Lächeln, der Protest gegen Trennungen von der Versorgungsperson sowie die Angst vor Fremden, neben und im Zusammenhang mit der schon genannten Bindungsforschung.

Inzwischen sind weitere wichtige Forschungsfragen hinzugekommen: Welche Voraussetzungen kognitiver Art (z. B. begrifflich korrekte Situationstypisierungen) müssen Kinder entwickeln, um bestimmte (komplexe) Emotionen wie z. B. Neid, Stolz, Peinlichkeit erleben zu können? Wie entwickelt sich Wissen über Emotionen, über deren Kontrollierbarkeit, über kulturelle Erwartungen an "angemessene" Gefühle? Welche Lehr-Lernprozesse (z. B. Modell-Lernen, Konditionierung, Instruktion) spielen insbesondere in der Mutter-Kind-Interaktion eine Rolle bei der Ausbildung situationsangemessener Reaktionen? Welche Wertmaßstäbe und Regeln für das angemessene emotionale Erleben gibt die Kultur vor? Wie und wann verändern sich Emotionen über den Lebenslauf hinweg? Jenseits der Kindheit dürften Emotionen ganz wesentlich mit der jeweiligen thematischen Strukturierung des subjektiven Lebensraumes zusammenhängen.

Entsprechend ihren Schwerpunktsetzungen unterscheiden sich die Forschungsprogramme (und Theorien, vgl. auch Kap. 3 und 5) vor allem im Hinblick darauf, was jeweils als "Produkt" angesehen wird, *was* sich also "entwickelt": In kognitiven Bewertungstheorien sind es Einschätzungsstile, Bewertungsdispositionen; in kognitiven Verarbeitungstheorien: Verarbeitungsebenen und

Verarbeitungskriterien; in psychoanalytischen Theorien: Beziehungs-Repräsentanzen; in Bindungstheorien: Bindungssicherheit, "inner working models"; in Reifungstheorien: adaptive, motivierende "basic emotions", Fähigkeiten zur Regulation von Erregung und Gefühlen; in wissens- und kompentenzorientierten Ansätzen: Fähigkeiten zur korrekten Zuordnung von Situation, Zustand, Ausdruck und Emotionsbegriffen, zum adäquaten Erkennen von Emotionsauslösern; in kulturanthropologischen Ansätzen: Regelverständnis und Anwendungskompetenz im Hinblick auf kultur- und situationsspezifische Gefühls- und Darstellungsregeln.

Sicher ist, daß über den gesamten Lebenslauf hinweg eine Vielzahl von Veränderungen auch im emotionalen Bereich stattfinden kann (vgl. auch Barrett & Campos 1987, S. 567–569): Es kann sich das verändern, was man als subjektiv bedeutsam wertschätzt, was also überhaupt Gefühle auslösen kann; an die Stelle biologischer Erfordernisse und Zwänge treten vermehrt "Themen", deren Relevanz und Dominanz sich mit dem Alter ebenfalls ändern können; zu Emotions-"Familien" gesellen sich neue Mitglieder hinzu, es kommt im höheren Lebensalter z. B. Furcht vor Verlust des Lebenspartners zur Furcht-"Familie" hinzu; die Beziehung zwischen erlebtem Zustand und Ausdruck verändert sich ebenso wie Fähigkeiten zur Gefühlskontrolle; Intensität und/oder Dauer bestimmter Gefühlsreaktionen und Stimmungen können sich verändern; emotionale Schemata verändern sich (s. Kap. 6.4).

Fraglich ist jedoch, ob sich wesentliche dieser Veränderungen nach einem festgelegten (angeborenen) Stufenplan vollziehen, ob sie auf einen Endzustand, ein definiertes Entwicklungsziel ausgerichtet sind und schließlich, ob die Veränderungen und ihre Abfolge für alle Individuen identisch, also universell sind. Die meisten Phasenmodelle emotionaler Entwicklung sind bisher über den Status von Vorschlägen und Heuristiken wohl nicht hinausgekommen (Geppert & Heckhausen 1988, S. 70). Die Entwicklungspsychologie insgesamt berücksichtigt schon seit längerem stärker auch Sozialisations- und Lerneinflüsse und kommt so zu einer besseren Erklärung von Entwicklungsbedingungen auch in differentieller Perspektive, also im Hinblick auf interindividuelle Unterschiede von Veränderungen. Entwicklung sieht man heute als multidimensional, multidirektional und multikausal bedingt an.

Emotionale *Entwicklung* im differentiellen Sinne meint die Ontogenese interindividuell unterschiedlicher emotionaler Reaktionsweisen und -bereitschaften. Im mikroanalytischen, prozessualen

Sinne meinen wir mit emotionaler Entwicklung die interne Organisation von Erlebnissen und Erfahrungen zu Strukturen (emotionalen Schemata). Komplementär dazu ist der Begriff *Sozialisation*: Er meint die Vermittlung von Mitgliedschaftsentwürfen bzw. -erwartungen und die Einführung und Einübung von Sozialisanden in Mitgliedschaften, und zwar durch die jeweiligen Sozialisationsagenten einer Gesellschaft (Hurrelmann & Ulich 1991). Mitgliedschaftsentwürfe sind Vorstellungen darüber, welche Merkmale ein "ordentliches" Mitglied einer Gruppe ausmachen im Sinne eines sozial überlebens- und partizipationsfähigen Subjekts.

Mitgliedschaftsentwürfe sind Organisationsformen auch der emotionalen Entwicklung, denn sie enthalten u. a. auch kulturelle Gefühlsschablonen (vgl. Kap. 5), die als Bestandteile der "naiven Psychologie" der Erziehungspersonen deren Umgehen mit den Kindern beeinflussen. Die Schablonen enthalten emotionsrelevante Wertmaßstäbe und Regeln dafür, wann und in welchen Situationen wer (gegenüber wem) welche Gefühle erleben und äußern darf bzw. soll. "Sozialisation" steht also für bestimmte Einflüsse aus der Umwelt, der Kultur, aus Interaktionen; "Entwicklung" steht für die interne Organisation und deren Produkte, also emotionale Schemata.

6.2 Mutter-Kinder-Interaktionen und emotionale Entwicklung

Über die emotionale Entwicklung von Kindern wissen wir am meisten aus Studien über Mutter-Kind-Interaktionen. Väter reagieren freilich ebenso sensibel auf kindliche Signale, und Kinder können ähnliche Beziehungsqualitäten zu Vätern wie zu Müttern ausbilden. Das Gros der Studien orientierte sich an der "Normalbiographie" amerikanischer Mittelschichtkinder; man interessiert sich dabei vor allem für die Bedingungen "gesunder" (d. h. wünschenswerter, erwarteter) kindlicher Entwicklung.

Entscheidend für die Breite des kindlichen Gefühlsrepertoires, die kulturspezifisch angemessene qualitative Ausprägung, die Intensität und Dauer der Gefühlsreaktionen ist die Art und Weise, wie die Pflegepersonen mit dem Kind interagieren, welchen emotionsrelevanten Situationen und Erfahrungen sie die Kinder aussetzen und welche Auffassungen in einer Kultur über die erwünschte emotionale Ausstattung ihrer Mitglieder und die Wege dorthin bestehen.

Ein Kind wird sich emotional gut bzw. in der erwarteten und erhofften Weise entwickeln, wenn die Mutter lebhaft, differenziert und bewußt mit dem Kind interagiert, wenn sie dessen emotionalen Ausdruck angemessen widerspiegelt, wenn sie prompt, feinfühlig und genau abgestimmt auf den wahrgenommenen kindlichen Zustand reagiert (vgl. z. B. Thompson & Lamb 1983, S. 87). Den Hinweis auf die Bedeutsamkeit der Feinfühligkeit des mütterlichen Verhaltens verdanken wir insbesondere Mary Ainsworth, die, Bowlby folgend, unter dem Stichwort "attachment" (Bindung) eine bedeutsame Forschungsrichtung begründet hat.

6.2.1 Bindungsforschung

Mary Ainsworth (Ainsworth et al. 1974, S. 99 f.) glaubt, daß Kinder genetisch vorprogrammiert sind im Hinblick auf überlebensnotwendige Interaktionen mit anderen Personen. Die emotionale Bindung an Versorgungspersonen gehe weniger auf Sozialisation und Lernen zurück, sondern darauf, daß Kindern und Versorgungspersonen besondere Verhaltenssysteme (Bindungsverhalten, Fürsorgeverhalten) angeboren sind, die durch Signale aktiviert werden. Bindungssicherheit ist das Ziel (als Entwicklungsprodukt: interne Repräsentation von Beziehungen), das durch Bindungsverhalten (Rufen nach der Mutter, festklammern, hinterherkrabbeln) und Fürsorgeverhalten (Herstellen von Nähe und Kontakt) erreicht werden soll. Bindung ist zugleich Voraussetzung für die Aktivierung des sog. Erkundungssystems: Nur sicher gebundene Kinder erkunden und erobern ihre dingliche Umwelt.

Bindung definiert Ainsworth als ein gefühlsmäßiges Band, das eine Person oder ein Tier zwischen sich und jemand besonderem anderen knüpft – ein Band, das diese über den Raum hinweg verbindet und das über die Zeit hinweg anhält (a. a. O., S. 100). Ainsworth und nachfolgenden Forschern ist der Nachweis gelungen, daß Kinder (meist erfaßt im Alter von 12 Monaten) sich im Hinblick auf die Qualität ihrer Bindung zur Mutter stark unterscheiden können und daß dies durch unterschiedlich feinfühliges Interaktionsverhalten der Mütter bedingt ist. Feinfühligkeit (responsiveness) umfaßt, ob 1. kindliche Signale wahrgenommen, 2. richtig interpretiert, 3. prompt und 4. angemessen beantwortet werden. Für die Bindungsqualität entscheidend sei das elterliche Verhalten in den folgenden vier Dimensionen (a. a. O., S. 106):

sensitivity-insensitivity, acceptance-rejection, cooperation-inter-ference, accessibility-ignoring.

Zur Feststellung der jeweiligen Bindungsqualität konstruierte Ainsworth den sog. "Fremde-Situationstest": Im Labor werden in acht dreiminütigen Episoden die Verhaltensweisen des Kindes gegenüber der Mutter vor und nach einer Trennung von ihr sowie gegenüber einer fremden Person beobachtet. Nach den gezeigten Verhaltensweisen lassen sich die Kinder hinsichtlich drei Typen unterschiedlicher Bindungsqualität klassifizieren (vgl. Ainsworth et al. 1971): Typ A: unsicher-vermeidende Bindung, B: sichere Bindung, C: ambivalent-unsichere Bindung. Hohe Bindungssicherheit ist inzwischen in zahlreichen Studien mit feinfühligem mütterlichen Verhalten in einen plausiblen Zusammenhang gebracht worden.

Ainsworth (Ainsworth et al. 1974) konnte z. B. zeigen, daß Häufigkeit und Dauer des Weinens geringer ausgeprägt sind bei Kindern, deren Mütter sich feinfühlig verhalten. Kinder gehen auch eher auf elterliche Hinweise und Forderungen ein, wenn diese in ein insgesamt feinfühliges Erziehungsverhalten eingebettet sind (ebd.). Weitere Befunde der Forschung: Mütterliche Berufstätigkeit steht in keiner direkten Beziehung zur Bindungsqualität; Fremdbetreuung vermindert die Bindungsqualität nicht wesentlich, wenn sie im ersten Lebensjahr nicht mehr als 20 Stunden wöchentlich beträgt und wenn die fremde Betreuungsperson sich ebenfalls responsiv verhält; sicher gebundene Kinder haben mehr Kontrollbewußtsein, zeigen mehr Erkundungsverhalten und lösen kognitive Aufgaben besser, sie zeigen auch höhere soziale Reife in Kommunikationen mit Gleichaltrigen.

In Längsschnittuntersuchungen (vgl. für die Bundesrepublik Großmann et al. 1989) bis zum sechsten Lebensjahr ergeben sich recht stabile Effekte des mütterlichen Verhaltens; anfängliche Unterschiede der Bindungssicherheit scheinen fortzuwirken und auch bei Schulkindern noch entsprechende Unterschiede im kognitiven und sozialen Verhalten zu bewirken. Feinfühligkeit und der damit zusammenhängende, möglicherweise genetisch vorprogrammierte Signalaustausch können ihre entwicklungsfördernde Wirksamkeit aber nur dann entfalten, wenn sie eingebettet sind in eine hohe *kulturelle* Wertschätzung kindlichen Wohlbefindens und kindlicher Entwicklung.

Feinfühlig verhalten sich darüber hinaus auch nur solche Eltern, die 1. ihr Kind und 2. sich selbst bejahen können, die 3. nicht unter zu großen Belastungen stehen, die 4. soziale Unterstützung erhalten, die 5. nicht zuviel Widerspruch zwischen den Bedürfnissen des Kindes und eigenen Interessen erleben, und 6., deren allgemeine Lebenslage, Partnerbeziehung u. ä. ein entspanntes Umgehen mit dem Kind überhaupt erlauben (vgl. z. B. Rosner et al. 1990; Kornadt & Husarek 1989, S. 75 ff.; Lamb & Easterbrooks 1981; Belsky et al. 1984). Es ist also eine Vielzahl von Einflußsystemen anzunehmen, die einander ergänzen. Die Bedürfnisse und Interessen des Kindes sind freilich kein bloßer Reflex oder das reine Spiegelbild der Einflüsse, denen es ausgesetzt ist bzw. war. Schon das Neugeborene scheint über bedeutsame integrative Fähigkeiten zu verfügen (M. Papousek 1984). Was das Kind erfährt und erlebt, verarbeitet es von Anfang an eigenständig und konstruktiv.

Kinder scheinen schon als Neugeborene mit der Bereitschaft ausgestattet zu sein, Signale über ihre Zuständlichkeit aussenden zu können, die Signale anderer zu bemerken und von ihnen beeinflußt zu werden (Malatesta & Izard 1984, S. 179). Im Alter von zwei bis fünf Tagen wenden sich Kinder dem Gesicht und der Stimme ihrer Pflegepersonen zu (a. a. O., S. 174). Eine Empfänglichkeit für Emotionen und Ausdruckssignale anderer und eine soziale Responsivität scheinen sich rasch entwickeln zu können (a. a. O., S. 174 f.). Kinder scheinen auf allen Altersstufen soziale gegenüber nicht-sozialen Reizen zu bevorzugen, echte Gesichter gegenüber Abbildungen von Gesichtern (schon mit einem oder zwei Monaten) sowie lebhafte, lebendig bewegte Gesichter gegenüber unbewegten Gesichtern (zwischen einem und drei Monaten, a. a. O., S. 174). "Die Initiative geht vom Kind aus, wenn es durch Lächeln und Blickkontakt sozialen Kontakt initiiert und aufrechterhält oder durch Schreien Hunger und Schmerz signalisiert und damit Pflegeverhalten hervorruft" (Geppert & Heckhausen 1988, S. 122).

Die bindungstheoretischen Studien ergänzend sei abschließend noch der psychoanalytische Ansatz von Mahler (vgl. Mahler, Pine & Bergman 1978) erwähnt. Als Beispielkind diene wieder unser Douglas, dessen Alter recht genau dem Alter der Kinder entspricht, bei denen Ainsworth die Bindungssicherheit testete. Mahler formulierte aufgrund eigener empirischer Studien eine Phasentheorie der sozial-emotionalen Entwicklung. Die Loslösung von der Mutter und die Individuation des Kleinkindes vollzieht sich über die Stufen: Differenzierung, Üben (der Selbständigkeit), Wiederannäherung, Konsolidierung der Individualität und Anfänge der emotionalen Objektkonstanz.

Unser Douglas befindet sich nun zu Beginn der Übungsphase: Da er mit seinen 13 Monaten schon zu laufen beginnt, kann er sich aus der Verschmelzung mit der Mutter immer entschiedener herauslösen, sich loslösen von der Mutter; er exploriert seine dingliche und soziale Umwelt intensiver und extensiver, gewinnt mehr Unabhängigkeit und Autonomie, kehrt allerdings noch häufig zum "emotionalen Auftanken" zur Mutter zurück, die seine Autonomiebestrebungen freilich unterstützen und ihr Kind ihrerseits "loslassen" muß (a. a. O.). Die Mutter-Kind-Beziehung wird zunehmend ein Bezugssystem und "Hilfsmotor" für die Ausbildung eigenständiger emotionaler und kognitiver Orientierungen des Kindes sowie seiner Handlungsfähigkeit.

6.2.2 Gefühlsetikettierung und weitere Prozesse emotionaler Sozialisation

Um emotionale Entwicklung und Sozialisation verstehen zu können, müssen wir wissen, was vermittelt und gelernt, aufgrund welcher Prozesse es gelernt wird und innerhalb welcher sozio-ökologischer Kontexte. Wir konzentrieren uns nun auf die Frage nach dem "Wie": Welche Prozesse der Vermittlung und des Lernens wirken mit, wenn Kinder emotionale Reaktionsbereitschaften bzw. emotionale Schemata (Gefühlstypen, kulturelle Gefühlsschablonen, Wertbindungen, emotionale Gewohnheitsstärken) aufbauen? Ein schönes Beispiel für einen der wichtigsten Prozesse, nämlich die Etikettierung von Gefühlen (affect labeling), bietet unser Douglas, dessen Mutter angesichts des fertigen Turms meint: "Fühlst du dich jetzt gut" und die beim Einstürzen des Turms sagt: "Ich weiß, du bist ärgerlich, es ist frustrierend."

Was hier in einer amerikanischen Mittelschichtfamilie zwischen Mutter und Kind geschieht, scheint nicht untypisch zu sein für eine bestimmte Form emotionaler Sozialisation. Eltern interpretieren, kommentieren und benennen das emotionale Verhalten ihrer Kinder, und zwar auch schon lange, bevor die Kinder selbst sprechen und damit ihre Gefühle verbalisieren können (Lewis & Michalson 1983, S. 205 ff.). Indem die Eltern in spezifischen emotionsauslösenden Situationen den emotionalen Zustand und Ausdruck des Kindes kommentieren, liefern sie dem Kind 1. bestimmte Begriffe, die dieses 2. mit dem aktuell erlebten Zustand, 3. mit seinem eigenen bzw. dem von der Bezugsperson zurückgespiegelten Gefühlsausdruck sowie 4. mit der gegebenen Situation verknüpft bzw. allmählich so zu verknüpfen lernt, daß es künftig seine Gefühle adäquat benennen kann (Michalson & Lewis 1985).

Wie das Beispiel zeigt, machen Pflegepersonen durch ihre Kommentare "das Kind auf Emotionen aufmerksam, lenken seine Aufmerksamkeit auf ablaufende, zurückliegende oder zukünftige emotionale Vorgänge, erläutern dem Kind, was in ihm vor sich geht, strukturieren das emotionale Erleben und legen ihm (dem Kind) nahe, welche emotionalen Reaktionen sie von ihm in der konkreten Situation erwarten" (Geppert & Heckhausen 1988, S. 88 f.). Aufgrund der wiederholten und fortschreitenden Synchronisierung von Auslösern, Zustand und Benennung (sowie Ausdruck) lernt unser Douglas allmählich, daß sich etwa Freude und Ärger immer jeweils gleich "anfühlen"; er gelangt zur Unterscheidung verschiedener Gefühlsqualitäten.

Durch die Art und Weise, in der die Eltern auf Emotionen der Kinder eingehen, beeinflussen sie das emotionale Erleben und das Ausdrucksverhalten der Kinder in Richtung sozial angemessener und kulturspezifischer Formen. Die Äußerung von Emotionen und damit das entsprechende Erleben selbst ermutigt, verstärkt bzw. regt die Mutter an mit Bemerkungen wie "Komm, lächle Mammi an"; sie entmutigt oder mißbilligt es mit Reaktionen wie "Sei nicht traurig", und sie spiegelt es wider mit Kommentaren wie z. B. "Du fühlst dich unglücklich, nicht wahr" (nach Malatesta & Haviland 1985).

Die von unserem Beispielkind Douglas erwartete Emotionalität entwickelt sich am ehesten dann, wenn die Mutter zunächst einmal die Auffassung ihrer Kultur und Schicht teilt, daß Kinder abhängige und schutzbedürftige Wesen sind, denen man eine möglichst glückliche und unbeschwerte Zeit geben soll (Malatesta & Haviland 1982). Buben, so glaubt man in dieser Kultur weiterhin, seien irritierbarer und seelisch verletzbarer als Mädchen, deshalb achtete die Mutter bei Douglas besonders auf negative Gefühlsäußerungen; sie versuchte diese unmittelbar nach ihrem mimischen Auftreten in positive Zustände umzuwandeln, indem sie Douglas eine entsprechende eigene mimische Veränderung vorspielte (ebd.). Außerdem spiegelte sie positive Gefühlsäußerungen von Douglas prompt zurück, und zwar einige Monate länger als bei Douglas' Schwester Betty, mit der die Mutter früher einen Emotions-Dialog mit einer breiteren Palette unterschiedlicher Emotionen begann (ebd.).

Nach einem umfassenden Überblick über Studien zu Geschlechtsunterschieden in der emotionalen Entwicklung kommt Brody (1985) zu dem Schluß, daß die gefundenen Unterschiede vor allem eine Funktion unterschiedlicher familiärer, sozio-kultureller und interpersonaler Rollen sind, an welche sich Mädchen und

Jungen anpassen müssen. Aus den vielen oft uneinheitlichen Ergebnissen ragt der Befund heraus, daß mit fortschreitender Entwicklung Buben immer mehr dazu tendieren, den Ausdruck und die Zuschreibung der meisten Emotionen überhaupt zurückzuhalten, während Mädchen in steigendem Maße den Ausdruck und auch das Erkennen insbesondere von sozial unerwünschten Emotionen wie z. B. Ärger hemmen.

Doch zurück zur Mutter-Kind-Interaktion. Mutter und Kind imitieren gegenseitig ihren Gefühlsausdruck (Malatesta & Izard 1984). Und in dem Maße, in dem der mütterliche Gesichtsausdruck zu dem des Kindes korrespondiert, kann das Kind immer stabilere emotionale Reaktionsbereitschaften entwickeln. Neben dem korrespondierenden (kontingenten) Verhalten scheinen Eltern noch über ein ganzes Repertoire an intuitiven didaktischen Fähigkeiten zu verfügen (Papousek 1984). Sie können ihre Mimik und Stimme im Ausdruck übertreiben, pointieren oder verlangsamen; sie unterstützen den Blickkontakt mit ihrem Kind, sie folgen mit ihrem Gesicht den Kopfbewegungen des Kindes.

Da ganz verschiedene Fälle, Episoden, Situationen dieselbe Emotion auslösen können, steht das Kind vor der schwierigen Aufgabe, die jeweils gemeinsamen wiederkehrenden Merkmale zu identifizieren. Wenn z. B. ein älteres Geschwister in den unterschiedlichen Situationen – Spielzeug zerbricht, Mutter verläßt das Haus, ein Wunsch wird nicht erfüllt – denselben begleitenden mimischen Ausdruck der Traurigkeit zeigt, so hilft dies dem jüngeren Geschwister, die Emotion Traurigkeit zu verstehen bzw. zu "lernen" (Harris & Saarni 1989, S. 8/10). Kinder lernen durch Nachahmung, Beobachtung, Verstärkung und auch direkte Instruktion (z. B. "Buben weinen nicht"), ihre eigenen Zuständlichkeiten immer stabiler mit bestimmten Auslösern und Emotionsworten zu verknüpfen (vgl. Malatesta & Haviland 1985; Lewis & Saarni 1985). Kinder lernen, durch intuitive Verallgemeinerung, Abstraktion und Schlußfolgerung bestimmte Erwartungen und Regeln im Hinblick auf angemessenes emotionales Reagieren auszubilden.

Stets muß auch die subjektive Bedeutung eines Ereignisses für das Kind berücksichtigt werden. Diese subjektive Bedeutung hängt auch vom räumlichen, zeitlichen und sozialen Kontext ab. "Solche subjektiven Faktoren sind für die Tatsache verantwortlich, daß ein Ereignis sehr unterschiedliche emotionale Reaktionen bei verschiedenen Kindern wie auch beim selben Kind unter verschiedenen Bedingungen bei verschiedenen Gelegenheiten oder zu verschiedenen Zeitpunkten in der Entwicklung hervorrufen kann. Neue oder auffallende Reize erzeugen Erregung oder Spannung; ob sich aber diese Spannung in positivem oder negativem Affekt ausdrückt, hängt davon ab, wie der Säugling das Ereignis in seinem Kontext bewertet" (Sroufe 1981, S. 15).

Sroufe (a. a. O.) gibt zwei Beispiele dafür:

a) Derselbe Reiz (die Mutter kommt mit einer Maske auf das Kind zu) kann bei einem 10 Monate alten Kind sämtliche emotionalen Reaktionen, vom Lächeln und Lachen über das ernsthafte Betrachten bis zum Weinen auslösen: 1. Zu Hause, in spielerischer Atmosphäre, lächeln fast alle Kinder; 50 % lachten, keines weinte. 2. Im Labor, nach kurzer Trennung von der Mutter, "lachte keines der Kinder, nur wenige lächelten, und einige weinten sogar". "In beiden Situationen erzeugte das Ereignis Erregung ... (S. 16); aber nur in der spielerischen Umgebung zu Hause wertete das Kind dieses Ereignis positiv."

b) Die Mutter hebt ihr 14 Monate altes Kind an den Fußgelenken hoch, und es quietscht vor Vergnügen (S. 16). "Dann verläßt die Mutter den Raum für einen Augenblick, und das Kind beginnt zu weinen. Die Mutter kommt zurück und beruhigt das Kind vollständig. Wenn sie es jetzt aber erneut an den Fußgelenken hochheben will, weint das Kind. Die Spannung, welche durch dieses heftige Ereignis erzeugt wird, ist beim zweiten Mal nicht mehr tolerierbar."

Die subjektive Bedeutung eines Ereignisses, eines Dings oder einer Person für ein Kind ist auch davon abhängig, wie eine erwachsene oder andere Bezugsperson selbst in der Situation emotional reagiert, wie wir im folgenden Abschnitt sehen werden.

6.2.3 Soziale Bezugnahme (social referencing)

Auch der etwas über einjährige Douglas bleibt noch angewiesen auf die emotionale Rückmeldung und den emotionalen Ausdruck der Mutter, wenn er sich in neuen und ungewohnten Situationen befindet. Dann versucht er sich bei der Mutter oder einer anderen Bezugsperson rückzuversichern, indem er von deren Gesicht eine Emotion abzulesen versucht, die Grundlage für seine eigene Reaktion sein könnte ("social referencing", vgl. Klinnert et al. 1983, bes. S. 63 ff.; Lewis & Michalson 1983, S. 198–205).

Unter "social referencing" (soziale Bezugnahme, soziales Sich-Vergewissern, Rückversichern) verstehen Klinnert et al. (a. a. O.) die Tendenz einer Person, von einer wichtigen anderen Person in der Umgebung emotionale Information einzuholen und diese Information dazu zu verwenden, in einem Ereignis Sinn zu finden, das ansonsten mehrdeutig bzw. jenseits der Deutungskapazitäten der Person bliebe. Gemeint ist also aktive Informationssuche und die nachfolgende Nutzung der eingeholten Information (= Emotion), um eine ungewisse Situation besser einschätzen zu können.

Soziale Bezugnahme ist eine bestimmte Form des sozialen Lernens und zugleich eine oft notwendige Hilfe zur "Konstruktion" einer eigenen aktuellen Gefühlsregung. Kleinkinder sind in hohem Maße darauf angewiesen, mit der Mutter oder einer anderen Bezugsperson in direktem face-to-face-Kontakt zu bleiben, um gegebenenfalls stets die emotionale Reaktion der Mutter erkennen zu können. Kinder im Alter von ein und zwei Jahren zeigen großes Unbehagen und Unruhe, wenn ihre Mütter ihnen den Rücken zukehren oder wenn diese ein ausdrucksloses und nicht-responsives Gesicht machen (vgl. Klinnert et al. 1983, dort eine Zusammenfassung wichtiger Studien).

Eine Mutter kann durch die von ihr gezeigte Emotion das Kind ermutigen oder auch entmutigen, wenn es sich in einer unsicheren, risikoreichen Situation befindet. Als Beispiel kann uns ein Experiment mit der sog. "visuellen Klippe" dienen (Sorce et al. 1985): Ein Tisch wurde so konstruiert, daß die eine Hälfte der Fläche aus Holz, die andere aus Glas bestand. Die "Klippe" bezeichnet nun den Abbruch im Oberflächenmuster der Holzfläche beim Übergang in die Tiefe. In dem Experiment überquerte keines der Kinder die Klippe, wenn die Mutter ein ängstliches Gesicht machte; die meisten Kinder trauten sich jedoch, wenn die Mutter lächelte.

Ob unser Douglas zu seiner dinglichen und sozialen Umwelt und Mitwelt eine freundliche oder feindliche, eine mutige oder eine ängstlich-meidende Einstellung entwickelt, auch dies scheint also von den emotionalen Signalen der Mutter und anderer Bezugspersonen abzuhängen bzw. genauer: wie *diese* die Umwelt sehen. Wenn z. B. die Mutter auf drei verschiedene Spielzeuge mit jeweils einem freundlichen, ängstlichen oder neutralen Gesicht reagiert, dann zeigen 12 bis 18 Monate alte Kinder beim ängstlichen Gesicht ein stärkeres Bindungsverhalten: Sie nähern sich der Mutter schneller, bleiben näher bei ihr und berühren sie (Klinnert 1984).

Von neun Monaten an können Kinder die Blickrichtung der Mutter identifizieren (Harris 1989, S. 22). Das Kind faßt den emotionalen Gesichtsausdruck auf als einen Kommentar zu einem bestimmten Ereignis oder Objekt (a. a. O.). In einem anderen Experiment (Hornik et al. 1987) drückte die Mutter nacheinander gegenüber drei verschiedenen Spielzeugen Freude, Ekel oder Neutralität aus. Bei Ekel blieben die 12 Monate alten Kinder weiter weg von dem Spielzeug und spielten weniger damit. Dieser Effekt blieb mehrere Minuten erhalten, auch wenn die Mutter den Ekelausdruck nicht mehr zeigte. Eine weitere Untersuchung (Bradshaw et al. 1986, zit. n. Harris 1989, S. 23) belegte, daß 15 Monate alte Kinder zögerten, ein bestimmtes Objekt zu berühren, wenn 30 Minuten vorher der Experimentator bei der Annäherung des Kindes an das Objekt ein ärgerliches Gesicht gemacht hatte.

Es ist ergänzend darauf hinzuweisen, daß Kinder auch gegenüber *sozialen* Objekten wie etwa Menschen einer bestimmten sozialen Schicht, Hautfarbe oder gegenüber gesellschaftlichen Außenseitern oder auch gegenüber hochgeschätzten Personen in ähnlicher Weise den emotionalen Gesichtsausdruck anderer als Kommentar und Richtschnur ihrer eigenen emotionalen und Handlungsorientierung nutzen. Im social referencing scheint denn auch eine wichtige Erklärung der sog. "Fremdenfurcht" zu liegen, die von Psychoanalyse und Ethologie so stark popularisiert und sogar biologisch gedeutet wurde. Kinder reagieren im zweiten Lebenshalbjahr bei der Annäherung unbekannter Personen gelegentlich mit einer Abwendung des Gesichts oder mit Stirnrunzeln, selten mit ausgeprägtem Schreck oder mit Weinen (Clarke-Steward 1985, S. 281).

Empirische Studien schienen zunächst auf eine Universalität dieses Phänomens hinzuweisen. Inzwischen haben weitere Untersuchungen verdeutlicht, daß es vor allem die näheren Umstände sind, die eine "Fremdenfurcht" begünstigen können – normalerweise reagieren Kinder auf Unbekanntes, also auch auf unbekannte Personen, mit Interesse. Überdies zeigen Kinder in diesem Alter bei erheblich mehr Ereignissen Unbehagen oder Furcht als nur bei der Trennung von der Mutter oder der Annäherung eines Fremden.

Entscheidend sind neben vorangegangenen Lernprozessen (vgl. Robarchek 1979; Lutz 1983, 1985) der Kontext und das Verhalten von Mutter und unbekannter Person. Keine negativen Reaktionen des Kindes treten auf, wenn das Kind gute Erfahrungen mit einer Vielzahl wechselnder Personen (z. B. Freunden, Besuchern der Eltern) gemacht hat, wenn die unbekannte Person zunächst in einer gewissen Entfernung bleibt und sich freundlich verhält, und vor allem: wenn die Mutter die unbekannte Person lächelnd und fröhlich begrüßt (Clarke-Steward 1985, S. 281 und 288).

Nähert sich allerdings die unbekannte Person aufdringlich und vehement oder verhält sie sich merkwürdig, ist das Kind allein oder an einem unbekannten Ort oder in schlechter Verfassung, und vor allem: zeigt die Mutter ein unfreundliches, mißmutiges Gesicht, begrüßt sie den Fremden nur knapp und unfreundlich, dann sind auch negative Reaktionen des Kindes wahrscheinlich (ebd.).

6.2.4 Elterliches Fehlverhalten und emotionale Fehlentwicklung

Über wichtige Forschungsbefunde berichten wir wieder unter fiktiver Bezugnahme auf unser Beispielkind Douglas. Diese Befunde sagen uns auch, was Douglas' Mutter *nicht* hätte tun dürfen bzw. welche ihrer Verhaltensweisen Fehlverhalten bei Douglas hervorrufen würden.

Hätte sie selbst, als Douglas drei Monate alt war, in der Interaktion einige Minuten lang einen "depressiven" Zustand gezeigt, so hätte Douglas zwar sogleich durch einen kurzen positiven Kontakt, z. B. ein Lächeln, versucht, den Zustand der Mutter zu verändern (Cohn & Tronick 1982, auch das Folgende). Dann aber hätte Douglas kaum noch Zeit aufs Spielen verwendet, er hätte von der Mutter weggeschaut, er hätte Protest und Argwohn gezeigt, er hätte wahrscheinlich auch geweint.

Wenn die Mutter sich auch bei anderen Gelegenheiten "nichtresponsiv" verhalten hätte, also ein stilles, unbewegtes Gesicht gemacht bzw. eine "gefrorene" Mimik gezeigt, dem Kind den Rücken zugewandt oder auf andere Weise Erwartungen und Regeln der Reziprozität verletzt hätte, dann hätte Douglas schon in den ersten drei bis vier Monaten irritiert und negativ reagiert (Malatesta & Izard 1984, S. 175 f.).

Gelingt das emotionale Zwiegespräch mit wechselseitigem Vertrautwerden nicht, beachtet etwa die Mutter die Wünsche und Signale des Kindes zu wenig oder verhält sie sich passiv oder abwehrend, dann versiegt das emotionale Kommunikationsverhalten des Kindes, seine Emotionen werden ausgedünnt, flachen sich ab, der emotionale Ausdruck verschwindet, das Kind verhält sich "neutral" (Geppert & Heckhausen 1988, S. 123). "Ist dagegen das mütterliche Verhalten inkonsistent und nicht vorhersagbar . . ., muß das kindliche emotionale Verhalten eine hohe Intensität annehmen, um Reaktionen der Mutter hervorzulocken. Konsistente Unsensibilität führt zu einer Unterdrückung des emotionalen Ausdrucks, inkonsistentes mütterliches Verhalten zu andauernden und unmodulierten emotionalen Aufforderungen des Kindes" (Geppert & Heckhausen 1988, S. 123; Thompson & Lamb 1983).

Hätte die Mutter Douglas mißhandelt, so wäre er später gegenüber Gleichaltrigen sehr wahrscheinlich aggressiv geworden, er wäre ihnen in Not weniger oft und weniger gerne beigestanden (Harris 1989, S. 37). Mißhandelte Kinder reagieren selten mit Anteilnahme auf das Unglück eines Kindes, das sich in Not befindet, also z. B. weint (Main & George 1985, auch das Folgende). Allenfalls schauen sie hin, streicheln es mechanisch. Öfter allerdings zeigen sie Feindseligkeit, Drohgebährden, körperliche Attacken. Oder sie regen sich selbst sehr auf, zeigen Furcht oder innere Not oder eine Mischung von beidem.

Mißhandelte Kinder scheinen auf die Not anderer Kinder so zu reagieren wie nichtmißhandelte Kinder auf die Ärger-Äußerungen Gleichaltriger (Harris 1989, S. 38). Nicht-mißhandelte Kinder zeigen kaum die erwähnten negativen Reaktionen; in einem Drittel der Episoden zeigten sie aktive emotionale Anteilnahme (Main & George 1985), und zwar auch dann, wenn sie aus Familien in sozial-materiellen Notlagen mit Vaterabwesenheit, Armut, Abhängigkeit von Sozialhilfe u. ä. stammen (ebd.). Sowohl in Kindertagesstätten wie auch in Familien scheinen etwa ein Drittel der zwei- bis dreijährigen Kinder auf die Not anderer Kinder spontan mit emotionaler Zuwendung, Trösten und möglicherweise auch Hilfeleistung zu reagieren (Harris 1989, S. 36 ff.).

Ein nicht-responsiver, kalter, disziplinierender und herabwürdigender Umgang mit dem Kind kann bei diesem später zu Mitleidlosigkeit, Gewalttätigkeit und gestörten Sozialbeziehungen führen (Mantell 1978).

Unerfreuliche Interaktionen der Pflegepersonen mit Kindern schränken auch deren Fähigkeit ein, bestimmten emotionalen Episoden den jeweils adäquaten emotionalen Gesichtsausdruck des entsprechenden Gefühls richtig zuzuordnen (Camras et al. 1983; Camras 1985, S. 144–146). Alle Gefühle konnten die mißhandelten Kinder schlechter identifizieren bzw. zuordnen; tendenziell konnten die mißhandelten Glück weniger gut zuordnen als die nichtmißhandelten Kinder, im Vergleich etwa zu Ärger und Traurigkeit.

Ähnliche Unterschiede in der Identifikation bestimmter Emotionen zeigten sich zwischen Kindern aus geschiedenen Ehen im

Vergleich zu Kindern aus nichtgeschiedenen Ehen (Reichenbach & Masters 1983): Erstere sehen im Vergleich zu letzteren mehr Ärger und weniger Glücklichsein im emotionalen Ausdruck. Sowohl mißhandelnde Eltern wie auch Eltern, die selbst unglücklich sind, zeigen gegenüber ihren Kindern wohl selbst einen anderen emotionalen Ausdruck als entsprechende Vergleichsgruppen, sie behandeln ihre Kinder anders und setzen sie anderen emotionalen Erfahrungsmöglichkeiten aus (Camras 1985, S. 145 f.).
Emotionale Fehlentwicklung kann sich bei Ignorieren kindlicher Signale, durch Unterdrückung und Extinktion bestimmter positiver emotionaler Äußerungen ergeben, aber auch durch ein inadäquates Benennen der Zuständlichkeiten des Kindes, was zu Verzerrungen der Selbstwahrnehmung, zum Ersetzen oder gar zum Verschwinden von Gefühlszuständen bei Kindern führen kann (Lewis & Michalson 1982).

6.2.5 Wissen über Emotionen

Es gibt zahlreiche Studien, die untersuchen, in welchem Alter Kinder welche Emotionsworte und Gesichtsausdrücke unterscheiden und entsprechenden Episoden oder Situationen richtig zuordnen können, in welchem Alter sie unterscheiden zwischen tatsächlich gefühlten und nach außen gezeigten Gefühlen, wann sie den Zusammenhang zwischen Emotionen und anderen seelischen Sachverhalten wie z. B. Überzeugungen und Wünschen verstehen, in welchem Alter und mit welchen Strategien sie Emotionen verbergen oder vorspiegeln können und wann sie beginnen, Emotionen und deren Folgen aktiv zu bewältigen (zu diesen Fragen vgl. vor allem Harris 1989 und Saarni & Harris 1989).
Für Kinder scheinen die beiden Dimensionen "angenehm versus unangenehm" und "hohe Erregung bzw. Spannung versus geringe Erregung bzw. Spannung" Ausgangspunkte und erste grobe Raster einer Differenzierung ihrer Emotionskonzepte zu sein (Russel 1989). So sortieren zweijährige Kinder Abbildungen unterschiedlicher emotionaler Gesichtsausdrücke in erster Linie nach positiven und negativen Emotionen, innerhalb der negativen Emotionen differenzieren sie kaum (a. a. O., S. 310 ff.). Es gibt verschiedene Auffassungen über die Entwicklung unterschiedlicher Emotionsqualitäten kindlichen Erlebens und kindlicher Emotionskonzepte; Russel (a. a. O., S. 306 ff.) unterscheidet sechs Stufen von der Wahrnehmung unterschiedlicher Ausdrucksweisen bis hin zur Ausformung generalisierter Emotions-Skripte.

6.3 Der Einfluß von sozialem Wandel und Kultur auf emotionale Entwicklung

Bereits im Abschnitt über kulturelle "Gefühlsschablonen" (vgl. Kap. 5.2.4) hatten wir ausgeführt, daß die jeweilige Kultur einer Gesellschaft in Gestalt der ihr eigenen Wertmaßstäbe, naiven Erziehungsphilosophien, der typischen Strukturierung von Interaktionsbeziehungen und der gebräuchlichen Emotionskonzepte auch die emotionale Entwicklung beeinflußt. Im Verlauf der Sozialisation findet eine emotionale "Spezialisierung" statt, aufgrund derer das Kind bestimmte emotionale Zustände, die eine Auswahl aus einer großen potentiellen Bandbreite möglicher emotionaler Erlebnisse darstellen (Geertz 1959), bevorzugt erlebt.

6.3.1 Sozialer Wandel und emotionale Sozialisation

Wenn wir nun wieder zu unserem Douglas und seiner Mutter zurückkehren, dann werden wir feststellen, daß der Bub inzwischen müde geworden ist und seine Mutter ihm eine Gute-Nacht-Geschichte vorliest. Wie jeden Abend liest sie ihm eine Geschichte vor über den glücklichen Tod eines frommen Kindes im Vergleich zum fürchterlichen Tod der unreligiösen Kinder. Nun, wir haben uns ein bißchen vertan in der Zeit, wir sind jetzt in der Kolonialzeit Amerikas, in der es, auch unter dem Einfluß des Puritanismus, als angemessen galt, Kinder gezielt Kummer, Leiden und Schrecken auszusetzen (Gordon 1989, S. 335 ff.). Kinder derartigen Erfahrungen auszusetzen, galt als Mittel der Charakterbildung, auch wenn die Eltern sich von dieser harten Pflicht oft überfordert fühlten.

In Viktorianischer Zeit pflegten die Erwachsenen zwar den Glauben an die kindliche Unschuld, quälten aber gleichzeitig die Kinder mit harten Disziplinforderungen und grausamen Geschichten, außerdem beuteten sie die Kinder durch Kinderarbeit aus. Im frühen 19. Jahrhundert gab es dann eine Veränderung in der erziehenden Literatur (Gordon 1989, S. 333): Die puritanische Betonung von Schmerz und Furcht vor der Sünde wich allmählich einer Einimpfung von Angst vor mehr irdischen Gefahren, die drohten bei Ungehorsam gegenüber den Eltern.

Welchen Emotionen, Erfahrungsmöglichkeiten und Gelegenheiten für eigene Gefühle wurden Kinder über die Jahrhunderte hinweg ausgesetzt (vgl. z. B. Stearns & Stearns 1988)? Im Mittelalter teilten Erwachsene und Kinder die alltäglichen Lebens- und Erfahrungsräume in viel stärkerem Maße, als dies heute der Fall ist (Gordon 1989, S. 330). Kummer und Trauer, sexuelle Bedürfnisse und Aktivitäten, Aggression und Gewalt wurden vor den Kindern ausgelebt. Die Kinder wurden nicht ausgesperrt, vor den Kindern wurde wenig verborgen, emotionale Erfahrungen und Erlebnisse wurden geteilt. Auch in einigen traditionellen afrikanischen Gesellschaften gibt es noch diese einheitlichen, nicht-segregierenden Lebens- und Erfahrungsräume.

In der Gründerzeit der Vereinigten Staaten lebten Erwachsene und Kinder ihre Stimmungen relativ frei aus, sie vergnügten sich in gemeinsamen Spielen (a. a. O.). Kinder waren auch beim Sterben nahestehender Menschen wie z. B. ihrer Geschwister anwesend (a. a. O., S. 336). Die Kinder partizipierten an Arbeit und Haushalt, waren allen emotionalen Belangen der Eltern ausgesetzt (a. a. O., S. 325 f.). Um die Mitte des 19. Jahrhunderts begannen die neuen Mittelschichtmütter, die Umwelt der Kinder von möglichen Gefahren und Versuchungen zu "reinigen", die Lebenswelten der Kinder und Erwachsenen segregierten sich, Kinder sollten sich nur noch unter gutem Einfluß aufhalten. Frauen schrieb man in dieser Hinsicht besonders lobenswerte Eigenschaften zu; damit begann eine doppelte Segregation, denn den Frauen wurde die emotionale "Beziehungsarbeit" und die Kinderaufzucht in alleiniger Verantwortung zugeschoben.

Während Kinder und Erwachsene in früheren Zeiten auch ihren Ärger relativ frei auslebten, begannen die Erwachsenen spätestens zur Viktorianischen Zeit, Ärgerausbrüche von Kindern als lästig, unbequem und damit unzulässig zu empfinden (Stearns & Stearns 1986; Gordon 1989, S. 330). Als im 18. Jahrhundert die Kontrolle von Ärger wichtiger wurde, kam das neue Wort "tantrum" (Koller, Wutanfall) auf (Gordon 1989, S. 322 f.). In Viktorianischer Zeit wurde bei Kindern Ärger durchaus noch angeregt oder mindestens nicht unterdrückt oder vermieden; den Kindern wurde beigebracht, wie man mit dem Ärger konstruktiv umgehen kann. Im 19. Jahrhundert war man teilweise auch der Auffassung, Ärger solle in den Kindern vermieden werden, um nicht "das Böse" den unschuldigen Kindern einzupflanzen (a. a. O., S. 335).

Heute wird in den USA Ärger in Kindern nicht mehr gezielt ausgelöst, die Vermeidung und die Unterdrückung von Ärgergefühlen wird gelehrt, um an die Normen und Gewohnheiten des späteren Konkurrenzkampfes, des Geschäftslebens usw. anzupassen, d. h. darauf vorzubereiten (a. a. O., S. 319, 355). Ärger sieht

man heute als ein unfreundliches, abzulehnendes Gefühl an, das
die Zielerreichung und Handlungseffizienz behindert. Es gibt allerdings auch gegenläufige Tendenzen. Die von amerikanischen
Frauenmagazinen vermittelten kulturellen Gefühlsschablonen erlauben etwa ab 1960 den Frauen in ihren Beziehungen wieder
etwas mehr Ärger-Ausdruck (Cancian & Gordon 1988).
"In anderen Gesellschaftsformen gab es Kinder, die in schreckli-
cher Furcht vor der Verdammung erschauerten; gab es Kinder,
die mit ihrem sozialen Rang prahlten; gab es Kinder, die sich an
unzüchtigen und grausamen Witzen freuten; gab es Kinder, die in
tiefem Kummer darniederlagen und die überhaupt ein Repertoire
von Gefühlen zeigten, die wir heute als unkindlich ansehen"
(Gordon 1989, S. 319).
Wegen der hohen Kindersterblichkeit und anderer Härten des
Lebens entwickelten sich in früheren Zeiten nicht die innigen
oder gar exklusiven Mutter- bzw. Eltern-Kind-Beziehungen, wie
sie heute im euro-amerikanischen Raum als normal bzw. erwünscht gelten. Kinder hatten teilweise wirtschaftliche Bedeutung, teilweise galten sie aber auch als Plage. Sie wurden oft weg-
gegeben oder gar ausgesetzt. Wenn sie das erste Jahr überlebten,
wuchsen sie meist nicht in einer exklusiven Beziehung, sondern
im Familienverband unter oft erbärmlichen Umständen heran.

6.3.2 Kulturvergleichende Studien

Wenden wir uns zunächst wieder unserem Douglas und seiner
Mutter zu. Douglas, so scheint es, hat Glück, daß er im 20. Jahrhundert in der Mittelschicht einer euro-amerikanischen Kultur
aufwächst. In dieser Zeit und in dieser Kultur stellen Wohlbefinden, Unversehrtheit und Glück von kleinen Kindern wichtige
Werte dar, historische Errungenschaften, die früher keineswegs
selbstverständlich waren. Entsprechend der hohen Wertschätzung
positiver Emotionen fördert die Mutter diese bei ihrem Kind, sie
vermeidet Übererregung, sie versucht, negative Gefühlszustände
rasch in positive umzuwandeln. Sie möchte ihrem Sohn auch zu
Selbständigkeit und Autonomie verhelfen. Die Mutter ist da, sie
hat Zeit, sie ist verfügbar.
Lebte Douglas mit seiner Mutter z. B. nicht in Baltimore, sondern
in einem Dorf in Afrika, dann wäre er längst der Aufsicht seiner
Geschwister überantwortet (vgl. Harkness & Super 1985). Die
Mutter hätte auf dem Feld zu tun, hätte keine Zeit, mit dem Kind
zu spielen, würde nur im Notfall von älteren Kindern herbeigeru-

fen. Douglas hätte vermutlich auch keine eigens für ihn hergestellten oder besorgten Spielsachen; er würde mit den anderen Kindern in der Nähe der Hütte sitzen und sich mit dem beschäftigen, was diese natürliche Umwelt an Gegenständen (wie z. B. Hausrat, Nahrungsmittel, Haustiere) ihm bietet.

Die allgemeinen Lebensbedingungen und die physische Umwelt bestimmen Gruppengröße (z. B. der Familie), Interaktionsformen, die räumliche Nahumwelt und die täglichen Aktivitäten mit (Schölmerich et al. 1990). So werden z. B. Kinder, um sie in Wüstengegenden vor Wind und Sand zu schützen, in die hinterste und dunkelste Ecke des Zeltes gebracht, was zugleich die Unterbindung nahezu allen sozialen Kontakts mit anderen Personen bedeutet. Kinder werden bei der Arbeit auf dem Rücken getragen, um sie vor Gefahren zu schützen, was eine gezielte Förderung kindlicher Fähigkeiten zur gleichen Zeit erschwert. In weniger gefährlichen Gegenden nehmen Babys am öffentlichen Dorfleben teil.

Nicht alle Kulturen fördern den emotionalen Ausdruck der Kinder, verstärken positive Emotionen und sorgen sich um die Entwicklung eines lebendigen Gefühlslebens. So glauben z. B. die Mütter der Bantu in Kenia, daß ihre Kinder zur Kommunikation unfähig sind, daß sie nur Hunger und Unbehagen signalisieren können und daß intensive Emotionen insgesamt gefährlich sind und vermieden werden müssen (Dixon et al. 1981). Die Interaktionen zwischen den Erwachsenen sind so geregelt, daß Äußerungen intensiver Emotionen unterbleiben; weder ausgeprägte positive noch negative Gefühle sind beobachtbar. Der Gesichtsausdruck ist höflich-neutral, Blickkontakt wird vermieden. Auch im Kontakt mit dem Kind vermeidet die Mutter längeren Blickkontakt, sie ist emotional sehr zurückhaltend, es gibt keine mimischen Interaktionsspiele wie in euro-amerikanischen Kulturen. Die Mütter vermeiden Spiele, durch welche die Kinder übermäßig in Aufregung geraten könnten. Sie tun alles, um die Emotionalität der Kinder zu dämpfen, um jede Art von Erregung sofort zu unterbinden, z. B. auch durch physische Einschränkungen wie etwa Festhalten des Armes.

Auch auf Java üben die Erwachsenen strenge Kontrolle über ihre Emotionen aus (Geertz 1959). Die kleinen Kinder behandelt man freundlich und entspannt, jedoch in einer wenig emotionalen Weise. Die Mütter vermeiden unnötige Erregung der Kinder, die deshalb auch nicht abrupt, sondern allmählich entwöhnt werden. Später leitet man die Kinder mit detaillierten, sachlichen Anweisungen, ohne Androhung von Strafe. Ab dem fünften Lebensjahr erwarten die Erwachsenen einen Wechsel von spontanem, spielerischem Verhalten zu einer fügsamen, zurückhaltenden, unpersönlichen, vorschriftsmäßigen Haltung. Erst jetzt, nach Erreichen der Kontrolle über ihre Emotionen, sieht man die Kinder als "echte" Javanesen an (nach Izard & Malatesta 1987, S. 525).

Die Kulturanthropologin C. Lutz (1983; 1985) berichtet über die Ifaluk, einen Volksstamm auf einer Südseeinsel, daß dort in den Kindern ganz gezielt Furcht und Angst erzeugt würden, um sie zu regelgerechtem Verhalten zu bringen. Auch Schuld und Scham ruft man häufig hervor. Erwachsene sind gehalten, auf Regelübertretungen von Kindern mit "berechtigtem Ärger" zu reagieren, um den Kindern möglichst früh angepaßtes Verhalten beizubringen. Die Ifaluk fördern das Erleben von sozialer Angst, indem sie in entsprechenden Situationen, z. B. in großen Gruppen, in Anwesenheit von Fremden usw., kindliche Gefühlszustände in die entsprechende Richtung etikettieren, billigen und anerkennen. Kindliche Aufgeregtheit oder Vergnügtheit bzw. Glück führen in den Augen der Ifaluk sehr leicht zu Fehlverhalten.

Robarchek (1979) berichtet Ähnliches über einen Volksstamm auf West-Malaysia: Bei einem nahezu vollständigen Mangel an sonstigen emotionalen Ausdrucksweisen zeigen die erwachsenen Mitglieder der Gesellschaft sehr häufigen und ganz ungebremsten Ausdruck von Furcht, und zwar vor einer Vielzahl von Auslösern. Systematische Beobachtungen zeigten, daß den Kindern in gezielter und methodischer Weise Furcht vor allem vor Fremden, vor Stürmen und vor bestimmten Tieren und übernatürlichen Wesen beigebracht wird, und zwar vor allem durch Klassische Konditionierung, durch Instrumentelles Konditionieren (Verstärkung) und durch direkte Instruktion z. B. vermittels Fabeln.

Möglicherweise führt eine Erziehung, in der Angstmachen, häufige Strafandrohung und das Bestrafen durch Beschämung an der Tagesordnung sind, zu einer spezifischen Sensibilität für bestimmte Emotionen. So zeigte z. B. eine Studie (Borke 1973), daß chinesische Vorschulkinder Furcht und Traurigkeit in fiktiven Episoden besser identifizieren konnten als amerikanische Kinder.

Wenn freudige Erregung Kinder nur in Schwierigkeiten bringt und wenn Zurückhaltung und emotionale Neutralität hohe Wertschätzung durch die Erwachsenen erfahren, dann werden solche Kinder allmählich ein Gefühl von persönlichem Glück entwikkeln, das gekennzeichnet ist von Ruhe und In-Ruhe-gelassen-Werden. In euro-amerikanischen Kulturen scheint "Glück" dagegen auch Schwung, Aufregung, Bewegung und Anteilnahme zu beinhalten. In einer kulturanthropologischen Vergleichsstudie stellten Harkness & Super (1985, S. 33 ff.) unter Verwendung einfacher Schema-Zeichnungen fest, daß sich die physiognomischen Anmutungsqualitäten der Zeichnungen unterschieden, je nachdem, welche Erfahrungen die Mitglieder einer Kultur mit dem eigenen Glücklichsein bisher gemacht hatten. Mitglieder einer afrikanischen Dorfkultur sahen schon ab der mittleren Kindheit in einer flachen, leicht gezackten, eher langweiligen, "faden" Linie den Ausdruck von Glück, während amerikanische Kinder und Erwachsene eine weite, schwungvolle, schleifenförmige Linie als Ausdruck von Glück bevorzugten. Dieses Gebilde sahen die Afrikaner eher als beunruhigend, verdrußankündigend an.

Während bei den Ifaluk (s. o.) bewußt gezeigter Ärger in den Kindern Furcht und Unterordnung erzeugen soll, glauben beispielsweise japanische Mütter, daß sie durch das Vermeiden des Ausdrucks eigenen Ärgers ihren Kindern bei der Hemmung von Ärgergefühlen helfen können (Gordon 1989, S. 328). Im emotionalen Dialog japanischer Mütter mit ihren Kindern scheinen eher Versuche der Besänftigung und Linderung bzw. der Unterdrückkung von Äußerungen eines Unbehagens zu dominieren, während amerikanische Mütter ihre Kinder eher stimulieren und Äußerungen von Wohlbehagen und Glück verstärken (Izard & Malatesta 1987, S. 525 f.). Japanische Mütter scheinen ihre Kinder mehr auf dem Arm zu tragen, sich mehr auf das Beruhigen zu konzentrieren, die Kinder öfter zu wiegen, auch in den Schlaf.

Japanische und deutsche Mütter unterscheiden sich im Hinblick auf ihre naiven Erziehungstheorien, die als funktionales Bindeglied zwischen einerseits kulturellen Denktraditionen und Institutionen und andererseits dem mütterlichen Erziehungsverhalten wirken (Kornadt & Trommsdorf 1990). Japanische Mütter betonen eher behütend-gewährende Momente in der Erziehung von Kleinkindern sowie Lernen durch Vorbild, während deutsche Mütter eher auf aktive Beeinflussung durch Sanktionen setzen. Bei Fehlverhalten und Ungehorsam neigen japanische Mütter eher zu kindentlastenden Deutungen, zur Konflikt-Deeskalation, zu verständnisvollen, eher nachgiebigen Reaktionen; sie legen auf harmonie- und kooperationsbetonende Erziehungsziele mehr Wert als die deutschen Mütter.

Beobachtungen in Kindergärten zeigen allerdings, daß von japanischen Kindern erwartet wird, daß sie ihre emotionalen Impulse kontrollieren, daß sie jüngeren Kindern gegenüber nachgeben, daß sie sich nach einem Streit entschuldigen bzw. eine Entschuldigung annehmen, daß sie die Gefühle anderer rücksichtsvoll beachten (Harris 1989, S. 136 ff.). Weinen sollen die Kinder nicht; Kinder, die mit Weinen nicht aufhören, werden sowohl von der Gruppe wie auch von der Erzieherin ausgeschlossen.

Im Vergleich zu amerikanischen Müttern erwarten Japanerinnen, daß ihre Kinder ihre Gefühle zwei Jahre früher kontrollieren können. Umgekehrt erwarten amerikanische Mütter, daß ihre Kinder ein bis zwei Jahre früher selbständig für sich und ihr Recht einstehen können. Wenn ein Kind sich z. B. in einem Supermarkt verloren hat, so glauben japanische Mütter eher, daß die Kinder traurig sind, während amerikanische Mütter eher vermuten, daß die Kinder sich fürchten (Lewis 1989, S. 364 ff.). Diese und weitere Unterschiede in den (fiktiven) Gefühlsreaktionen führt Lewis (a. a. O., S. 364) auf Unterschiede in der Kinderaufzucht in beiden Kulturen zurück (z. B. mehr Trennungen, mehr Außerhausversorgung in den USA).

Deutsche Eltern unterscheiden sich in der emotionalen Qualität ihrer sprachlichen Äußerungen deutlich von griechischen Eltern, die mit ihren Kindern eher kindzentriert interagieren, mehr Fragen stellen, weniger ungeduldig und weniger vorwurfsvoll, insgesamt akzeptierender mit ihren Kindern sprechen (Keller et al. 1990).

Auch die soziale Schichtzugehörigkeit scheint über Lebenswelt- und Arbeitsplatzerfahrungen die emotionale Sozialisation zu beeinflussen. So versuchen etwa white-collar-Eltern, die in bürokratischen Systemen arbeiten, ihre Kinder kompetent zu machen für die Art der sozialen Interaktion, die sie selbst von ihrem Arbeitsplatz her kennen. Sie versuchen, bei ihren Kindern das Erleben von (karriereschädlichem) Ärger zu unterdrücken, sie ermutigen aber emotionale Differenzierungsfähigkeit und Feinfühligkeit sowie eine gute Kontrolle über Stimmungen und Temperament (Gordon 1989, S. 336).

In der Arbeiterschicht scheinen Aggression und Ärger speziell bei Mädchen etwas anders sozialisiert zu werden (Miller & Sperry 1987). Gegenüber Stärkeren wie z. B. den Eltern dürfen Ärger und Aggression nicht geäußert werden; gegenüber allen anderen, die einen irgendwie beeinträchtigen, sollen die Kinder sich jedoch aggressiv verteidigen. Unrecht und Beeinträchtigung soll man mit offenem Ärger, mit Vergeltung und Machtdemonstration begegnen, um sich selbst dadurch wieder zu stärken. Auf Angriffe sollen die Kinder nicht mit Traurigkeit, Verletztheit, Entmutigung und Enttäuschung reagieren, um keine Schwäche zu zeigen, um sich nicht einer Ausbeutung und Opferrolle auszuliefern. Die Eltern fördern also eher Emotionen, die einem das Gefühl geben, mächtig und im Recht zu sein.

Was die Bindungssicherheit der Kinder in Abhängigkeit vom mütterlichen Interaktionsstil betrifft, so zeigen Studien hier große Unterschiede auch zwischen recht verwandten Kulturen (Izard & Malatesta 1987, S. 526; Harris 1989, S. 106 ff.). Im Fremde-Situationstest von Ainsworth zeigen nur 4 % der schwedischen Kinder eine ambivalente Haltung zu Müttern gegenüber 17 % der amerikanischen Kinder und 25 % der japanischen Kinder. Ein vermeidendes Verhalten wurde bei japanischen Kindern gar nicht gefunden, während dies bei deutschen Babys etwa vier mal so hoch war wie in einer amerikanischen Stichprobe (dort etwa 12 %). Zur Erklärung dieser Unterschiede muß man die möglicherweise unterschiedlichen Familiensituationen und Erziehungsstile in den verschiedenen Ländern heranziehen.

In verschiedenen Kulturen hält man unterschiedliche Emotionen für wertvoll, wichtig und sozialisationswürdig, und zwar entsprechend den in diesen Kulturen geltenden Wertvorstellungen und Werten. Die unterschiedlichen Akzentsetzungen drücken sich auch im Wortschatz für Emotionsbegriffe aus (vgl. Heelas 1986; Levy 1984). Je nach der Bedeutung von Emotionen in einer Kultur sind diese sprachlich über- oder unterrepräsentiert. Auf Tahiti scheinen Ärger, Furcht und Scham besonders betont zu werden, während es für Traurigkeit nach einem Verlust keinen entsprechenden Begriff zu geben scheint. "Kulturen, in denen z. B. die Verantwortlichkeit für Verhalten weitgehend externalen Ursachen zugeschrieben wird, kennen nur wenige Wörter für Schuld. Gleichzeitig wird in solchen Kulturen nur wenig über das Erleben von Schuldgefühlen berichtet. Die Anzahl der emotionalen Wörter steht also mit dem Erleben in Verbindung und beeinflußt es" (Geppert & Heckhausen 1988, S. 89).

Womit könnte es zusammenhängen, wenn etwa in einer Kultur kein Begriff und keine Emotion gefunden wird, die unserem "Zorn" entspricht (Solomon 1981)? "Das Universum schuldet uns ein hohes Maß an Bequemlichkeit und Wohlbehagen, und vermissen wir was davon, dann verdammen wir alle, die dafür verantwortlich sind" (a. a. O., S. 247 f.). Eine derartige "selbstgerechte Verdammung" wäre unsinnig und ein Zeichen von kindlicher Unreife in einer Welt voller Härten und Unannehmlichkeiten wie bei dem Volksstamm ohne Zorn; hier haben die Menschen weniger Ansprüche, sie erwarten weniger, sie machen andere nicht für Unbill verantwortlich.

6.4 Zur Genese emotionaler Schemata

Im 5. Kapitel über die Entstehung aktueller Gefühlsregungen hatten wir dargelegt, daß interindividuelle Unterschiede des emotionalen Erlebens dadurch zustande kommen, daß Personen im Laufe ihrer Entwicklung unterschiedliche "emotionale Schemata" ausbilden. Wir können nun die Ausführungen über emotionale Schemata aus dem 5. Kapitel mit den in diesem Kapitel bisher vorgestellten Befunden und theoretischen Konzepten verbinden und so die wichtigsten Einflüsse aus der soziokulturellen und interpersonalen Umwelt auf die Entstehung der vier Substrukturen emotionaler Schemata aufzeigen (*Abb. 6.1*).

In *Abb. 6.1* sind nur einige Einflußfaktoren akzentuierend hervorgehoben. Unter das Stichwort "individuelle Lerngeschichte" fallen sowohl Sozialisationstechniken wie z. B. Konditionierung, Modellierung und Instruktion wie auch die Situationen, denen Kinder (exemplarisch) ausgesetzt werden mit der Folge bestimmter (wiederkehrender) emotionaler Erlebnisse und Erfahrungen.

Wie und wodurch verändern sich emotionale Schemata? Entsprechend den Ausführungen im 5. Kapitel müssen wir nun unsere Aufmerksamkeit auf mögliche Veränderungen in den Leerstellengefügen richten. Schema-Genese bzw. -veränderung im engeren Sinne fassen wir auf als die interne Um- und Neuorganisation der Variablen und Wertebereiche und der Beziehungen zwischen diesen. Diese Umstrukturierungen geschehen nach den Prinzipien der Generalisierung und Differenzierung (Spezialisierung), wobei bestimmte emotionale Schemata auch ganz verschwinden oder ganz neu entstehen können.

In der kurzen Skizzierung der hypothetischen Veränderungsprozesse folgen wir Schematheorien aus der kognitiven Psychologie (z. B. Rumelhart & Ortony 1977, S. 123–127), die einleuchtend dargelegt haben, wie im Leerstellengefüge Variablen durch Konstanten ersetzt werden (und umgekehrt: Konstanten durch Variablen), wie die Wertebereiche von bestimmten Variablen reduziert oder erweitert werden, wie Schemata sich in Subschemata untergliedern oder umgekehrt zu übergeordneten Schemata "zusammenwachsen".

Die Entstehung eines Angst-Schemas im Kleinkinderalter stellen wir uns z. B. so vor: Aus dem wiederholten Erleben von Hunger- und Schmerzempfindungen (= Konstanten) entsteht allmählich ein allgemeines Bedrohtheitserleben (= Variable), dem sich im

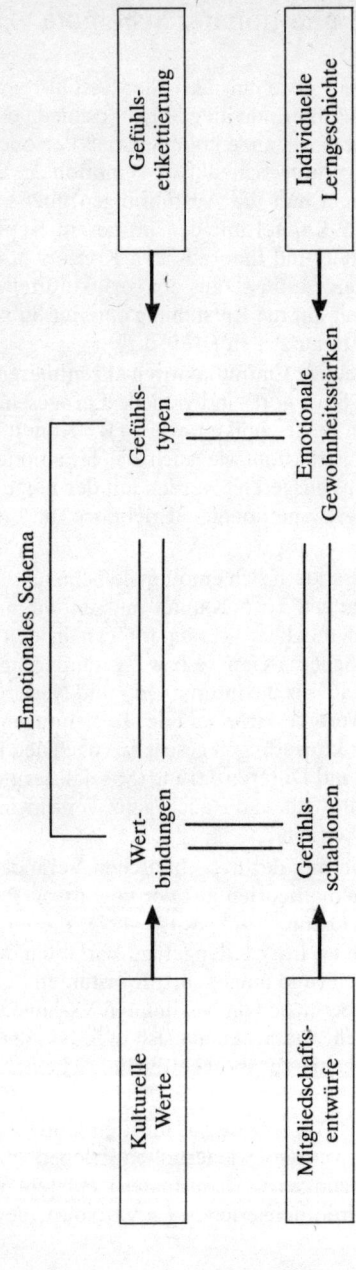

Abb. 6.1: Sozialisationseinflüsse auf die Schemagenese

Laufe schon der ersten beiden Lebensjahre immer mehr Werte (= potentielle Auslöser) zuordnen. Ähnlich kann aus den Konstanten Wärme und Sättigungsgefühl eine Variable "Zufriedenheit" und unter Einbezug der damit assoziierten Anwesenheit der Versorgungsperson die Variable "Vertrauen" oder "Bindung" entstehen. Die Variablen im emotionalen Schema für das Erleben von Trauer entstehen vermutlich durch Abstraktion aus verschiedenartigen Verlusterlebnissen einschließlich bestimmter Etikettierungen.

Wenn in den Wertebereichen der Ärger-Schemata einer Person z. B. kleine Kinder eine besonders zentrale Bedeutung als Auslöser einnehmen, so kann dies so entstanden sein: Die Person erlebt zunächst konkrete Beeinträchtigungen durch konkrete Kinder (Peter und Paul). Aufgrund von Abstraktion und Generalisierung treten an die Stelle der konkreten Kinder *potentielle* Beeinträchtiger; ursprüngliche Auslöser werden allmählich selbst zu "Platzhaltern" (Werten), nämlich den gedächtnismäßigen "Stellvertretern" realer Auslöser. Durch die Aufnahme von Kindern bzw. Kinderlärm in den Wertebereich der Variablen "Beeinträchtigung" im Ärgerschema dieser Person hat sich zugleich die Wahrscheinlichkeit dafür erhöht, daß diese Variable mit genau diesem Wert ausgefüllt werden wird.

Bei der Frage nach den Prozessen der (Selbst-)Organisation und Strukturierung in den Leerstellengefügen der emotionalen Schemata geht es im wesentlichen darum, auf welche Weise und nach welchen Prinzipien emotionsrelevante Informationen und emotionale Erfahrungen verschlüsselt und entschlüsselt werden. Alba & Hasher (1983) nennen vier zentrale Verschlüsselungsprozesse, die sicher auch bei der Bildung emotionaler Gedächtnisinhalte und damit emotionaler Schemata eine wichtige Rolle spielen:

a) Selektion: Entsprechend bereits vorhandener Strukturen findet auch beim emotionalen Erleben eine Auswahl aus eintreffenden "Reizen" und Eindrücken statt.

b) Abstraktion: Nicht Einzelheiten von z. B. Ereignissen werden gespeichert, sondern deren subjektive Bedeutung.

c) Interpretation: Vorwissen bzw. vorhandene Strukturen werden aktualisiert, um Ereignisse mit emotionaler Bedeutung anzureichern bzw. diese erst zu "produzieren".

d) Integration: Aus den Produkten der drei anderen Prozesse wird eine einzige, ganzheitliche gedächtnismäßige Repräsentation geformt, hier vor allem: Es entstehen – freilich erst allmählich aufgrund wiederholter, ähnlicher emotionaler Erfahrungen – feste Beziehungen zwischen bestimmten Variablen und Werten.

Leventhal (1984) hat für den emotionalen Bereich bestimmte Synthetisierungs- und Schematisierungsprozesse postuliert, auf die wir in vorangegangenen Kapiteln schon kurz eingegangen sind. Insgesamt scheint uns bei allen schemagenerierenden und -verändernden Prozessen die doppelte Dialektik einmal zwischen Selektion und Bedeutungsverleihung und zum anderen zwischen "Verfestigung" und "Verflüssigung" sehr wichtig zu sein.

7. Klassifikation und Beschreibung einzelner Emotionen

(Ph. Mayring)

Im Gegensatz zur allgemeinen Emotionsforschung (physiologische Grundlagen, subjektives Erleben von Emotionen, kognitive Prozesse im Emotionsgeschehen, Ausdrucksverhalten, Emotion und Handlung) will die spezielle Emotionsforschung konkrete Gefühle in ihren spezifischen Eigenschaften beschreiben.

Diese deskriptive Vorgehensweise ist in der modernen Emotionsforschung bisher jedoch zu kurz gekommen. Nur einzelne hervorstechende Emotionen (Angst, Depressivität, Ärger, Streß) sind näher beschrieben worden. Systematischere Beschreibungen eines größeren Spektrums von Emotionen finden sich höchstens in phänomenologisch orientierten (z. B. Lersch 1938/1954) oder neuerdings sprachanalytischen Ansätzen (Mees 1991). Dabei sollte eine genaue Deskription des Gegenstandsbereiches eigentlich die Grundlage jeder weiteren wissenschaftlichen Analyse sein (vgl. z. B. Traxel 1974).

Eine grundlegende deskriptive Phänomenanalyse in der Emotionsforschung will konkrete Gefühle
– identifizieren (inventarisieren),
– ordnen (klassifizieren, dimensionieren, in Beziehung setzen),
– beschreiben
– und in ihrer Spezifität analysieren (Struktur, Entwicklung).
Dabei hängen die beiden ersten und die beiden letzten Aufgaben eng miteinander zusammen. Wir möchten zunächst auf das Identifizieren und Ordnen konkreter Emotionen eingehen.

7.1 Die Differenzierung konkreter Emotionen

Die bisherigen Versuche, konkrete Gefühle zu inventarisieren und zu ordnen, sind fast unübersehbar in ihrer Zahl und unübersichtlich in ihrem Inhalt. Es lassen sich dabei drei Ordnungsstrategien unterscheiden:
– Die Suche nach Basisemotionen (Primäremotionen), meist abgeleitet aus der phylo- und/oder ontogenetischen Entwicklung; daraus werden dann weitere spezifische Emotionen abgeleitet.

– Das Aufstellen grundlegender Dimensionen, die ein Koordinatensystem darstellen, in die dann die konkreten Emotionen eingeordnet werden.
– Das Aufstellen eines Klassifikationssystems, in dem spezifische Emotionen zu einzelnen Gruppen zusammengefaßt werden.

Basisemotionen
In den Systemen, die sich auf die ontogenetische Entwicklung beziehen, wird davon ausgegangen, daß es angeborene bzw. angelegte Primäremotionen gibt, aus denen sich im Laufe der Entwicklung immer spezifischere Emotionen herausdifferenzieren. Scherer (1983) hat dies als eine Palettentheorie der Emotionen bezeichnet, auf das Mischen von Farbtönen aus wenigen Grundfarben anspielend.
Klassische entwicklungspsychologische Studien (Bridges 1932, vgl. Ulich 1989) gehen dabei beim einjährigen Kind von acht Emotionen aus: Zuneigung, gehobene Stimmung, Lust/Wonne, Erregung, Schmerz, Zorn/Wut, Furcht/Angst (ontogenetischer Ansatz). Plutchik (1980) sieht von seinem evolutionsbiologischen Ansatz aus ebenfalls acht (jedoch bereits angeborene) grundlegende Gefühle, die auch im Tierreich nachweisbar seien: Furcht/Schreck, Ärger/Wut, Freude, Traurigkeit/Kummer, Aufnahme/Vertrauen, Ekel, Erwartung, Überraschung (phylogenetischer Ansatz).
Ortony & Turner (1990) haben solche Versuche, Basisemotionen zu formulieren, zusammengefaßt (s. *Abb. 7.1*).

Autor	Basisemotionen	Bestimmungskriterium
Arnold (1960)	Ärger, Aversion, Mut, Niedergeschlagenheit, Begierde, Verzweiflung, Furcht, Haß, Hoffnung, Liebe, Trauer	Beziehung zu Handlungstendenzen
Ekman, Friesen & Ellsworth (1982)	Ärger, Ekel, Furcht, Freude, Trauer, Überraschung	Universeller Gesichtsausdruck
Frijda (1986)	Begierde, Glück, Interesse, Überraschung, Verwunderung, Leid	Formen der Handlungsbereitschaft
Gray (1982)	Wut und Schrecken, Angst, Freude	Hirnstrukturen
Izard (1971)	Ärger, Verachtung, Ekel, Belastung, Furcht, Schuld, Interesse, Freude, Scham, Überraschung	Hirnstrukturen

Autor	Basisemotionen	Bestimmungskriterium
James (1884)	Furcht, Trauer, Liebe, Wut	Körperreaktionen
McDougall (1926)	Ärger, Ekel, Freude, Furcht, Abhängigkeit, Spannung, Verwunderung	Beziehung zu Instinkten
Mowrer (1960)	Lust, Unlust	Ungelernte emotionale Zustände
Oatley & Johnson (1987)	Ärger, Ekel, Angst, Glück, Trauer	Brauchen keinen Satzinhalt in der Sprachanalyse
Panksepp (1982)	Erwartung, Furcht, Ärger, Panik	Hirnstrukturen
Plutchik (1980)	Vertrauen, Ärger, Antizipation, Ekel, Freude, Furcht, Trauer, Überraschung	Beziehung zu adaptiven biologischen Prozessen
Tomkins (1984)	Ärger, Interesse, Verachtung, Ekel, Belastung, Furcht, Freude, Scham, Überraschung	Dichte neuraler Stimulierung
Watson (1930)	Furcht, Liebe, Wut	Hirnstrukturen
Weiner & Graham (1984)	Glück, Trauer	Attributionsunabhängigkeit

Abb. 7.1: Unterschiedliche Konzepte von Basisemotionen (Ortony & Turner 1990, S. 316)

Es fällt auf, daß diese Systeme zu völlig unterschiedlichen Auflistungen kommen. Allerdings sind auch die Unterscheidungskriterien (rechte Spalte in der Abbildung) sehr unterschiedlich. Es gibt keine Übereinstimmung "about how many emotions are basic, which emotions are basic, and why they are basic" (Ortony & Turner, 1990, S. 315). Die Autoren verwerfen deshalb diesen Ansatz als genauso irreführend wie die Frage nach Basissprachen, Basistieren oder gar Basismenschen.

Dimensionsanalysen
Hier haben wir bereits im historischen Teil Ansätze kennengelernt wie z. B. den von W. Wundt, der drei grundlegende Emotionsdimensionen vermutete:
– Lust – Unlust

- Erregung – Beruhigung und
- Spannung – Lösung.

Sie stellen orthogonale Achsen dar, die einen dreidimensionalen Raum definieren, in dem die spezifischen Gefühle verortbar sind. Diese Dimensionen dienten Wundt vor allem zur Verdeutlichung unterschiedlicher physiologischer Prozesse (Puls, Atmung) im Emotionsgeschehen.

Heute bemüht man sich nun mehr auch um empirische Dimensionsanalysen. In der Untersuchung von Block (1957) z. B. wurden durch 88 Probanden (Studenten) 15 breit gefächerte Gefühlsworte mittels Osgoods Semantischem Differential (20 siebenstufige Skalen) eingeschätzt und die Ergebnisse mit Faktorenanalyse bearbeitet. Es ergaben sich drei Faktoren: 1. hedonistische Orientierung (angenehm vs. unangenehm), 2. Aktivierungsniveau und 3. interpersonale Bezogenheit und Betrachtung der (sozialen) Wandelbarkeit. Auch die Arbeiten von Traxel (1983b), in denen die Probanden Ähnlichkeitsvergleiche von vorgegebenen Emotionsbegriffen vornehmen sollten, sind hier zu nennen. In einer Zusammenschau all dieser empirischen Dimensionierungsversuche kommt Bottenberg (1972) zu dem Ergebnis, daß mindestens die Dimensionen angenehm/unangenehm und Aktivierungsgrad als gut abgesichert gelten können.

Die Dimensionsanalysen wurden allerdings vielfältig kritisiert (Traxel 1983b, S. 19 ff.). Oft spiegeln sie einen relativ willkürlich von außen herangetragenen Ordnungsgesichtspunkt wider; die Zusammensetzung der Stichprobe der zur Untersuchung verwendeten Emotionsbegriffe und die Instruktionen für die Probanden stellen meist schon eine Vorentscheidung dar. "Solange die Methodenabhängigkeit der Resultate noch so überdeutlich in Erscheinung tritt wie bei dem hier besprochenen Thema, sollte man sich davor hüten, dem Resultat einer einzelnen Untersuchung schon voll zu vertrauen" (Traxel 1983b, S. 25). Die beiden am besten gesicherten Dimensionen sind wiederum so allgemein, daß sie nicht mehr emotionsspezifisch sind ('evaluation' und 'activity' sind allgemeine Dimensionen des Semantischen Differentials!). Darüber hinausgehende Dimensionen erscheinen wiederum beliebig. So sind aus demselben Datensatz zwei-, drei-, sieben- und elfdimensionale Lösungen extrahiert worden (Schmidt-Atzert 1980, S. 47). Die "sicheren" Dimensionen wiederum sind uneindeutig. So ist bei angenehm/unangenehm der Bezugspunkt unklar, als "ob eine Emotion subjektiv als angenehm erlebt wird, ob sie von der Umgebung des Individuums als angenehm oder erwünscht angesehen wird oder ob sie etwa im darwinistischen Sinne für den Menschen gut und nützlich ist" (Schmidt-Atzert 1980, S. 50). Auch ist bei einer zweidimensionalen Lösung die Unterscheidung zentraler Emotionen nicht oder nur schwer möglich, wie z. B. Freude vs. Liebe, Verachtung vs. Reue, Ekel vs. Furcht (Schmidt-Atzert 1980, S. 60). "Vor dem Hintergrund dieser Kritik erscheint der dimensionale Ansatz unzulänglich" (Schmidt-Atzert 1980, S. 51).

Eine Alternative bietet sich in der Klassifikation von Emotionen an, also im Versuch, Emotionsbegriffe oder Emotionen zu inhaltlichen Gruppen zusammenzufassen. Auch hier gibt es einige ältere Ansätze, die man wohl eher als heuristische Klassifikationsversuche bezeichnen muß (z. B. Kafka 1950). Ein interessanter neuerer Ansatz der Klassifizierung stellt der Versuch dar, in den alltagssprachlichen Bezeichnungen für Gefühlswörter den implizit vorhandenen psychologischen Bedeutungsgehalt zu explizieren (Mees 1985). Über die Sprachenanalyse kommt Mees zu 13 Klassen (s. *Abb. 7.2*).

Klassifikationen

1. Beziehungsemotionen:	Positiv:	Verehrung, Wohlwollen, Vertrauen, Liebe, Zuneigung, Zutrauen
	Negativ:	Abneigung, Abscheu, Verachtung, Ekel, Widerwille, Trotz, Groll, Haß, Mißtrauen
2. Empathie-Emotionen:	Positiv:	(Mit-)Freude, (Stolz), Schadenfreude, Häme
	Negativ:	Eifersucht, Neid, (Sorge), (Kummer), Bedauern, Mitleid, Mitgefühl, Rührung, (Schuld)
3. Ziel-Emotionen:		
a) Bewertungsemotionen:	Positiv:	Freude, Begeisterung, Glück, Zufriedenheit, Lust
	Negativ:	Trauer, Kummer, Langeweile, Leere, Unlust (Verstimmtheit)
b) Erwartungsemotionen:	Positiv:	Hoffnung, Erleichterung, Befriedigung, Genugtuung, Leidenschaft (Spannung, Ungeduld), Vorfreude, (Lust)

	Negativ:	Angst, Sorge, Befürchtung, Hoffnungslosigkeit, Entsetzen, Panik, Verzweiflung, Enttäuschung, Frustriertheit, Unruhe
		Sehnsucht, Verlangen, Heimweh
c) Attributionsemotionen:	Positiv:	Stolz, Dankbarkeit, (Rührung)
	Negativ:	Ärger, Wut
d) Moralische Emotionen:	Positiv:	Stolz
	Negativ:	a) internale Attribution: Schuld, Scham, Reue
		b) externale Attribution: Zorn, Entrüstung, Empörung

Abb. 7.2: Sprachanalytische Klassifikation von Emotionen (Mees 1985)

Ein weiterer zentraler Ansatz besteht nun in der empirischen Klassifizierung von Emotionen. Hier wird meist ein Pool von Emotionswörtern einer sprachkompetenten Probandenstichprobe vorgelegt mit der Bitte, diese Emotionen nach inhaltlichen Gruppen zu ordnen.

Ein Beispiel dafür ist die Clusteranalyse in *Abb. 7.3* (Schmidt-Atzert & Ströhm 1983, S. 135). Ausgangspunkt waren dabei umfangreiche Listen aller Emotionsbegriffe in verschiedenen Sprachen, reduziert auf 56 Begriffe, die eindeutig Emotionen kennzeichnen. Diese wurden nun von den Probanden in (beliebig viele) Gruppen geordnet und die Ergebnisse einer Clusteranalyse unterzogen.

Schmidt-Atzert & Ströhm extrahieren und interpretieren hier 14 Emotionsklassen (vgl. *Abb. 7.3*) und vergleichen ihr Ergebnis mit anderen klassischen Studien (Schmidt-Atzert & Ströhm 1983, S. 138). Danach können vor allem Abneigung, Ärger, Neid, Angst, sexuelle Erregung, Unruhe, Traurigkeit, Scham, Freude, Zuneigung und Überraschung als eigenständige Emotionskategorien angesehen werden.

Diese Analysen sollen nun zugrunde gelegt werden, um spezifische Emotionen näher inhaltlich zu beschreiben. Denn der dort zugrunde gelegte Ansatz der Kombination empirischer Klassifikation mit theoretischer Analyse erscheint heute am fruchtbarsten zur Differenzierung spezifischer Emotionen. Dabei wurden nun solche Emotionen ausgewählt, die in den Klassifikationsana-

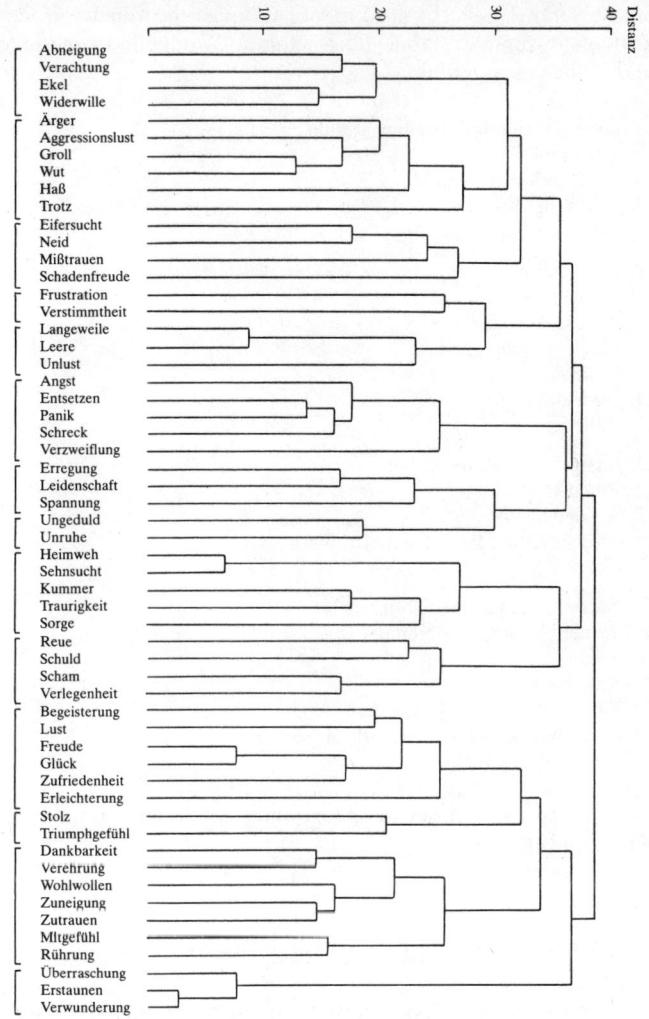

Abb. 7.3: Clusteranalyse von Emotionsbegriffen (Schmidt-Atzert & Ströhm 1983, S. 135)

lysen verwendet werden (vor allem Schmidt-Atzert & Ströhm 1983) und zu denen es hinreichend psychologische Forschung gibt. Wir sind so zu einer Liste von 24 Emotionen gelangt, die hier zur besseren Übersicht grob in vier Gruppen geordnet wurden: Zuneigungsgefühle, Abneigungsgefühle, Wohlbefindensgefühle und Unbehagensgefühle.

1. Liebe, Sympathie, Bindungsgefühl
2. Mitgefühl
3. Stolz, Selbstwertgefühl
4. Hoffnung, Sehnen
5. Überraschung, Schreck

6. Ekel, Abscheu
7. Verachtung
8. Ärger, Wut, Zorn
9. Angst, Furcht
10. Haß
11. Eifersucht
12. Neid

13. Lustgefühl, Genußerleben
14. Freude
15. Zufriedenheit
16. Erleichterung, Entspanntheit
17. Glück

18. Niedergeschlagenheit, Mißmut
19. Trauer, Kummer, Wehmut
20. Scham
21. Schuldgefühl
22. Langeweile, Müdigkeit, Leere
23. Anspannung, Nervosität, Unruhe, Streß
24. Einsamkeitsgefühl

Diese Liste soll nun der Ausgangspunkt konkreter Emotionsbeschreibungen sein.

7.2 Beschreibung einzelner Emotionen

Bei der näheren Charakterisierung der einzelnen Emotionen werden nun jeweils zunächst allgemeine Kennzeichnungen zur Definition, Abgrenzung und den wesentlichen Forschungstraditionen gemacht. In einem zweiten Schritt sollen dann die Emotionen auf fünf Ebenen betrieben werden:
– dem subjektiven Erleben,
– typischen Situationen, in denen die Emotion auftritt,
– typischen kognitiven Inhalten,

– Forschungsergebnissen über physiologische Korrelate,
– typischem Ausdrucksverhalten.
Sie sollen als Beschreibungskategorien dienen, um das Verständnis der Emotionen zu vertiefen, nicht aber als eigenständige Emotionsindikatoren oder -komponenten (vgl. zu Komponentenmodellen Kap. 3). Denn nach unserem Verständnis ist die Komponente des subjektiven Erlebens für eine Emotionspsychologie immer die zentrale.

7.2.1 Liebe, Sympathie, Bindungsgefühl

Die Liebe ist eine intensive zwischenmenschlich verbindende Emotion, sowohl in der belletristischen Literatur als auch in der christlichen Theologie an hervorragende Stelle gesetzt. In den emotionspsychologischen Untersuchungen im Umkreis der Liebe haben sich dabei unterschiedliche Schwerpunkte gebildet:
– Die deskriptiv-kategorisierenden Ansätze, die gerade in den letzten Jahren verstärkt wurden, versuchen, die Liebe empirisch abgesichert in Bausteine aufzuschlüsseln. Aus einer Integration vorheriger Ansätze und eigener Forschung hat Sternberg (1988) hier eine Dreieckstheorie der Liebe vorgelegt, die drei Konstrukte differenziert:
  • Intimität als die emotionale Komponente, gegenseitige innige Verbundenheit, das Gefühl von Nähe, Wärme und Geborgenheit;
  • Leidenschaft als die motivationale Komponente, lustvolle Erregung, sexuelle Anziehung, Faszination, Sehnsucht;
  • Verpflichtung als die kognitive Komponente, als das Wissen um die Zusammengehörigkeit, den Zusammenhalt.
– Psychoanalytische Ansätze verfolgen die Liebe in der Ontogenese zurück und sehen den Ausgangspunkt in der Ur-Liebe (Balint), dem Wunsch des Kleinkindes, von der primären Bezugsperson geliebt zu werden, als Reaktion auf unvermeidliche Versagungen. Erst über die zweite Liebe (ödipale Liebe in der Dreiecksbeziehung zwischen Vater und Mutter) entwickelt sich die reife Liebe des Erwachsenen, als ein wechselseitiger empathischer Prozeß, ohne Ängste und Mißtrauen, aber auch ohne symbiotisches Verschmelzen (Kutter 1978).
– Evolutionsbiologische Ansätze fassen die Liebe als Disposition zu emotionaler Bindung von Mann und Frau auf, die der Fortpflanzung und der Aufrechterhaltung der Beziehung der jungen Eltern zum Schutz der Kinder dient.

Auf dem Hintergrund dieser Ansätze erscheint also die Liebe als die gefühlte, gewollte und gedachte Verbundenheit mit anderen. Die gegenwärtige Forschung sucht solchen Differenzierungen weiter nachzugehen und sie auch meßbar zu machen (vgl. Hendrick & Hendrick 1989). Ein weiterer Forschungsstrang bemüht sich um die ontogenetischen Vorläufer der Liebe (Bindungsforschung, vgl. Großmann 1983). Interessant sind auch die soziologischen Analysen der Liebe (Beck & Beck-Gernsheim 1990), die eine Individualisierung heutiger Liebesformen auf dem Hintergrund gesellschaftlichen Wandels feststellen. Insofern unterliegt die Liebe auch ganz unterschiedlichen historischen und kulturellen Definitionen (Stearns & Stearns 1988). Schließlich muß noch die therapeutisch orientierte Liebesforschung erwähnt werden, die die Erlernbarkeit der Liebesfähigkeit betont und auch das Umgehen mit den destruktiven Komponenten der Liebe (Projektionen, Idealisierungen, Enttäuschungen, Eifersucht) thematisiert (Wyss 1975).

Bei der nun folgenden systematischen Beschreibung wollen wir uns auf das zwischenmenschliche Gefühl der Liebe beschränken, die zur Liebe zugehörigen sexuellen Lustgefühle sollen bei Lust (Kap. 7.2.13) mitbehandelt werden.

Erleben
Liebe wird als ein sehr breites, positives Erleben geschildert. Lersch (1938/1954) hat es als Lebensaufschwung zu charakterisieren versucht. Innere Wärme, Entspannung, Optimismus, sich mit sich selbst in Einklang fühlen, Glück, Stärke, Größe, Tiefe, ein niemals endendes, fließendes Gefühl berichtet Davitz (1969).

Situationen
Liebe ist in der Regel an dyadische Situationen gebunden. Fromm (1974a) unterscheidet hier je nach Objekt der Liebe zwischen Nächstenliebe, Elternliebe, erotischer Liebe, Selbstliebe und Liebe zu Gott. Auslösende Situationen für Liebesgefühle können die Gegenwart der geliebten Person, Körperkontakt, gemeinsame Handlungen sein, aber auch Probleme, Sorgen oder Abwendung der geliebten Person (Friedrich 1982).

Kognitionen
Lersch (1938/1954) hat betont, daß bei der Liebe die Wertigkeit einer Idee im anderen erlebt wird. Über die Liebe vermittelt sich Lebenssinn. Darüber hinaus ist eine positivere Sicht der Welt und des Geliebten festzustellen, auch ein häufigeres an den anderen Denken. Liebe geht mit der Einschätzung von Verbundenheit,

Sicherheit und Gleichgewichtigkeit des Gebens und Nehmens einher.

Physiologie
Die physiologischen Korrelate sexueller Erregung (Östrogen, Testosteron) werden weiter unten beschrieben (Kap. 7.2.13, Lust). Eine darüber hinausgehende Beschreibung physiologischer Veränderungen bei Liebesgefühlen ist bisher nicht vorgelegt worden.

Ausdrucksverhalten
Hier sind vor allem Bindungen herstellende Verhaltensweisen angeführt worden: zulächeln, den anderen ansehen, sich zum anderen hinneigen und vor allem Körperkontakt.

7.2.2 Mitgefühl

Das Mitgefühl, die Sympathie im eigentlichen Wortsinne, gilt als eine der Haupttugenden nicht nur im Christentum (Nächstenliebe), sondern in vielleicht noch stärkerem Maße in der indischen Religion und Philosophie (vgl. Kap. 2). Wir verstehen darunter das Erleben von in der Regel negativen Emotionen anderer (Leid, Schmerz, Not) als eigenes Leid, die Übernahme der Perspektive des anderen also, verbunden mit der Einschätzung seines Leidens als ungerechtfertigt.

Die psychologische Forschung (vgl. Lück & Rechtien 1983) hat hier die Unterscheidung zwischen *Empathie* als Einfühlung in die Emotion anderer auf der Grundlage genauen Erkennens und Verstehens und *Sympathie* als das sich selbst von der Emotion des anderen betroffenen Fühlens (Mitfühlen) aufgegriffen. Insofern ist Empathie die Grundlage des Mitgefühls. Feshbach (1978, vgl. Lück & Rechtien 1983) unterscheidet drei Komponenten der Empathie:
– die Fähigkeit, affektive Zustände zu erkennen und zu benennen;
– die Fähigkeit, die Perspektive einer anderen Person übernehmen zu können;
– die Fähigkeit, emotionale Zustände selbst erleben zu können.
Wesentliche Erkenntnisse zum Mitgefühl haben dabei zwei Forschungstraditionen gebracht. In entwicklungspsychologischen Studien konnte gezeigt werden, daß empathisches Mitfühlen schon sehr früh beim Kleinkind festzustellen ist. Es gilt als die Voraussetzung für die Entwicklung von moralischem Denken.

Die Sozialpsychologie hat Mitgefühl (oft zusammen mit Schuldgefühlen) thematisiert als Voraussetzung für prosoziales Verhalten wie z. B. Hilfeleistungen (vgl. Bierhoff 1990). Zumindest bei
Erwachsenen ist dieser Zusammenhang empirisch gut belegt
(Eisenberg 1986). Dabei ist umstritten, ob das Mitgefühl zu völlig
uneigennützigen, altruistischen Verhaltensweisen führt oder ob
dabei auch reziproke Erwartungen von Gegenleistungen eine
Rolle spielen.

Die These eines reziproken Altruismus wurde dabei auch im Rahmen evolutionsbiologischer Ansätze vertreten; danach sei Mitgefühl vor allem innerhalb der eigenen Gruppe genetisch bedingt
und diene der Arterhaltung. Darüber hinaus hat Adler (1927/
1966) darauf hingewiesen, daß übertriebenes Mitleid auch der
eigenen Genugtuung, dem befreienden Gefühl eigener Überlegenheit dienen kann.

Unstrittig ist jedoch, daß Mitgefühl individuell unterschiedlich
stark ausgeprägt sein kann und daß es durch Lernprozesse beein-
flußbar ist. Vor allem für soziale Berufe, aber auch innerhalb
bestimmter Psychotherapierichtungen sind starke empathische
Fähigkeiten wesentliche Voraussetzungen.

Erleben
Das empathische Erleben richtet sich naturgemäß nach dem Be-
zugsgefühl. Jedoch wird es – gerade bei schwerem Leid – nie so
stark ausgeprägt sein wie bei der Bezugsperson. Dazu kommt ein
Gefühl der Betroffenheit durch das Gefühl des anderen.

Situationen
Mitgefühl kann sich zwar auf negative wie positive Emotionen
('Mit-Freude') beziehen, wurde aber in der Regel in negativen
Situationen untersucht. Dabei handelt es sich um Situationen der
Hilfsbedürftigkeit und des Leides einer anderen Person oder
Gruppe. Meist bezieht sich Mitgefühl auf extrem starke Emotio-
nen eines anderen.

Kognition
Voraussetzung für das Mitgefühl ist das kognitive Erfassen der
Situation des anderen und seiner Gefühle. Wohl spielt auch oft
die Einschätzung eine Rolle, von den Emotionen des anderen
selbst einmal betroffen zu werden oder bereits betroffen gewesen
zu sein.

Physiologie und Ausdrucksverhalten
Sie gehen in Richtung der mitgeführten Emotion, jedoch in aller
Regel in stark abgeschwächter Form.

7.2.3 Stolz, Selbstwertgefühl

Unter Stolz verstehen wir ein Gefühl des eigenen Wertes, ein bewußt erlebtes gehobenes Selbstwertgefühl, das einerseits als Voraussetzung für Selbstsicherheit und aufrechte Haltung (Wortwurzel 'Stelze') gesehen wird. Andererseits kann Stolz auch übersteigert sein, zu Hochmut, Eitelkeit, mangelnder Bescheidenheit und Demut führen. Wenn Stolz und Selbstwertgefühl fehlen, kann dies starke Minderwertigkeitsgefühle bedeuten und vielfältige psychische Befindensstörungen nach sich ziehen. Allerdings ist solchen Minderwertigkeitsgefühlen auch eine motivationale, zur Persönlichkeitsentwicklung treibende Kraft unterstellt worden (Adler 1927/1966, Bruder-Bezzel, 1985).

Bei der Analyse von Stolz muß man wohl unterscheiden (Taylor 1985) zwischen

- einer Komponente aktuellen emotionalen Erlebens ('state') als situationsspezifischem, momentanem Gefühl von Erfolg, Bestätigung, Wertschätzung, die man auf sich selbst bezieht und
- einer situationsübergreifenden, persönlichkeitsspezifischen Komponente ('trait'), die einer überdauernderen Einstellung eigener gehobener Position oder inneren Wertes entspricht.

Die psychologische Forschung hat sich dem Stolz vor allem in der Leistungsmotivationsforschung gewidmet (Atkinson, Weiner, vgl. Schützwohl 1991). Der Stolz über die eigene Leistung wird als leistungsförderlich angesehen, da die Antizipation von Stolz als Anreiz wirkt, leistungsthematisches Handeln aufzunehmen (Erfolgsmotiv). Stolz entsteht vor allem, wenn der Erfolg internalen Ursachen zugeschrieben wird und ist am höchsten bei einer mittleren Erfolgserwartung. Selbstwertgefühl ist vor allem im Rahmen der Identitätsforschung thematisiert worden (Filipp 1979). Neben der kognitiven Komponente (Selbstkonzept) stellt Selbstwertgefühl hier die notwendige emotionale Komponente des Selbst dar. Durch unterschiedliche Prozesse (selektive Selbstaufmerksamkeit, günstige Vergleichsmaßstäbe, aktualisierte Erinnerung) kann es positiv beeinflußt werden (Frey & Benning 1983). Daß soziale Rückmeldungen, Zuschreibungen durch wichtige Bezugspersonen eine zentrale Rolle für das Selbstwertgefühl spielen, haben schon die frühen Identitätstheorien herausgestellt (Cooley, Mead).

In der Sozialpsychologie wurde das Selbstwertgefühl als Prädiktor für Beeinflußbarkeit, Konformität und Suggestibilität untersucht (Mummendey 1983). Diese Variablen scheinen bei mittlerem Selbstwertgefühl besonders stark ausgeprägt zu sein.

Erleben
Stolz wird meist als angenehmes Erlebnis empfunden, oft begleitet von Freude, Befriedigung, Glück oder Erleichterung, zumindest, wenn die Person das Gefühl billigt (Friedrich 1982). Stolz
kann aber auch als gespannter Gefühlszustand beschrieben werden, vor allem wenn der Situation starke Unsicherheit, Unbehagen, Befürchtungen, Ängste vorausgingen, die sich so schnell
nicht abbauen können.

Situationen
Vollbrachte Leistungen, entgegen den Voraussagen anderer er-
reichte Ziele, sich durchsetzen gegen die Intentionen anderer,
Wahrnehmung der eigenen erhöhten Attraktivität hat Friedrich
(1982) als typische Stolzsituationen gefunden. Das Selbstwertgefühl dagegen scheint eher situationsübergreifend zu sein.

Kognitionen
Schon William James hat das Selbstwertgefühl konzipiert als das
Abwägen, Vergleichen der eigenen Ansprüche und Ziele mit
dem, was man davon erreicht hat. Taylor (1985) sieht im Stolz die
Zuschreibung eines Wertes, die Zuschreibung, daß der Wert zu
einem selbst gehört und die Zuschreibung der eigenen Verantwortlichkeit für diesen Wert impliziert. Da diese Kognitionen für
die Stolzdefinition zentral sind, bezeichnet Mees (1991) den Stolz
als Attributionsemotion.

Physiologie
Es gibt Berichte über erhöhte Herzrate und Erröten bei starkem
situationsspezifischem Stolz.

Ausdrucksverhalten
Als typisch für aktuellen Stolz beschreibt Kövecses (1990) vor
allem die aufrechte Haltung, die gehobene Brust, weit geöffnete
Augen und Lächeln.

7.2.4 Hoffnung, Sehnen

Hoffnung ist immer wieder als zentrale Grundempfindung des
Menschen bezeichnet worden. Das Christentum sieht in der Hoffnung auf das Kommen des Gottesreiches eine wesentliche
Lebensgrundlage, die sich in der Geschichte des Abendlandes
ganz unterschiedlich manifestiert hat: Renaissanceutopien, Ver-
nunfthoffnung des 18. Jahrhunderts, Fortschrittsglaube des
19. Jahrhunderts. Auch die Philosophie hat die Hoffnung als zentrale Lebenskraft thematisiert (Bloch, de Chardin).

In der Psychologie werden drei Komponenten der Hoffnung unterschieden (Ulich 1984):
– eine emotionale Komponente, Gefühle von Kraft, Mut, Vertrauen und Zuversicht;
– eine motivationale Komponente des Sich-behaupten-Wollens, Nicht-aufgeben-Wollens;
– eine kognitive Komponente des Sich-auf-die-Zukunft-Beziehens, Auf-positive-Ziele-Konzentrierens.

Die Hoffnung kann also nur auf der Basis des Bewußtseins der Kontinuität der eigenen Person in der Zukunft, auch durch Krisen hindurch, entstehen. So stellt sie auch einen Puffer gegen Resignation und Verzweiflung dar, ist Voraussetzung für aktive Bewältigungsversuche bei Belastungen (Ulich 1984).

Im Rahmen der Differentiellen Emotionstheorie (Izard 1981) wird Hoffnung gesehen als eine Interaktion zwischen der Grundemotion Interesse/Aufgeregtheit und einer positiven Erwartung. In behavioristischen Lerntheorien (Mowrer) wird Hoffnung als konditionierte Reaktion auf die Signalisierung eines bevorstehenden erwünschten Ereignisses definiert und damit als zentral für die Verhaltenssteuerung aufgefaßt. In phänomenologischen Ansätzen (Lersch 1938/1954) wird Hoffnung grundsätzlicher verstanden als Gefühlsregung des Bezogenseins auf die Zukunft als Feld der Verwirklichung von Lebens-, Bedeutungs- und Sinnwerten, auf die das menschliche Dasein angelegt ist. Die Hoffnung speist den Lebenswillen, läßt das Joch des Augenblicks ertragen. Die Psychoanalyse schließlich definiert Hoffnung auf libidinöser Basis als Ausdruck der Lebenstriebe (Schnoor 1988).

Erleben

Hoffnung wird als positive Erregung – Erregung aber auf eine ruhige, warme Art – erlebt (Davitz 1969). Ergriffenheit und Betroffenheit vom Gegenstand der Hoffnung sind festzustellen. Kraft, Mut, Vertrauen, Zuversicht, das Gefühl des Getragenseins (Lersch) sind Erlebnisse im Zusammenhang mit Hoffnung.

Situationen

Hoffnung wird vor allem relevant in Situationen der Beeinträchtigung oder Gefährdung zentraler Ziele und Lebensbezüge. Die Situation erscheint aber niemals als total ausweglos. In Leistungssituationen bezieht sich die Hoffnung auf den Erfolg (vgl. dazu Stolz), sie kann sich aber auch ganz global auf eine positive Zukunft beziehen.

Kognitionen

Zentral für die Hoffnung ist eine positive Zukunftsvorstellung. Dazu kommt die Zuversicht, der Glaube an eine Chance der Verwirklichung dieser positiven Zukunft, und sei sie noch so weit entfernt. In schwierigen Situationen erfordert die Hoffnung viel Phantasie.

Physiologie
Zum einen gibt es hier Vermutungen über eine Stimulierung des Immunsystems bei Krankheiten. Zum anderen sind mit Interesse/ Aufgeregtheit zusammenhängende physiologische Veränderungen (Anstieg neuraler Aktivität) beschrieben worden (Izard 1981).

Ausdrucksverhalten
Hier gibt es Beschreibungen im Zusammenhang mit Interesse/ Aufgeregtheit (Izard 1981): gespannter, wacher Gesichtsausdruck, offene Augen. Bei starker, sehnsüchtiger Hoffnung scheinen zusammengezogene Augenbrauen, ähnlich wie bei Trauer und Kummer, typisch zu sein.

7.2.5 Überraschung, Schreck

Überraschung ist eine kurzfristige emotionale Reaktion auf ein plötzliches, unerwartetes Ereignis. Überraschung und Erstaunen beziehen sich dabei eher auf positive Situationen, Schreck eher auf Bedrohungen.

Den Evolutionsbiologen erscheint Überraschung als primäre Emotion, als überlebenswichtige Orientierungsreaktion (Stop! What is it?) auf plötzlich erscheinende, neue Objekte (Plutchik 1980). In der Tat ist bei der Überraschungsreaktion eine Unterbrechung der laufenden grobmotorischen und kognitiven Prozesse und gleichzeitig ein Anstieg neuraler Stimulierung zur schnellen Verarbeitung neuer Informationen festgestellt worden (Izard 1981). In diesem Sinne ist die Überraschung auch als 'Kanalreinigungsgefühl' (Tomkins) bezeichnet worden.

In der Entwicklung können Schreckreaktionen schon sehr früh beobachtet werden, Überraschungsgefühle aber eigentlich erst, wenn das Kind Erwartungen in die Zukunft entwickeln kann (ca. sechs Monate). Charlsworth (1969), der Überraschung als Folge von Fehlerwartungen versteht, schreibt ihr eine wichtige Rolle in der kognitiven Entwicklung des Kindes zu, da sie zur Veränderung kognitiver Strukturen führen kann. So kann in der Folge Neugier, Exploration, Interesse entstehen. (Neugier [Plutchick 1980] und Interesse [Izard 1981] werden manchmal sogar als eigenständige Emotionen behandelt, was jedoch problematisch erscheint.)

Erleben
Überraschung wird eher àngenehm, Schreck eher unangenehm erlebt, wenn auch die Wertung nie im Vordergrund steht. Man erlebt sich als wachgerüttelt, vibrierend, aufgeregt, vital, energievoll, manchmal verwirrt, verdutzt, durcheinander (Davitz 1969).

Situationen
Bei Überraschung ist das Individuum mit einem plötzlich auftauchenden Ereignis konfrontiert, auf das es keine vorherigen Hinweisreize gab. Dies sind in der Regel individuell bedeutsame, plötzliche Veränderungen, bei Schreck oft Gefahrensituationen.

Kognitionen
Die Unerwartetheit (besser Fehlerwartetheit) steht hier im Vordergrund. Ein plötzlicher Stillstand der Denkprozesse wurde beschrieben, der Geist ist leer (Izard 1981). Allerdings ist der Überraschte extrem aufmerksam, geistig stimuliert, die neue Situation zu verarbeiten.

Physiologie
Die Hemmung der laufenden Nervenreize und die Erhöhung neuraler Stimulierung zur Verarbeitung neuer Informationen wurde bereits angeführt. Darüber hinaus scheint starker Schreck durch eine Reihe reflektorischer Körperreaktionen (Augenschluß, Halsmuskelkontraktion, Gesichtsverspannung, Mundöffnung, Schulteranhebung) gekennzeichnet zu sein.

Ausdrucksverhalten
Zur Überraschung gehört ein interkulturell eindeutig identifizierbarer Gesichtsausdruck (Ekman 1988): hochgezogene Stirn, Entstehung von Stirnlängsfalten, hochgezogene Augenbrauen, große, runde Augen, oval geöffneter Mund. Bei Schreck dagegen (s. o.) ist eher eine automatische Reaktion des Zusammenfahrens festzustellen.

7.2.6 Ekel, Abscheu

Die nächsten drei Emotionen – Ekel, Verachtung und Ärger – treten oft gemeinsam auf und wurden deshalb als Feindseligkeitstriade (Izard 1981) bzw. zusammen mit Haß als die aggressionsaffinen Emotionen (Selg et al. 1988) bezeichnet. Mit Ekel ist dabei ein Gefühl der Abneigung, des Abgestoßenseins gemeint, das sich auf Gegenstände (Nahrung, Exkremente), Menschen oder Verhaltensweisen (auch gegen sich selbst) beziehen kann. Der Ekel ist stark über Körpergefühle (Übelkeit) definiert.

Lersch (1938/1954) sieht im Ekel eine Steigerung des Überdruß-
gefühls in Richtung eines Sich-abgestoßen-Fühlens, des Nicht-in-
Berührung-kommen-Wollens. Dabei unterscheidet er mit der
Abscheu auch einen 'geistigen Ekel'. Der Widerwille stößt das
anstoßerregende Objekt von sich weg, in Ekel und Abscheu fühlen wir uns selbst abgestoßen. Für Plutchik (1980) gehört der
Ekel zu den (acht) primären Emotionen des Menschen, der evolutionsbiologisch die Funktion hat, uns von schädigenden Einflüs-
sen (verdorbener Nahrung, Verschmutzungen) fernzuhalten. Es
ist allerdings sehr zu fragen, ob dies für den heutigen Menschen
noch Bedeutung hat. Auch ist immer wieder beschrieben worden,
daß Ekelgefühle einzelnen Gegenständen gegenüber beherrsch-
bar, überwindbar, verlernbar sind.

Erleben

Der sich Ekelnde fühlt sich extrem unwohl. Er erlebt in der Regel
Gefühle des Angewidert-Seins, des Sich-abgestoßen-Fühlens zusammen mit dem Gefühl der Übelkeit (Izard 1981). Daneben
sind auch Zustände der Anspannung, des Irritiertseins, der Labili-
tät beschrieben worden (Davitz 1969).

Situationen

Der einzelne sieht sich einem schädlichen Reiz gegenüber, mit
dem er nicht in Berührung kommen will. Das können verdorbene,
übelriechende Nahrungsmittel sein, aber auch Substanzen, von
denen man beim Anfassen unangenehm-gefährliche Verunreini-
gungen befürchtet (Giftig-Schleimiges). Im übertragenen Sinne
kann sich dann auch Ekel gegen Menschen, einzelne besonders
verabscheuungswürdige, eventuell ansteckende Verhaltensweisen
und gegen sich selbst richten. Oft sind Ekelsituationen solche des
Verfalls (Izard 1981).

Kognitionen

Hinter Ekel steht eine extreme Mißbilligung eines Gegenstands
oder einer Verhaltensweise. Er wird als schädlich, giftig eingeschätzt. Schon die mentale Vorstellung des Ekelgegenstandes
reicht meist, um das Gefühl auszulösen. Was als eklig empfunden
wird, unterliegt aber auch kulturellen Definitionen (z. B. Nahrungsmittel). In jedem Fall sieht sich der einzelne nicht zu einer
aggressiven Konfrontation mit dem ekelerregenden Gegenstand
in der Lage. Deshalb wurden bei Ekel auch Einschätzungen des
Kontrollverlusts geschildert (Davitz 1969).

Physiologie

Rachenkontraktionen, Würgen, Speichelsekretion, Übelkeit,
Brechreiz und schlechter Geschmack im Munde sind als typische
körperliche Ekelmerkmale zu bezeichnen.

Ausdrucksverhalten

Ekman (1988) hat einen über verschiedenste Kulturen hinweg gleich interpretierten typischen Gesichtsausdruck für Ekel herausgearbeitet: Naserümpfen, Hochziehen der Oberlippe, Herunterziehen der Mundwinkel, leicht geöffneter Mund. Dazu gehören bei extremem Ekel Gesten wie das Zungeherausstrecken, Ausspucken, den Kopf zurückzuziehen, die Hände mit gespreizten Fingern vor das Gesicht zu nehmen. Der Ekelausdruck kann in solchen Situationen dazu dienen, die kompromißlose Ablehnung von etwas zu signalisieren.

7.2.7 Verachtung

Auch durch Verachtung drückt sich die Abneigung gegen etwas aus (wie bei Ekel), jedoch basiert dieses Gefühl mehr auf kognitiven Einschätzungen als auf Körperempfindungen. Verachtung ist eine eher 'kalte' Emotion (Izard 1981). Sie besteht im Erleben der eigenen Überlegenheit bzw. der Geringschätzung einer Person oder einer Verhaltensweise. Der Verachtende behält dabei ein positives Selbstwertgefühl, da er sich ja überlegen fühlt (Lersch 1938/1954). Es gibt Vermutungen aus evolutionsbiologischer Perspektive, daß Verachtung ursprünglich der Vorbereitung eines Individuums oder einer Gruppe diente, einem gefährlichen Widersacher entgegenzutreten, da man sich dadurch Überlegenheit suggeriert (Izard 1981).

Erleben

Izard (1981) berichtet aus seinen empirischen Arbeiten zur Verachtung Empfindungen der Überlegenheit, der Enttäuschung, des Sich-verletzt-Fühlens, der Mißbilligung. Dazu kommen Gefühle der Feindseligkeit. Das erhöhte Selbstwertgefühl bei Verachtung wurde bereits angesprochen.

Situationen

In der Regel liegen soziale Situationen zugrunde. Die Verachtung kann sich gegen einzelne Personen, oft aber auch gegen Gruppen (Familien, Gesellschaftsschichten, Kulturen) richten. Verachtungssituationen sind von Distanz gegenüber dem Verachteten geprägt (Izard 1981).

Kognitionen

Die Geringschätzung, die Einschätzung eigener Überlegenheit stehen im Zentrum der Verachtung. Dahinter stecken oft Vorurteile, da mit der Verachtung 'gnadenlose' Mißbilligung signalisiert werden soll. Die Verachtung ist die Hauptemotion jeder Art von

Vorurteil (Izard 1981). Der andere wird für ein Miteinandersein nicht für würdig befunden, nicht als gleichberechtigter Partner gesehen, gemessen an einer strikten, 'objektiven' Norm (Lersch 1938/1954).

Ausdrucksverhalten

Auch Verachtung zeigt sich in den Studien von Ekman und Mitarbeitern (1988) als mit einem interkulturell gleich interpretierten Gesichtsausdruck verbunden. Leicht herabgezogene Mundwinkel, Naserümpfen, hochgezogene Augenbrauen (langes Gesicht) sind hier typisch. Dazu gehört die Gestik des leichten Sich-Abwendens (eine Schulter vor) und des erhobenen Kopfes (auf den anderen herunterschauen).

7.2.8 Ärger, Wut, Zorn

Ärger, Wut und Zorn sind Emotionen, die entstehen, wenn man im Handlungsablauf auf unnötige, als ungerechtfertigt eingestufte Hindernisse stößt. Es scheint sich dabei um eine ganz fundamentale Emotion zu handeln, die in allen menschlichen Kulturen, selbst im Tierreich vorkommt (Bornewasser & Mummendey 1983). Evolutionsbiologen behaupten, daß Ärgeremotionen der Energiemobilisierung für Angriff oder Verteidigung in Konfrontation mit einem plötzlichen 'Feind' dienen (Plutchik 1980). Der Ausdruck von Ärger soll in interpersonalen Situationen den Willen der Person signalisieren, das sie störende Hindernis zu beseitigen (Averill 1982). Dabei gilt die sich ärgernde Person als in einer großen Gefühlsaufwallung ('heiße' Emotion), was im Strafrecht sogar als mildernder Umstand bei Tötungsdelikten ("zum Zorn gereizt und dadurch zur Tat hingerissen", § 213 StGB) anerkannt wird. Ärger wurde in der Psychologie auch in Zusammenhang mit der Frustrations-Aggressions-Theorie untersucht. Er gilt als die typische emotionale Reaktion auf Situationen des Ausbleibens positiver Verstärkungen (Frustrationen) und kann zu aggressiven Impulsen führen (Bornewasser & Mummendey 1983). Ärger und Aggressionsbereitschaft nehmen zu, je größer die Frustration und je eindeutiger die Person einen Verursacher dafür verantwortlich macht.

Für die Untersuchung der Bewältigungsmöglichkeiten von Ärgeremotionen sieht man heute auch einen therapeutischen Zugang, um aggressives Verhalten zu verhindern (z. B. Verres & Sobez 1980). Dabei wird meist unterschieden zwischen

– einer nach außen gerichteten, aggressiven Form des Ärgerausdrucks (anger-out, vgl. Schwenkmetzger & Hodapp 1989),

– einer nach innen gerichteten, unterdrückten Form (anger-in)
– und der Fähigkeit, den Ärger kontrollieren zu können (anger-control).

Ebenso ungünstig wie das aggressive Ausagieren des Ärgers wird dabei das 'In-sich-Hineinfressen' der Ärgeremotion angesehen, da dies bis hin zu psychosomatischen Störungen (Magengeschwüren, vegetativer Dystonie, Bluthochdruck, Herzerkrankungen) führen kann. Dies ist vor allem dann der Fall, wenn Ärger nicht nur in einzelnen Situationen auftritt ('State'-Ärger, vgl. Schwarzer & Schwarzer 1982), sondern zu einem die Person bestimmenden Persönlichkeitsmerkmal ('Trait'-Ärger) geworden ist.

In der aktuellen Forschung etwas in den Hintergrund gerückt sind hier jedoch die unterschiedlichen Färbungen von Ärgeremotionen. Bei *Wut* überwiegt dabei die affektive Erregung, der Wille zum Gegenschlag gegen eine Gefährdung der Selbsterhaltung oder eines Machtanspruches des Subjekts (Lersch 1938/1954). Hinter dem *Zorn* hingegen steht eine moralische Entrüstung, eine Empörung über die Verletzung von für wertvoll gehaltenen Normen.

Erleben

Bei Ärgeremotionen erlebt sich das Subjekt als verletzt, beeinträchtigt, geschädigt und dabei extrem angespannt, übererregt, reizbar, verbunden mit einem Kraftempfinden, einer Energiegeladenheit (Izard 1981). Man hat das Gefühl zu platzen, wenn man nicht etwas gegen den Ärgerauslöser tut.

Situationen

Ärger entsteht, wenn das Subjekt in etwas, das ihm sehr bedeutsam ist, behindert oder gestört wird. Das können Alltagsfrustrationen, Beleidigungen, Zwang, Übervorteilungen, aber auch Unterbrechungen von interessanten oder freudvollen Aktivitäten sein. Scherer (1988) hat Normverletzungen, Ungerechtigkeiten, Begegnungen mit Fremden und unnötige Belästigungen als häufigste Auslösesituationen gefunden. Dabei gibt es jedoch große individuelle und auch kulturelle Unterschiede in den ärgerauslösenden Situationen (vgl. Stearns & Stearns 1988).

Kognitionen

Die Behinderungen werden als ungerechtfertigt bewertet. Vor allem bei Zorn sind starke normative Bewertungen enthalten. Der Behinderer wird dabei meist als mutwillig, oft als feindselig attribuiert (Feind-Interpretation, Plutchik 1980). Ärger ist dabei die negative Emotion mit dem höchsten Selbstbewußtsein (Izard 1981). Man muß immer an den ärgerlichen Anlaß denken, bekommt ihn nicht aus dem Kopf, kann nicht verstehen, warum das

wirklich sein mußte (Davitz 1969). Durch negative Wahrneh-
mungsakzentuierungen und Interpretationsmuster können Ärger-
gefühle in Frustrationssituationen verstärkt entstehen (Verres &
Sobez 1980).

Physiologie
Bei Ärgergefühlen werden in der Regel körperliche Streßreaktio-
nen ausgelöst (Adrenalin, Noradrenalin), die der Energiemobilisierung dienen ('Notfallreaktion'). Ob es darüber hinaus ärger-
spezifische neuronale oder endokrine Reaktionsmuster gibt, ist
umstritten (Bornewasser & Mummendey 1983).

Ausdrucksverhalten
Ärgeremotionen werden auch interkulturell mit einem eindeuti-
gen Gesichtsausdruck verbunden (Ekman 1988). Typisch sind das
Stirnrunzeln, der harte, starre, drohende Blick, das Aufblähen der
Nasenflügel, das Entblößen der zusammengebissenen Zähne.
Zorn wird dabei vor allem durch die Veränderungen der oberen
Gesichtshälfte, Wut durch die Veränderungen der unteren
Gesichtshälfte ausgedrückt (Lersch 1938/1954).

7.2.9 Angst, Furcht

Angst ist die vielleicht am intensivsten erforschte Emotion, wenngleich bis heute noch keine einheitliche Angsttheorie entwickelt
werden konnte (Schwarzer 1987; Faust 1986):

– Psychoanalytische Ansätze betonen, daß hinter Angstgefühlen
  frühkindliche Erlebnisse der Trennung von einem Liebesobjekt
  oder des Verlustes dessen Liebe stehen.

– Evolutionsbiologische Ansätze sehen in Angst und Furcht ein
  in der Phylogenese entwickeltes Gefahrensignal, das Fluchtverhalten auslösen soll.

– Lerntheoretische Ansätze haben gezeigt, daß ursprünglich
  schmerzauslösende Stimuli als furcht-/angstauslösend kondi-
  tioniert werden können, um Vermeidungsverhalten zu motivie-
  ren.

– Kognitive Ansätze betonen, daß bei Angst die Einschätzung
  einer zukünftigen Situation als Bedrohung und die Einschätzung der Ungewißheit der Bewältigung der Bedrohung zusam-
  menkommen.

Aber auch die Philosophie (Kierkegaard, Sartre, Heidegger) hat
Angst (existentielle Angst) thematisiert, als das Bewußtwerden
der Fragwürdigkeit des Daseins, der Möglichkeit des Scheiterns,
der Konfrontation mit dem Nichts.

Diesen Auffassungen ist gemeinsam, daß es sich bei Angst um starke Bedrohungen, um das Bewußtsein von Gefahren handelt, die den einzelnen in eine belastende Ungewißheit stürzen. Dabei ist die Unterscheidung zwischen Furcht als auf eine offensichtliche Bedrohung bezogen und Angst als unspezifisches, globales Gefühl zwar in der Fachliteratur einschlägig, nicht immer aber in der Alltagssprache nachvollzogen. Die neuere Forschung differenziert weiterhin zwischen situationsspezifischen Angstgefühlen ('State'-Angst) und Ängstlichkeit als Persönlichkeitsdisposition ('Trait'-Angst). Es sind unterschiedliche Formen der Angst beschrieben worden (Schwarzer 1987; Izard 1981), je nachdem, ob sich die Angst auf höhere Gefahren (Schmerz, Verletzung, Tod), auf soziale Beziehungen (z. B. vermengt mit Scham/Schüchternheit), auf Leistungssituationen (Prüfungsangst) oder auf moralische Probleme (zusammen mit Schuldgefühlen) bezieht.

Psychische Störungen können entstehen, wenn Furcht/Angst wiederholt in Situationen auftritt, die objektiv keinen starken Gefahrenreiz enthalten. Die Psychiatrie unterscheidet hier z. B. (DSM-III-R, Wittchen 1989) zwischen Panikstörungen, Phobien, Zwangsstörungen (hier tritt die Angst bei dem Versuch auf, den Zwangsgedanken oder Zwangshandlungen Widerstand zu leisten), posttraumatischen Belastungsstörungen und generalisierten Angststörungen. Nach neueren Untersuchungen gehören sie heute zu den häufigsten psychischen Störungen in der Allgemeinbevölkerung. Die Therapieansätze reichen hier von der Gewöhnung an den Angstauslöser (Desensibilisierung) über das Analysieren der Angstursache und das Erkennen ihrer Unschädlichkeit bis zur (allerdings problematischen) medizinischen Behandlung (Tranquilizer, Betablocker).

Aber auch im Alltag lernen wir unterschiedlich mit Ängsten fertig zu werden. Izard (1981) hat hier bei Eltern zwei verschiedene Erziehungsstile differenziert: das Sich-Abhärten, Aushalten, Ignorieren einerseits und das Bemitleiden und Wiedergutmachen andererseits. Beide haben seiner Meinung nach problematische Folgen.

Erleben

Bei Angst wird eine unspezifische, starke Beunruhigung erlebt; man fühlt sich beengt ('angustus', lateinisch = eng), gespannt, nervös, hat ein flaues Gefühl im Magen; man fühlt sich allein, unsicher, unzulänglich.

Situationen

Scherer (1988) hat als häufigste Angstsituationsklassen Straßenverkehr, Begegnungen mit Fremden, unbekannte Situationen und

Risikosituationen gefunden. Typische Angstauslöser in unserer Gesellschaft sind Schlangen, Spinnen, Dunkelheit, Versagen, Verlassenwerden, Schmerzen, Altern, Sterben. Izard (1981) hat hier unterschieden zwischen Ereignissen/Prozessen in der Umwelt, Einschränkung von lebensnotwendigen Bedürfnissen (z. B. Angst bei Luftmangel), anderen Emotionen (z. B. Schreck, Erregung) und kognitven Prozessen als Angstauslösern.

Kognitionen

Zentral ist hier die Einschätzung einer Bedrohung, einer Gefahr, eines bevorstehenden Unheils einerseits, die Einschätzung der Ungewißheit über das weitere Geschehen, über die eigenen Bewältigungsmöglichkeiten andererseits. Angstsituationen sind also von Kontrollverlust gekennzeichnet.

Physiologie

In Angstsituationen scheint es spezifische neuronale Prozesse zu geben (im Limbischen System, aber auch ARAS und Formatio reticularis), die vor allem eine Sympathikuserregung (Adrenalin) im Autonomen Nervensystem bewirken (Faust 1986). Herzschlagbeschleunigung, Gefäßverengung bei ruhenden (Magen) und Gefäßerweiterung bei tätigen (Herz, Muskeln) Organen, Anstieg des Blutzuckergehaltes, Erweiterung der Pupillen (Streßreaktion) sind die Folge.

Ausdrucksverhalten

Der Gesichtsausdruck variiert nach der Intensität des Gefühls, ist bei Entsetzen am markantesten. Die Augenbrauen werden gerade gestellt, der innere Stirnteil zusammengezogen. Es entstehen horizontale Falten zwischen den Augenbrauen. Die Augen sind weit geöffnet, das Unterlid gespannt. Der Mund ist oft geöffnet und die Lippen gespannt nach hinten gezogen. Dazu kommt oft Weinen, Zittern, eine eher kauernde Haltung, sich an eine schützende Person anklammern. Allerdings kann das Ausdrucksverhalten bei Angst auch völlig kontrolliert werden, so daß die Person unverändert erscheint.

7.2.10 Haß

Der Haß ist das vielleicht stärkste Feindseligkeitsgefühl, oft auch mit Wut, Zorn, Ärger oder Verachtung vermischt (Izard 1981). Haß ist aber überdauernder, weniger situationsspezifisch als Wut und Zorn und im Gegensatz zu 'Trait'-Ärger eindeutiger auf bestimmte Objekte (meist Personen oder Gruppen) bezogen. Da der Haß in sozialen Situationen so aggressiv gegen andere Menschen gerichtet ist, gilt er in unserer Gesellschaft als gegen ethische Normen verstoßend. Haß gehört zur 'Anatomie' menschlicher Destruktivität (Fromm 1974b), ist immer grausam, bösartig, von negativer Leidenschaft und sollte überwunden werden und in positive Leidenschaft verwandelt werden. Allerdings ist auch hier versucht worden, zwischen begründetem Haß, auf tatsächlichen Kränkungen oder Verletzungen beruhend, und Haß aufgrund intrapsychischer Abwehrmechanismen, Verschiebungen, Projektionen zu unterscheiden (Mitscherlich 1972). Vor allem diese zweite Haßentwicklung kann gefährlich werden, wie sich am Beispiel eines globalen Fremdenhasses zeigen läßt, bei dem die Ausländer nur als Sündenbock für anderweitige Verletzungen dienen (Nolting 1987).

Daß er aber das Leben oft bestimmt, ja daß Liebe und Haß nahe beieinanderliegen können, hat Freud (1915/1975) gezeigt. Liebe und Haß können gleichzeitig, als ambivalentes Gefühl besonders intensiv, die Beziehung definieren.

Zunächst aber stellt der Haß das Gegenteil von Liebe dar. Lersch (1938/1954) sieht drei Elemente im Haß:
– Der Gegenstand des Hasses erscheint uns als Unwert.
– Er geht uns aber unmittelbar etwas an.
– Wir fühlen uns zu seiner Vernichtung mit unserer ganzen Existenz aufgerufen.

Erleben
Das Haßerleben ist dem der Wut ähnlich, eindeutiger aber gegen Personen oder Gruppen gerichtet. Es wird als bohrend, als angespannt, übererregt, irritiert, innerlich verletzt geschildert, verbunden mit dem Gefühl zu platzen, wenn man nicht etwas unternimmt (Davitz 1969).

Situationen
Dem Haß scheinen meist Situationen der intensiven persönlichen Verletzung, der Kränkung, der beschädigten Selbstachtung zugrunde zu liegen. Haß richtet sich dann gegen die Verursacher, meist gegen Personen und Gruppen, und zwar als Ganzes, nicht nur gegen einzelne Verhaltensweisen. Er entsteht in unüberbrückbaren Feindsituationen. Haß kann sich aber auch gegen eine Aufgabe richten, vor die eine Person gestellt ist (Adler 1927/ 1966).

Kognitionen
Im Haß wird deutlich, ähnlich wie in der Verachtung, das Gegenüber als Unwert eingeschätzt (Lersch 1938/1954). Vorurteile und Feindbilder können auch hier eine große Rolle spielen. Im Haß

werden die Persönlichkeit, die Eigenheiten und Motive des Gehaßten nicht mehr wahrgenommen ('blinder' Haß).

Physiologie

Die körperlichen Reaktionen scheinen ähnlich wie bei Ärger, Wut, Zorn zu sein. Wie dort kann lang andauernder, intensiver Haß psychosomatische Störungen nach sich ziehen.

Ausdrucksverhalten

Es scheint kein typisches Ausdrucksverhalten für Haß zu geben, weshalb er auch schwer zu erkennen ist, wenn er nicht verbal geäußert wird oder zu aggressiven Handlungen führt. Das Ausdrucksverhalten kann auch ähnlich dem des Ärgers sein.

7.2.11 Eifersucht

Unter Eifersucht verstehen wir das leidenschaftliche Streben nach Alleinbesitz der emotionalen Zuwendungen einer Bezugsperson mit der Angst vor tatsächlichen oder vermuteten Konkurrenten. In der Regel liegt also eine Dreiecksbeziehung zugrunde: Eine Zweierbeziehung wird durch einen Rivalen/eine Rivalin bedroht. Meist sind dies Liebesbeziehungen, es ist aber auch Geschwistereifersucht beschrieben worden. Vor allem Eifersucht in der Partnerschaft ist dabei nur in einem kulturellen Kontext zu verstehen, denn sie scheint an ein monogames Partnerschaftsverständnis mit gegenseitigen Besitzansprüchen gebunden zu sein (vgl. Mummendey & Schreiber 1983). Es gibt Hinweise, daß in mutterrechtlichen Kulturen und in solchen, die kein Privateigentum kennen, Eifersucht nicht auftritt (Bruck 1990).

Eifersuchtsphänomene können von Alltagsgefühlen bis zu psychotischen Störungen reichen. Letztere sind unter dem Stichwort 'Eifersuchtswahn' in der Psychiatrie, vor allem auf psychoanalytischem Hintergrund analysiert worden (Schneemann 1989). Diese schon Anfang des Jahrhunderts von K. Jaspers und M. Friedmann beschriebene Störung wird als Form von Paranoia aufgefaßt, tritt meist im mittleren Erwachsenenalter auf und geht oft mit Alkoholismus einher.

Die Psychoanalyse sieht drei Grundbestandteile der Eifersucht und unterscheidet danach auch drei Schweregrade (Freud 1922/ 1973):

– eine reale Rivalitätssituation, Trauer und Schmerz über ein verlorengeglaubtes Liebesobjekt, feindselige Gefühle gegen den Rivalen, narzißtische Kränkung, Selbstanklagen ('normale' Eifersucht);

- eigene reale Untreue oder Untreueantriebe werden verdrängt, werden auf den Partner projiziert (projizierte Eifersucht);
- eigene homosexuelle Tendenzen werden verdrängt und durch Umkehrung in Haß gegenüber dem Rivalen abgewehrt (wahnhafte Eifersucht).

Dies sind zwar interessante, aber doch hoch interpretative und nur durch Fallanalysen gestützte Hypothesen. Durch empirische Arbeiten gesichert scheint ein Zusammenhang von Eifersucht mit geringem Selbstwertgefühl, Ängstlichkeit, Unsicherheit, Erregbarkeit, Dogmatismus und externaler Kontrollerwartung (Mummendey & Schreiber 1983).

Es wurden auch einige Therapiekonzepte zur Behandlung übersteigerter Eifersucht entwickelt, bei denen das bewußte Erleben und Akzeptieren der Eifersuchtsgefühle einerseits, eine Umbewertung der Partnerschaft andererseits eine zentrale Rolle spielen.

Erleben

Eifersucht wird in der Regel als Verletzung des Selbstwertgefühls, als Gefühl, ausgeschlossen zu sein, erlebt. In der Untersuchung von Davitz (1969) werden von den Probanden Gefühle geschildert wie: innerlich verwundet sein, Verlustgefühle, kein Selbstvertrauen mehr haben, sich zurückgesetzt, unbedeutend fühlen, Selbstmitleid, evtl. Rachegefühle, aber auch Gefühle des völligen Irritiertseins, des Schocks. Es scheint also für Eifersucht eine sehr breite Palette negativer Gefühle charakteristisch zu sein (Bruck 1990, S. 160).

Situationen

Die grundlegende Dreieckssituation wurde bereits geschildert. Der/die Eifersüchtige sieht seine Beziehung zu einer geliebten Person durch einen Rivalen gefährdet. Dabei scheint Eifersucht vor allem bei großer emotionaler Abhängigkeit vom Partner ('romantische Liebe') und unter einem bestimmten, kulturell abhängigen Partnerschaftsverständnis (Ausschließlichkeitsanspruch; siehe Kap. 7.2.1) eher aufzutreten.

Kognitionen

Die Wahrnehmung und Einschätzung von Bedrohung (der Beziehung, der Beziehungsqualität, des eigenen Selbstwertes) scheint hier zentral zu sein (Mummendey & Schreiber 1983). Das heißt auch, daß es im Vorfeld von Eifersucht auch durchaus längere Prozesse des Abwägens (Ist das ein Rivale für mich?) geben kann (Bruck 1990). Darüber hinaus ist bei Eifersüchtigen ein verzweifeltes Suchen nach Erklärungen für die Zurücksetzung beschrieben worden (Davitz 1969).

Davitz (1969) hat als typische Eifersuchtsmiene einen verhärteten Mund, einen verspannten Gesichtsausdruck gefunden.

7.2.12 Neid

Unter Neid verstehen wir den negativen emotionalen Zustand, der dem Verlangen entspringt, etwas zu bekommen, das ein anderer besitzt, obwohl es im Moment nicht erreichbar scheint. Neid ist also in der Regel gegen andere Menschen gerichtet, ist eine soziale Emotion. Man kann dabei drei Definitionselemente herausarbeiten (Schöck 1980):

– eine als leidvoll erlebte Wahrnehmung von Vorzügen bei einem anderen oder einer Gruppe,
– das Mißgönnen dieser Vorzüge (Mißgunst), ein Empfinden von Ungerechtigkeit,
– ein Aggressionsgefühl gegen diese Vorzüge, das allerdings nicht umgesetzt werden kann; der Neider möchte die beneideten Vorzüge am liebsten zerstören, kann es aber nicht.

Neid wird meist als verwerflich bewertet, galt im Christentum lange als eine der sieben Hauptsünden, wenn auch heute – ebenfalls in der Theologie (Dunde 1984) – auf die konstruktive Kraft von Neidgefühlen hingewiesen wird (Warnsignal für Ungleichheit, Antrieb zum Wettbewerb).

In der psychologischen Literatur gibt es neben einigen psychoanalytischen und phänomenologischen Analysen nur vereinzelte empirische Arbeiten zum Neid (Mummendey & Schreiber 1983). Freud (1933/1969) thematisierte dabei zunächst den Neid zwischen den Geschlechtern, den angeblichen Penisneid des Mädchens, der sich nach seinen Beobachtungen zwischen vier und sechs Jahren (phallische Phase) bildet. Wenn durch den Penisneid die eigene sexuelle Entwicklung gestört wird, kann es zu neurotischen Fehlentwicklungen kommen (z. B. Männlichkeitskomplex). Melanie Klein hat darauf hingewiesen, daß der Neid bereits in der Stillzeit (orale Phase) grundgelegt wird, und zwar durch das früheste Erlebnis der eigenen mangelhaften Fähigkeiten, positive Objekte (z. B. die Mutter) ins Selbst hineinzunehmen und zu bewahren. Adler (1927/1966) erklärt auf seinem Theoriehintergrund den Neid als Ausdruck des fortwährenden Messens auf der Grundlage eines (in der Entwicklung notwendig entstehenden) Minderwertigkeitsgefühls. So erscheint ihm auch weniger der

Neid (vor allem bei real Unterprivilegierten) als vielmehr das Erregen von Neid als verwerflich.

Lersch (1938/1954) hingegen definiert Neid innerhalb seines phänomenologischen Ansatzes aus der Thematik des Egoismus heraus. Er bezeichnet das Habenwollen, das Wegnehmenwollen, den 'schelen Blick' auf den anderen als dessen grundlegende Antriebsgestalt.

Wenn die beneideten Vorzüge des/der anderen der Ungerechtigkeit des Schicksals zugeschrieben werden, entsteht aus Neid ein Ressentiment (Lersch 1938/1954); wenn der Neid sich auf einen Rivalen in einer Liebesbeziehung richtet, so handelt es sich um Eifersucht (vgl. Kap. 7.2.11); wenn eine Möglichkeit der Zerstörung des Beneideten gesehen wird, können Rachegefühle entstehen; und wenn diese Rachegefühle schließlich befriedigt werden können, so kann das zu Schadenfreude führen (Socarides 1977).

Erleben
Neidgefühle werden in der Regel als Mißstimmung, Unbehagen, als zehrend, nagend, innerlich quälend geschildert. Sie beinhalten ein Unzufriedenheitsgefühl, auf das beneidete Objekt bezogen. Meist wird auch eine Minderung des Selbstwertgefühls empfunden. Oft wird Neid von Ärger- und Haßgefühlen begleitet. Neidgefühle können sich über längere Phasen erstrecken, tauchen dabei im Erleben immer wieder auf, wenn an das beneidete Objekt erinnert wird.

Situationen
Dem Neid liegt in der Regel eine subjektive wahrgenommene Ungerechtigkeitssituation zugrunde, in der ein Ausgleich im Moment unerreichbar scheint. Ein anderer hat einen Erfolg, den man für sich selbst als angemessen sieht. Solche Situationen können in den unterschiedlichsten Konstellationen auftauchen (Dunde 1984): Geschwisterneid, Geschlechterneid, Generationenneid, Kollegenneid, Futterneid, Existenzneid (eine Person als Ganzes wird beneidet). Zur Titulierung als Neid kommt in der Regel dazu, daß die Umwelt das Ausgleichsverlangen des Neiders als moralisch nicht gerechtfertigt, als 'Sünde' bezeichnet.

Kognitionen
In empirischen Untersuchungen (vgl. Mummendey & Schreiber 1983) sind einige kognitive Prozesse bei Neidgefühlen differenziert worden:
– die Wahrnehmung/Bewertung einer Ungleichheit,
– die Einschätzung der Wichtigkeit der Vergleichssituation,
– die Attribution von Ungerechtigkeit dieser Ungleichheit,

– die Attribution der Ungerechtfertigkeit des Ausgleichsverlangens des Neiders durch die Umwelt.

Physiologie und Ausdrucksverhalten

Adler (1927/1966) vermutet, daß Neid mit einer verminderten Blutzirkulation, mit einem Zusammenziehen der äußeren Blutgefäße ('blaß vor Neid', 'gelb vor Neid') einhergeht. Daneben gibt es jedoch keine gesicherten Erkenntnisse über für Neid spezifische physiologische Faktoren oder Ausdrucksverhalten.

Wir gelangen nun zur Gruppe der Emotionen des Sich-Wohlfühlens. Unter dem Begriff 'Subjektives Wohlbefinden' hat sich gerade in den letzten Jahren ein neues Forschungsgebiet sowohl von den Sozialwissenschaften her (Wohlbefinden als Sozialindikator, als Teil der Lebensqualität) als auch von der Gesundheitspsychologie her (Wohlbefinden als eigenständige Zielkategorie für Prävention und Intervention) etabliert (vgl. Abele & Becker 1991). Hier konnte ein Vier-Faktoren-Ansatz des Wohlbefindens empirisch gut belegt werden (vgl. Mayring 1991), dem auch eigenständige Gefühlsqualitäten entsprechen:

– einem eher kurzfristigen, positiven emotionalen Wohlbefindensfaktor (Freude, Lustgefühle),
– einem eher kurzfristigen negativen Befindensfaktor (Erleichterung, Entspanntheit, Unbelastetheit),
– einem eher kognitiven Aspekt (Zufriedenheit)
– und einem übergreifenden, langfristigen emotionalen und kognitiven Wohlbefindensaspekt (Glück).

Unter emotionspsychologischen Gesichtspunkten muß man aber weiter beim kurzfristigen positiven Befinden zwischen Freude und Lustgefühl unterscheiden.

7.2.13 Lustgefühl, Genußerleben

Lust (vs. Unlust) wurde in der Emotionspsychologie lange als Grundqualität bzw. Dimension aller Gefühle behandelt (Tunner 1978, vgl. auch 7.1); oder Lust wurde als primäre regulative Funktion der Einschätzung biologisch nützlicher vs. schädlicher Reizbedingungen gesehen (Young 1973). Man übersah dabei, daß Lust, Genußerleben, Befriedigung eine ganz eigenständige emotionale Gefühlsqualität darstellen (vgl. auch R. Lutz 1983). Zwei Aspekte stehen hier im Vordergrund:

– der Bedürfnisbezug von Lust; dabei kann es sich um Grundbedürfnisse mit zyklischer Natur handeln (Hunger, Durst, Sexualität), aber auch um komplexere Bedürfnisse (Behaglichkeit);

– die Sinnlichkeit von Lust; im Vordergrund steht ein starkes, unmittelbares Erleben von Sinneseindrücken (Tunner 1978). So ist für Lersch (1938/1954) die Lust die Erfüllung der im Lebensdrang enthaltenen Thematik des lebendigen Daseins, das Gegenteil von Schmerz. Hinter dem Lusterlebnis steht dabei auf der Persönlichkeitsebene eine Fähigkeit zu genußvollem Erleben und Handeln, deren Verlust ein Merkmal von Depression sein kann. So wurde eine 'Kleine Schule des Genießens' auch in die Depressionstherapie eingebaut (R. Lutz 1983). Die sinnliche Lust unterliegt jedoch auch historisch variablen kulturellen Wertungen (vgl. auch Kap. 2). Das klassische Griechenland räumte ihr einen hohen Rang ein, die christliche Theologie (vielleicht seit Augustinus) und auch spätere Philosophen (z. B. Kant) werteten sie stark ab und wiesen auf Gefahren einseitiger Lustorientierung hin.

Erleben
Lust wird als das In-sich-Aufnehmen, Einsaugen, Genießen, Auskosten von angenehmen Zuständen beschrieben (Lersch 1938/1954). Unmittelbare, intensive sinnliche Erlebnisse (Sehen, Hören, Riechen, Schmecken, Tasten, Temperaturempfinden, rhythmische Bewegung) stehen im Vordergrund (Tunner 1978). Solche Gefühle werden als überströmend, das ganze Bewußtsein ausfüllend bezeichnet.

Situationen
Als Grundsituationen der Lust gelten Essen, Trinken und Sexualität. Aber auch andere Sinneseindrücke, die als schön, behaglich, warm oder auch aufregend erlebt werden, können Lust vermitteln.

Kognitionen
Zentral scheint hier die Erfüllung einer positiven Erwartung zu sein. Je stärker die Lust schon vorher antizipiert wurde, desto intensiver wird sie erlebt. Die Situation wird dabei als extrem positiv eingeschätzt, als ein Geschenk (Lersch).

Physiologie
Einerseits wurden spezifische physiologische Prozesse für die einzelnen Grundbedürfnisse wie Hunger (Glukosespiegel im Blut) oder Sexualität (Sexualhormone) beschrieben (vgl. Wendt 1989). Zum anderen gibt es Belege über ein allgemeines 'Lustzentrum' im Hypothalamus und über Transmittersubstanzen im Gehirn (z. B. Endorphin), die jedoch wenig spezifisch, eher übergreifend auf Wohlbefinden bezogen sind.

Ausdrucksverhalten
Typisch für Lusterlebnisse ist eine völlige Entspannung der Ge-

sichtsmuskulatur, oft ein Schließen der Augen, um sich den sinn-
lichen Erlebnissen völlig hinzugeben.

7.2.14 Freude

Freude stellt ein viel allgemeineres, situationsspezifisches Wohlfühlen als Lust dar. Man kann sich zu jeder Zeit und über alles
Positive freuen. Dafür kann Freude auch im Erlebenshintergrund
wahrnehmungs- und handlungsbegleitend auftreten. Freude ist
mit Vitalität und Lebendigkeit verbunden (Meadows 1975), mit
Selbstbewußtsein und Wachheit (Izard 1981), mit Lächeln oder
Lachen, ohne dabei durch äußere Zwecke oder Motive geleitet zu
sein (Csikszentmihalyi 1985).
Entwicklungspsychologische Studien haben dabei gezeigt, daß es
schon sehr frühe, wohl angeborene Formen des Lächelns gibt, daß
schon im 2. bis 5. Monat ein lachendes Gesicht angelächelt wird
(soziales Lächeln), daß halbjährige Kinder bereits auf die unterschiedlichsten Situationen hin (z. B. gekitzelt werden, Versteck-
spiel) lachen (Izard 1981). Daraus wird eine soziale Funktion der
Freude abgeleitet; sie erleichtert die Ansprechbarkeit, kann Bindungen anbahnen, ist sehr mitteilsam (Gefühlsansteckung). Weiterhin wurde festgestellt, daß Freude und Lachen schon bei Kleinkindern vor allem in Situationen der kognitiven Inkongruenz, der
Unerwartetheit auftritt (dies ist auch das Prinzip des Humors!)
und so auch der Stimulierung kognitiver Entwicklung dient.
Allerdings sind auch schon bei Kindern große interindividuelle
Unterschiede im Sich-Freuen festgestellt worden. Freude kann
mit Lust- oder Glücksgefühlen kombiniert sein, kann in Liebe
oder Stolz enthalten sein, kann aber auch mit Geringschätzung
verbunden sein (Schadenfreude, vgl. dazu Socarides 1977).
Erleben
Freude wird als warmes, angenehmes, offenes Wohlbefinden erlebt. Sie ist vital, will jubeln, stellt ein Höhepunktserlebnis dar
(Maslow 1977). Man fühlt sich sorgenfrei, leicht, entspannt, man
fühlt sich verbunden mit dem Gegenstand der Freude (Davitz
1969).
Situationen
Freude kann an alle positiven Erlebnisse gebunden sein, hat also
keine spezifischen Auslöser. Als besonders typische Situationen
hat Izard (1981) das Erleben von Vertrautem nach langer Abwe-
senheit, die Vollendung eines kreativen Prozesses, aber auch positive Träumereien geschildert. Scherer (1988) hat in einer groß-

angelegten offenen Fragebogenstudie soziale Situationen, Erfolgssituationen und körper-/geistbezogene Situationen an erster Stelle gefunden. Als situative Bedingungen von Wohlbefinden allgemein hat die Wohlbefindensforschung empirisch drei Hauptfaktoren herausgestellt (vgl. Mayring 1991): eine positive sozioökonomische Situation (Finanzen, Status), Gesundheit und enge Sozialbeziehungen (Partnerschaft).

Kognitionen
Hinter der Freude steht immer eine positive Bewertung. Dazu kann noch, bei witziger, humorvoller Freude die Unerwartetheit, Überraschung kommen. Während des Sich-Freuens wird die Situationswahrnehmung positiv gefärbt ('rosarote Brille'). Darüber hinaus ist aber der kognitive Zustand während der Freude relativ klar und bewußt.

Physiologie
An spezifischen physiologischen Veränderungen sind eine erhöhte Herzfrequenz und eine wohl mit dem Lachen zusammenhängende erhöhte Gesichtsmuskelaktivität und unregelmäßige Atmung (Izard 1981) beschrieben worden. Daneben ist auf die allgemeinen Ausführungen bei Lust (Kap. 7.2.13) zu verweisen.

Ausdrucksverhalten
Das Lachen (Lächeln) hat sich, auch in interkulturellen Studien, als eine eindeutig identifizierbare Mimik für Freude (und Glück) bestätigen lassen (Ekman 1988). Sie besteht in einem Hochziehen der Mundwinkel und einer Backenanhebung und Straffung der unteren Augenpartie (Lachfalten).

7.2.15 Zufriedenheit

Unter Zufriedenheit verstehen wir das Gefühl, die eigenen Ansprüche und Ziele erreicht zu haben, frei von Sorgen zu sein, Frieden der Seele gefunden zu haben (Lersch 1938/1954). Zufriedenheit ist ein überdauerndes Gefühl, das sich aus einer Reihe positiver situativer Erfahrungen aufbaut (eher 'Trait'). Dabei spielen kognitive Einschätzungen eine entscheidende Rolle. Die Wohlbefindensforschung konnte folgende Prozesse differenzieren und empirisch belegen (vgl. Mayring 1991):
– der soziale Vergleich; der einzelne mißt sich an sozialen Bezugsgruppen und knüpft daran sein Zufriedenheitsgefühl;
– der individuelle durchschnittliche Vergleichsmaßstab; es wurde ein sich erfahrungsabhängig veränderndes internes Adaptationsniveau postuliert, an dem neue Erfahrungen gemessen werden;

– spezifische individuelle Zielvergleiche; der einzelne wägt ab, was er von seinen Ansprüchen erreicht hat und versucht mehr zu erreichen oder setzt die Ansprüche herunter, um zufriedener zu werden.

Da diese Vergleichsprozesse zum Teil gleichzeitig ablaufen, hat Michalos (1985) daraus eine Theorie der Multiplen Diskrepanzen entwickelt. Je nachdem kann dies auch zu ganz unterschiedlichen Formen der Zufriedenheit führen (Bruggemann et al. 1975). Resignative Zufriedenheit beispielsweise entspricht dem Gefühl, das aus der Senkung des eigenen Anspruchsniveaus folgt.

In der sozialwissenschaftlichen Wohlbefindensforschung wurde auch immer unterschieden zwischen bereichsspezifischer Zufriedenheit und globaler Lebenszufriedenheit. Unter den verschiedenen Lebensbereichen wurde bisher die Arbeitszufriedenheit (Neuberger 1985) und die Ehezufriedenheit (Kirchler 1989) am besten erforscht. Methodisch wurde dabei meist mit einfachen Selbsteinschätzungsskalen vorgegangen. Auf einer Skala von 1 bis 10 schätzten sich beispielsweise die Bewohner der Bundesrepublik (alte Bundesländer) bei der letzten Repräsentativuntersuchung im Schnitt bei einer Lebenszufriedenheit von 7,9 ein (Statistisches Bundesamt 1989). In der Gerontologie wurden zum Teil komplexere Meßinstrumente zur Zufriedenheitserfassung eingesetzt. In diesen Forschungen konnte kein globaler Trend zu weniger oder zu mehr Lebenszufriedenheit im Alter festgestellt werden (Mayring 1987).

Erleben
Zufriedenheit wird als entspannt, ruhig, friedlich empfunden. Es ist jedoch kein so intensives positives Gefühl wie Lust oder Freude, ist meist im Hintergrund des Erlebens. Es geht mit einem Empfinden von Sorgenfreiheit, Sicherheit, Optimismus, Ausgeglichenheit, auch einem gewissen Selbstbewußtsein einher (Davitz 1969).

Situationen
In der Zufriedenheitsforschung werden meist die folgenden Lebensbereiche unterschieden: Schule/Beruf/Alltagspflichten, Wohnen, Finanzen, Gesundheit, Freundeskreis, Familie, Partnerschaft, Freizeit/Urlaub, Politik/Gesellschaft. Für die globale Lebenszufriedenheit scheinen dabei Gesundheit, Partnerschaft, finanzielle Situation und beruflicher Status besonders wichtig zu sein.

Kognitionen
Auf die zentrale Rolle kognitiver Vergleichsprozesse für die Zu-

friedenheit wurde bereits hingewiesen. Dabei sind interne und externe Bezugsnormen wichtig.

Physiologie
Da Zufriedenheit nicht so im Vordergrund des Erlebens steht, wären hier höchstens physiologische Korrelate von Entspannungszuständen (s. u. Kap. 7.2.16) anzuführen.

Ausdrucksverhalten
Auch hier ist kein typisches Ausdrucksverhalten, höchstens entspannte Gesichtszüge und ein leichtes Lächeln festzustellen.

7.2.16 Erleichterung, Entspanntheit

Ein ähnlicher Gefühlszustand, aber ganz auf das aktuelle, situationsspezifische Befinden bezogen, stellt die Entspanntheit dar. Sie ist in der Psychologie vor allem als Gegenteil von Belastung und Streß thematisiert worden. So hat Benson (1975) Entspanntheit als Antistreßreaktion bezeichnet und durch ein körperliches Reaktionsmuster definiert (Abnahme von Muskelspannung und Kortexaktivität, Senkung von Pulsfrequenz und Blutdruck, Verlangsamung der Atmung), das auf eine Verminderung externer und interner Stimulierung hinausläuft. Seit Wilhelm Wundt (vgl. Kap. 2) wurde Spannung und Entspannung (oder bei Wundt Lösung) immer wieder auch als basale Dimension aller Emotionen aufgefaßt (jedoch nicht mit eindeutigen empirischen Belegen, vgl. Kap. 7.1). Beiden Polen entsprechen aber eindeutige Gefühlszustände, weshalb sie hier eigens behandelt werden (vgl. zu Anspannung Kap. 7.2.23). Die Entspannung besteht dabei in einem Gefühl positiver Leichtigkeit und Ruhe.

In der Klinischen Psychologie sind Entspannungsgefühle sehr wichtig, da sie mit Entspannungstechniken herbeigeführt werden können und vielfältige protektive und therapeutische Funktionen erfüllen können (z. B. in der Angsttherapie). Die Entspannungstechniken gehen dabei ganz unterschiedliche Wege (vgl. dazu Madders 1983), z. B.:

- die mentale Vorstellung von Schwere- und Wärmegefühlen in einzelnen Körperpartien (Autogenes Training);
- die mentale Konzentration auf einen bestimmten Punkt, Gedanken oder eine bestimmte Tonsilbe (Meditation);
- die schrittweise An- und Entspannung bestimmter Muskelpartien (Jacobson-Training);

– das Sichtbar- oder Hörbarmachen körperlicher Entspannungs-
indikatoren über Apparate als Grundlage der mentalen Beeinflussung (Biofeedback).

Erleben
Völlig entspannte Menschen erleben einen Zustand der Leichtig-
keit, Losgelöstheit von allen vorherigen Fesseln, des Schwebens.
Entspannung wird positiv (im Gegensatz zu Langeweile) erlebt.

Situationen
Entspannungs- und Unbelastetheitsgefühle bedingen eine extrem
reizarme Umgebung oder die Fähigkeit, Umweltreize möglichst
auszublenden. Geschlossene Augen, bequeme Körperhaltung
wirken erleichternd. Entspannungsgefühle werden meist als Reaktion auf Spannungs- und Streßsituationen gesucht.

Kognitionen
In tiefer Entspannung ist der Geist möglichst leer oder nur auf
ganz wenig konzentriert. Formelhafte Selbstinstruktionen können
hier eine wichtige Rolle spielen.

Physiologie
Vor allem über das Autonome Nervensystem (Parasympathikus)
werden Puls, Muskelspannung, Blutdruck gesenkt, die Atmung
verlangsamt sowie die allgemeine Kortexaktivität gesenkt.

Ausdrucksverhalten
Zur Entspannung gehört eine völlig ruhige Körperhaltung, das
Liegen oder aufrechte Sitzen, entspannte Gesichtszüge, geschlos-
sene Augen.

7.2.17 Glück

Unter Glück verstehen wir das umfassendste Gefühl tiefen Wohlbefindens, das Menschen im Laufe ihres Lebens entwickeln. Die
abendländische Philosophie, in deren Glücksdefinition das tu-
gendhafte Leben immer wieder zentral war, hat Glück oft als das
höchste Ziel des Menschen gesetzt. Die Definitionen gehen jedoch heute weit auseinander. So wird in der amerikanischen Psychologie unter 'happiness' vorwiegend ein intensiver positiver
Gefühlszustand verstanden. Dort wurden auch Therapieprogram-
me entwickelt, um Glück zu fördern (z. B. Fordyce 1983). Die
Ideologieanfälligkeit der in den letzten Jahren erstarkenden psychologischen Glücksforschung wird hier sehr deutlich (Freund
1985). Es lassen sich verschiedene Theorieansätze unterscheiden
(vgl. Mayring 1991):

- Psychoanalytische Ansätze gehen davon aus, daß Glück auf der Grundlage einer Harmonie sämtlicher Ich-Instanzen (Ich, Es, Über-Ich) entsteht, die sich normalerweise in Spannung befinden (Freud, Deutsch).
- Persönlichkeitskonzepte verstehen Glück als die Integriertheit der Person, als Zusammenwirken allen Denkens, Fühlens und Handelns in einer einheitlichen Persönlichkeit (McDougall).
- Humanistische Ansätze sehen Glück als Erlebnisse höchster Erfüllung auf der Grundlage eines selbstaktualisierenden, eigene Fähigkeiten und Wünsche im sozialen Umfeld verwirklichenden Lebens (Maslow, Fromm).
- Entwicklungspsychologische Ansätze definieren Glück über die kontinuierliche Erfüllung der eigenen Lebensziele im Lebenslauf (Bühler).

Viele Widersprüche der heutigen Glücksforschung lassen sich dabei durch eine 'State-Trait'-Differenzierung auflösen, die zwischen aktuellem situationsspezifischem Glückserleben und biographisch entwickeltem Lebensglück differenziert (Mayring 1991). Einige empirische Studien haben nun gezeigt, daß enge zwischenmenschliche Beziehungen und schöpferische Tätigkeiten zentral für Glück sind (vgl. auch Argyle 1987); Glücklichsein bedeutet also immer mehr als nur subjektives Wohlfühlen, transzendiert die Grenzen des Ichs.

Erleben

Glück wird als extrem positive Emotion erlebt, als größte Freude, Überschwenglichkeit, Aufgehen in dem Gefühl. Allerdings handelt es sich um ein eher ruhiges, harmonisches, friedliches Gefühl. Man erlebt sich als sensibler, aufmerksamer, bewußter, wacher für innere und äußere Reize.

Situationen

Zwischenmenschliche Situationen, schöpferische Situationen, Situationen starker sinnlicher Erfahrungen (z. B. in der Natur), Erfolgs- und Leistungssituationen, aber auch Situationen der Ruhe und Entspannung, auch transzendenter Erfahrungen wurden empirisch belegt (Hoffmann 1984, Mayring 1991). Darüber hinaus haben Korrelationsstudien aber auch gute sozio-ökonomische Bedingungen als situative Glücksfaktoren belegt.

Kognitionen

Hinter Glückserlebnissen stecken, wie bereits deutlich wurde, positive Situationseinschätzungen, auch bestimmte Werthaltungen und Überzeugungen. Darüber hinaus konnte empirisch belegt werden, daß aktuelle Glückserlebnisse immer von ganz abstrakten, 'idealen', kognitiven Vorstellungen begleitet werden wie

Harmonie, Einheit, Schönheit, Erhabenheit, Sinnhaftigkeit, Freiheit, Kreativität, Gemeinschaft, Geborgenheit, Kraft (Rümke 1924, Mayring 1991). Dies ist auch ein Hinweis darauf, daß Glücksgefühle und ästhetische Gefühle, wie sie in der Kunstpsychologie diskutiert werden, eng verwandt sind.

Physiologie und Ausdrucksverhalten
Sie sind spezifisch für Glück nicht festzuhalten. Je nach Erlebensart können sie Lust, Freude, Zufriedenheit oder Entspanntheit ähnlich sein.

7.2.18 Niedergeschlagenheit, Mißmut

Wir gelangen nun zur Gruppe der Gefühle subjektiven Unbehagens. Hier ist die deutsche Sprache besonders reich an Begriffen, die Übersetzungen (z. B. ins Englische) besonders uneinheitlich, was eine Systematisierung sehr erschwert. So wollen wir zunächst Niedergeschlagenheit als die Emotionen einer unspezifischen starken Bedrücktheit behandeln. Diese Niedergeschlagenheit kann schnell Einfluß auf die allgemeine Stimmung bekommen und zur Lebensgrundstimmung (Lersch) des Mißmuts oder der Verdrossenheit führen. Sie kann sich aber auch in der konkreten Situation so verstärken, daß sie zu Verzweiflung oder Depressionen führt. In diesem Sinne stellt sie das eigentliche Gegenteil von Glück dar.

Nach Tomkins (1963) ist Niedergeschlagenheit ein Dichteniveau-Affekt. Jede fortgesetzte exzessive Stimulierung (Schmerz, Kälte, Lärm, Enttäuschung, Versagen) führe zu Niedergeschlagenheit. Niedergeschlagenheit wird in evolutionsbiologischen Ansätzen als fundamentale, nahezu unvermeidliche negative Emotion bezeichnet, die aber wichtige biologische und psychologische Funktionen hat (Izard 1981):

– kommunikative Funktion: Die Niedergeschlagenheit teilt dem einzelnen und seiner Umwelt mit, daß etwas nicht in Ordnung ist;
– motivationale Funktion: Sie ruft dazu auf, die Ursachen der negativen Beeinträchtigung zu beseitigen, und ist dabei weder so lähmend wie Angst noch so aggressiv wie Haß, Ärger, Verachtung.

Schon zwei bis elf Wochen alte Säuglinge können deutliche Zeichen von Niedergeschlagenheit (Mäkeln, Schreien, Weinen) zeigen (Izard 1981). Hier und in der weiteren Entwicklung ist eine adäquate Reaktion der Eltern besonders wichtig (Tomkins 1963):

Eine strafende Reaktion kann zu Zwängen, Isolationismus, Apathie führen, ein nur Trösten ohne Ursachenbeseitigung kann zu Suchtverhalten führen und eine zu inkonsistente Reaktion kann Retardierungen und Ruhelosigkeit zur Folge haben.

Wenn Niedergeschlagenheit sich chronifiziert, kann sie zu Depressionen führen. Gerade die neuere psychologische Depressionsforschung weist auf diesen fließenden Übergang zwischen depressiven Alltagsgefühlen und den pathologischen Formen hin (vgl. Hautzinger 1983). Bei der Erklärung von Depression geht man dabei heute von einem integrativen Modell aus, das belastende Lebensereignisse und Lebensbedingungen, Verlust positiver Verstärkungen, kognitive Defizite (einseitig negative Selbstsicht, Weltsicht und Zukunftsorientierung) und individuelle Prädispositionen gleichermaßen als Ursachen ansieht (Hautzinger 1983). Zentral scheint dabei auch die fortgesetzte Erfahrung eines Kontrollverlustes, also ein Prozeß der erlernten Hilflosigkeit, zu sein (Seligman 1979).

Wie die Depression ist auch der Schmerz ein mit den hier behandelten Emotionen zusammenhängender psychischer Zustand (auf die Ähnlichkeit der beiden verweist Larbig 1982). Auch Schmerz wird durch Klagen, Weinen, Schreien ausgedrückt, von negativen Kognitionen (depressive Gedanken, Hoffnungslosigkeit) begleitet. Dabei konnte nachgewiesen werden, daß Schmerz nicht eine automatische Reaktion auf Verletzungen ist, sondern daß der Schmerz – vermittelt über zentralnervöse Prozesse – durch frühere Erfahrungen, Persönlichkeitsfaktoren, aktuelle emotionale Zustände ganz unterschiedlich erlebt wird ('Gate-Control-Theorie', vgl. Larbig 1982). Allerdings ist Schmerz mehr als Niedergeschlagenheit, Kummer, Verzweiflung ein direkter Hinweisreiz auf spezifische Beeinträchtigung.

Erleben

Man fühlt sich in einer dysphorischen, elenden, miesen, unzufriedenen Stimmung, man fühlt sich deprimiert (als ob ein Druck auf einem laste), träge, müde; alle Vitalität und Lebensfreude sind verschwunden. Das Selbstwertgefühl ist tangiert. Oft geht Bitterkeit, auch Gereiztheit, mit einher.

Situationen

Die Niedergeschlagenheit entsteht in Situationen starker negativer Beeinträchtigung, wobei dem einzelnen die Ursachen bzw. die Möglichkeiten der Abhilfe nicht immer völlig klar sind. Er hat die Kontrolle über die Situation verloren.

Kognitionen

Eine negative Situationseinschätzung und das verzweifelte Überlegen von Ursachen und Abhilfemöglichkeiten stehen hier im Vordergrund. Eine eher negative Einstellung sich selbst, der Umwelt und der Zukunft gegenüber resultieren daraus. Je stärker der einzelne den Kontrollverlust internal (ich bin selbst schuld), stabil (es ist nicht zu ändern) und global (mein ganzes Leben ist betroffen) attribuiert, desto stärker ist die Verstimmung (Seligman 1979).

Physiologie
Für eine depressive Verstimmung ist eine Reihe physiologischer Veränderungen festgestellt worden. Ein niedriger Aminspiegel (Noradrenalin, Dopamin, Serotonin) im Gehirn steht hier im Vordergrund. Müdigkeit, Appetitlosigkeit, mangelndes sexuelles Interesse gehen damit einher.

Ausdrucksverhalten
Das Weinen bei schwerer Niedergeschlagenheit wurde bereits angesprochen. Dazu kommt eine schlaffe, in sich zusammengezogene Körperhaltung, leise Stimme und eventuell auch für Trauer (s. u. Kap. 7.2.19) typische Gesichtszüge. Das Ausdrucksverhalten schleift sich jedoch in der ontogenetischen Entwicklung meist immer mehr ab und kann auch völlig unterdrückt werden.

7.2.19 Trauer, Kummer, Wehmut

Die Trauer bedeutet seelische Schmerzen, Leiden, psychische Krise, bis hin zu dem Gefühl, ein Stück des eigenen Selbst verloren zu haben. Im Gegensatz zur Niedergeschlagenheit ist bei Trauer die Ursache dem einzelnen völlig klar: ein schwerer Verlust, die Trennung von einer geliebten Person (z. B. durch Tod) geben Anlaß für Traurigkeit, Kummer und Wehmut. Man ist traurig über eine Trennung oder einen Verlust, man ist bekümmert über etwas, das nicht so läuft, wie man es sich vorstellt, man sehnt wehmütig etwas endgültig Verlorenes herbei. Dabei handelt es sich bei Trauer um ein sehr komplexes emotionales Geschehen. Schon Freud (1917/1975) hat mit dem Begriff 'Trauerarbeit' gezeigt, daß es sich hier um einen schmerzlichen Prozeß der Ablösung, des Libidoabzugs von etwas Verlorengegangenem, vorher emotional stark Besetztem handelt. Trauerreaktionen können zwar nicht eindeutig in einzelne Phasen unterteilt werden, da der Trauerprozeß kein geradliniger Vorgang ist (Moebius 1985). Trotzdem werden in der Literatur immer wieder einzelne Prozeßelemente des Trauerns differenziert (vgl. Hoffmann 1983):

- Die Schockphase ist durch physischen Zusammenbruch, Affektausbrüche oder gelähmte Zurückgezogenheit gekennzeichnet. Der einzelne ist noch unfähig, den Verlust zu akzeptieren.
- Die Phase der Verzweiflung und des Kummers ist geprägt von intensiven Trauergefühlen, eventuell vermischt mit Schuld, Angst oder Feindseligkeit, oft irrationales Suchen nach dem Verlorenen.
- In der Phase der Anpassung und Erholung findet der einzelne wieder die Kraft, mit der neuen Situation zu leben. Das Ziel ist hier, wieder neue Objektbeziehungen anstelle des Verlorenen einzugehen.

Jedoch kann niemand einen schwerwiegenden Verlust völlig spurlos 'bewältigen'. Wenn aber überhaupt keine psychische Ablösung vom verlorengegangenen Objekt stattfindet oder wenn der einzelne aus der Phase der Verzweiflung und des Kummers nicht mehr herausfindet, wenn der einzelne unfähig ist, seine Gefühle auszudrücken, ist Hilfe von außen nötig.

Die Trauer selbst ist oft als impliziter Hilfeappell an die Umwelt interpretiert worden. Vor allem bei Todesfällen haben sich deshalb kulturspezifisch sehr unterschiedliche Trauerriten gebildet, die die Gefühle kanalisieren und den Betroffenen bei der Trauerarbeit helfen sollen. Trauerreaktionen finden aber schon in der frühesten Kindheit statt (Bowlby 1976) und können bei späteren Trauerfällen wieder aktualisiert werden.

Hier ist auch die These vertreten worden (Averill 1968), daß Trauer, auch im phylogenetischen Zusammenhang, soziale Bindungen bestärke. Da Trennung Trauer verursacht, verstärkt die Vermeidung oder Antizipation von Trauer den Zusammenhalt einer Gruppe (Familie, Freundeskreis, Gesellschaft). Das Betrauern verlorener Gruppenangehöriger bestärkt die Restgruppe.

Erleben

Trauer kann, je nach Phase, unterschiedlich erlebt werden. Man fühlt sich niedergeschlagen, bedrückt, entmutigt, die Welt erscheint dunkel und trübe, das Erlebnis der Lichtlosigkeit, Leere, Mattigkeit, Armut des Lebens, Verlust der Daseinsfülle (Lersch) sind kennzeichnend.

Situationen

Scherer (1988) hat als typische Situationen Beziehungen (vor allem deren Abbruch), Tod und schwere Krankheit bei anderen oder sich selbst und schlechte private oder öffentliche Neuigkeiten gefunden. Situationen von Trennung und Verlust stehen also hier im Vordergrund. Dabei kann es sich um Objektverluste (Tod, Scheidung), aber auch um Rollenverluste (Arbeitslosigkeit, Aus zug der Kinder aus dem Elternhaus) handeln (Averill 1968). Meist handelt es sich dabei um unwiderrufliche Verluste.

Kognitionen
Die Gedanken kreisen um das Verlorene, man muß immer wieder daran denken, kann den Verlust zunächst gar nicht fassen. Andererseits können Erfahrungen aus ähnlichen Verlustsituationen und Lebenserfahrungen auch helfen, über die Trauersituation hinwegzukommen.

Physiologie
Die physiologischen Veränderungen in der Trauersituation sind wohl denen bei Niedergeschlagenheit ähnlich.

Ausdrucksverhalten
Typisch ist hier neben der niedergeschlagenen Körperhaltung und dem Weinen (vgl. 7.2.18) die Augenpartie: Die Augenbrauen sind nach oben innen gezogen, bilden einen π-förmigen Bogen auf der Stirn, die inneren Oberlidwinkel sind angehoben, der Blick nach unten gerichtet. Der Mundwinkel ist oft nach unten gezogen, die mittlere Unterlippe nach oben geschoben.

7.2.20 Scham

Auch Scham gehört zu den ganz grundlegenden, eher unlustbetonten Gefühlsreaktionen. Man schämt sich, wenn etwas offensichtlich wird, das man lieber bedeckt halten wollte (indogermanische Wortwurzel 'skeu' = bedecken). Die Schamauslöser sind also selbstbilddiskrepante Handlungen oder Widerfahrnisse in einer Art von Öffentlichkeit (Roos 1988). Die Erlebnispalette reicht dabei von einem leichten Erröten bei einem unerwarteten Lob bis hin zu marternden, im tiefsten Herzen treffenden, extrem unangenehmen Peinlichkeitsgefühlen (althochdeutsch 'pina' = Höllenstrafe). Dabei muß wohl unterschieden werden zwischen sexueller/intimer Scham (Eindringen anderer in die Intimsphäre) und sozialer Scham (befürchtete Geringschätzung durch andere). Für beide Bereiche hat die Forschung (seit Darwin) vor allem vier Merkmale von Scham herausgearbeitet (vgl. Izard 1981; Roos 1988):

– Scham ist eine reflexive Emotion; das Selbst wird vom Selbst erlebt. So sind auch erhöhte Selbstaufmerksamkeit, völliges Erfülltsein des Bewußtseins vom Selbst beschrieben worden.
– In der Scham wird eine Diskrepanz zwischen realem und idealem Selbst wahrgenommen. Scham ist also bezogen auf subjek-

tive Wertvorstellungen, die auch einer starken gesellschaftlichen, kulturellen Definition unterliegen.
- Scham ist immer auf soziale Situationen bezogen, ist sozial bedingt. Man fühlt sich von anderen, in der Regel Anwesenden, entlarvt, getadelt, mißachtet.
- Das Schamgefühl stellt meist eine plötzliche Unterbrechung positiver Befindlichkeit dar; man wird aus einem interessanten, erregten oder freudvollen Erlebnis unerwartet herausgerissen.

Da die soziale Komponente hier so zentral ist, wurde Schamgefühl auch als soziale Angst bezeichnet (Buss 1980). In der Entwicklung des Kindes kann es dabei auch zu übertrieben starken und häufigen Schamgefühlen kommen, im Sinne einer überstarken Selbstüberwachung in sozialen Situationen und einer Hemmung von Sozialverhalten. Das kann geschehen, wenn z. B. die Eltern zu früh ihre Liebe von bestimmten Verhaltensweisen, von Leistungen oder moralischen Handlungen abhängig machen oder wenn Kinder für Fehler ausgelacht werden. Insofern kann das Anerziehen von Schamgefühlen auch ein Teil repressiver Erziehungspraxis sein. So wurden hier auch therapeutische Ansätze der Korrektur überstarker Schamgefühle entwickelt.

Erleben

Scham wird als plötzliches Erfülltsein, Bewußtsein, Gestoßensein auf das Selbst, auf die eigene Inkompetenz erlebt. Unfähigkeitsgefühle, Hilflosigkeitsgefühle, Gelähmtheit, Befangenheit, blockiert sein, sich isoliert, abgelehnt, einsam, elend, entmutigt fühlen sind Schilderungen des Erlebens (Izard 1981). Auch Angstgefühle wurden beschrieben.

Situationen

Scham entsteht in sozialen Situationen, in denen etwas, das man lieber verborgen halten möchte, plötzlich ans Licht kommt, öffentlich wird. Es sind nicht unbedingt grobe Regelverstöße (vgl. Schuld), eher unpassendes, selbstbilddiskrepantes Verhalten. Die soziale Umwelt ist dabei subjektiv bedeutsam, es bestehen emotionale Beziehungen zu anderen Anwesenden. Oft sind es auch neue Situationen, Situationen, in denen man meint, beurteilt zu werden, im Mittelpunkt der Aufmerksamkeit zu stehen. Bei sexueller Scham handelt es sich meist um Situationen der (oft ungewollten) Übertretung kulturell bestimmter Verhaltensregeln.

Kognitionen

Ein negative Selbstbewertung in Richtung Ungehörigkeit, Unzulänglichkeit, verstärkte Aufmerksamkeit darauf und die Antizipation von Verachtung durch wichtige andere Personen sind die zentralen Kognitionen der Scham. Darüber hinaus schätzt sich der einzelne im Moment als unfähig, inkompetent ein, adäquat zu reagieren; er hat die Selbstkontrolle verloren, kann den Eindruck, den er auf andere macht, nicht mehr steuern, findet keine Worte der Erklärung.

Physiologie
Das unwillkürliche Erröten ist die zentrale physiologische Veränderung. Dabei ist darauf hingewiesen worden, daß das Erröten selbst wieder Anlaß der Scham sein kann (sekundäre Scham, vgl. Tomkins 1963). Tomkins geht von einer Verringerung der Dichte neuraler Stimulierung bei Scham aus. Weiter sind erhöhter Puls, Schwitzen, Kloß im Hals beschrieben worden.

Ausdrucksverhalten
Scham wird ausgedrückt durch Abwenden des Gesichts, der Kopf wird zur Seite nach unten gewandt, die Augen sehen zur Seite, wandern von einer Seite zur anderen, vermeiden den Blickkontakt zur Umwelt, die Lider sind gesenkt, man spricht leiser, versucht sich klein zu machen. Das Ausdrucksverhalten kann jedoch auch völlig verschwinden.

7.2.21 Schuldgefühl

Gemeinsam mit Scham treten oft Schuldgefühle auf; manchmal werden beide Emotionen auch ähnlich definiert (z. B. Tomkins). Auch das Schuldgefühl ist reflexiv, ist auf eine Diskrepanz zwischen realem und idealem Selbst bezogen. Jedoch handelt es sich bei Schuld um klare Regelverstöße, in der Regel mit einem deutlichen Schaden für andere, für die sich der einzelne verantwortlich fühlt. Auch sind Schuldgefühle nicht so wie Scham an soziale Situationen gebunden. Schuldgefühle sind quälende Empfindungen, Unrecht getan zu haben, moralische, ethische oder religiöse Regeln verletzt zu haben, sie stellen also eine Art interner Sanktionen dar. Schuldgefühle werden von der differentiellen Emotionstheorie (Izard 1981) als fundamentale Emotion behandelt, da sie klare evolutionsbiologische Grundlagen hätten. Bestimmte Schuldauslöser wie die Verletzung sexueller Tabus (Inzest) oder Mord an der eigenen Familie oder Gruppe seien angeboren, Schuldgefühle hätten sich in der Evolution entwickelt, um Barrieren gegen artgefährdendes Verhalten aufzubauen und Hilfen für die Opfer von solchem Unrecht zu sichern. Allerdings fehlen klare Belege für diese Thesen.

In der psychologischen Literatur sind vor allem drei Ansätze zum Verständnis von Schuldgefühlen zu unterscheiden (vgl. Izard 1981):

- Lerntheoretische Ansätze haben Schuld als gelernte, internalisierte Bestrafung, als eine Form von Furcht vor erwarteter Strafe aufgrund früherer Straferlebnisse konzeptualisiert. Experimentelle Untersuchungen in diesem Kontext haben ergeben, daß das Schuldgefühl sich durch einen Aufschub der Bestrafung oder durch den indirekten Kontakt mit der geschädigten Person verstärkt.
- Psychoanalytische Ansätze fassen Schuld als Über-Ich-Angst auf, als Spannungen des Über-Ich zum Es, die sich aus dem Ödipuskonflikt entwickelt haben (Freud 1923/1975).
- Kognitiv orientierte Ansätze stellen die Zuschreibung von Verantwortlichkeit in den Vordergrund. Hier ist auch das Konzept einer 'existentiellen Schuld' wieder aufgegriffen worden (aus dem Existentialismus und der christlich-jüdischen Theologie stammend), verstanden als das Erleben von Schuld wegen der eigenen günstigen Lebenslage im Vergleich zu Benachteiligten (z. B. Gastarbeiter, Behinderte, Dritte Welt). Existentielle Schuld tritt danach vor allem auf, wenn eigene Privilegien als ungerecht eingeschätzt werden (Montada et al. 1986).

Ähnlich der Scham werden Schuldgefühle in der frühen Kindheit vor allem durch Liebesentzug als Mißbilligung von Fehlverhalten durch die Eltern erzeugt. Ein überstarkes, zu schnell sich aufbauendes Schuldgefühl kann übertriebene Rigidität, Unflexibilität, Unsensibilität bis hin zu depressiven oder zwanghaften Störungen nach sich ziehen.

Erleben
Schuldgefühle werden als intensive, quälende, negative Empfindungen geschildert. Die Empfindung legt sich schwer auf das Gemüt, kann sehr langfristig sein. Oft ist sie mit Furcht oder Anspannung verbunden. Das Selbstwertgefühl ist herabgesetzt.

Situationen
Es liegt eine als gravierend wahrgenommene Verletzung ethischer, moralischer, religiöser Regeln vor, für die sich der einzelne verantwortlich fühlt.

Kognitionen
Schuldgefühle sind stark durch Kognitionen geprägt. Die Attribution, daß man selbst einen Schaden bei anderen verursacht hat, den man hätte vermeiden können (Attribution persönlicher Kontrolle) mündet in Selbstvorwürfe. Gedanken um das Unrecht, Analyse der Gründe, Grübeln um die Folgen, Pläne zur Wiedergutmachung, Einsicht in die Wichtigkeit der verletzten Prinzipien sind hier kennzeichnend. Aber auch Versuche, sich abzulenken,

nicht an die Schuld zu denken, wurden beschrieben (Davitz 1969).

Physiologie
Hier wurden nur sekundäre Kennzeichen von Spannung oder Angst (siehe dort) beschrieben; für Schuldgefühle spezifische physiologische Prozesse scheint es nicht zu geben.

Ausdrucksverhalten
Auch das Ausdrucksverhalten ist eher undeutlich. Der gesenkte Kopf, der abgewandte Blick, bedrückte Gesichtsausdrücke in Richtung Trauer, Niedergeschlagenheit, Verzweiflung sind hier anzuführen. Jedoch läßt sich das Ausdrucksverhalten bei Schuldgefühlen leicht unterdrücken.

7.2.22 Langeweile, Müdigkeit, Leere

Langeweile als ein Gefühl von Apathie, Leere, Müdigkeit, Sinnlosigkeit wird heute oft als eine Form gestörten Zeitbewußtseins thematisiert (Plattner 1990). Sie kann dabei die unterschiedlichsten Formen annehmen. Revers (1949), der Langeweile als Erlebnis zielloser Strebungen, mit Interesselosigkeit und hoffnungsloser Gleichgültigkeit einhergehend definiert, unterscheidet hier gegenständliche Langeweile ("etwas langweilt mich") von zuständlicher Langeweile ("ich langweile mich"). Vor allem gegenständliche Langeweile kann durchaus eine positive Funktion haben, indem sie uns zeigt, daß bestimmte Tätigkeiten uns nichts mehr bedeuten, sie kann so kreative Funktion haben, "ein großer Anfang zu Allem-Möglichen" (Salber 1989, S. 6) sein. Sich verbreiternde und vertiefende Langeweile kann jedoch auch zu einer Grundhaltung völliger Interesselosigkeit führen, zum 'Lebensekel', zu depressiver Sinn- und Hoffnungslosigkeit. Der Katholizismus hat sie als Todsünde betrachtet.

Zur psychologischen Erklärung von Langeweile lassen sich zwei Theoriestränge unterscheiden:
– Motivations- und handlungstheoretische Ansätze weisen auf die Bedeutung von Monotonieerfahrungen, mangelnde Handlungsanreize, Unterforderung (die Handlungsfähigkeiten übersteigen die Handlungsmöglichkeiten) hin (vgl. z. B. Csikszentmihalyi 1985).
– Psychoanalytische Ansätze sehen die Langeweile als Abwehr unerfüllbar erlebter oraler und aggressiver Impulse. Ersatzbefriedigungen (übermäßiges Essen, Trinken, Fernsehen) versu-

chen die Gedanken an das unmögliche Ziel zu verdecken (vgl. Socarides 1977).

Erleben
Man fühlt sich schwer, müde, schläfrig, dumpf, unvital, freudlos (Davitz 1969), alles erscheint geschmacklos, fade (Lersch 1938/ 1954). Das Gefühl der Leere ist dabei eindeutig negativ gefärbt, Frustriertheit, innere Unruhe, Unwohlsein, Unausgeglichenheit können stark im Vordergrund des Erlebens stehen (Plattner 1990).

Situationen
Langeweile wird oft als typische Freizeiterscheinung angesehen. Bellebaum (1990) hat neben Freizeit noch an typischen Situationen, in denen Langeweile auftreten kann, beschrieben: Arbeitswelt, Ehe, Schule, Militär. Langeweile entsteht immer dann, wenn die situativen Anforderungen sehr gering erscheinen, wenn die Tätigkeiten eintönig werden.

Kognitionen
Ein wesentliches Bestimmungsstück der Langeweile ist, daß man subjektive Ziele verloren hat. Die Situation wird als uninteressant, gleichgültig, wenig fordernd angesehen, der eigene Zustand wird als unbefriedigend, unausgeglichen eingeschätzt.

Physiologie
Für Langeweile typische physiologische Prozesse sind bisher nicht beschrieben worden.

Ausdrucksverhalten
Der Gesichtsausdruck ist wohl eine Mischung aus Entspannung (obere Gesichtshälfte) und Niedergeschlagenheit (untere Gesichtshälfte). Der Blick wandert ziellos umher, wandert oft aus dem Fenster hinaus, in den Himmel; nervöse Betätigungen (Finger trommeln, Auf-und-ab-Gehen) sind weitere typische Gesten.

7.2.23 Anspannung, Nervosität, Unruhe, Streß

Der Gefühlszustand des Angespanntseins, eher negativ erlebt, aber nicht so eindeutig wie Trauer oder Niedergeschlagenheit, stellt das genaue Gegenteil von Erleichterung/Entspanntheit (vgl. 7.2.16) dar. Unterschiedliche Disziplinen wie Biologie, Medizin, Soziologie und Psychologie haben sich diesem emotionalen Zustand vor allem im Rahmen der Streßforschung zugewandt (z. B. Nitsch 1981). Hans Selye hat hier in den 30er Jahren den Streßbegriff für die Widerstandsreaktion des Organismus auf schädliche Einflüsse von außen geprägt. Es konnte gezeigt werden, daß Anspannung eine relativ automatisierte Reaktion zur Mobilisierung aller Energien des Organismus für eine Angriffs-, Widerstands- oder Fluchtreaktion darstellt. Vor allem über das 'Streßhormon' Adrenalin werden alle in der Gefahrensituation unnötigen Körperfunktionen (z. B. Verdauung) gedämpft und der Körper in Alarmzustand versetzt (verstärkte Hirnaktivität, Pupillenerweiterung, erhöhter Blutdruck und Pulsschlag, stärkere Atmung). Daraus ist leicht ersichtlich, daß ein permanenter oder immer wiederkehrender Streßzustand, vor allem ohne körperliches Ausagieren (z. B. Autofahren, komplexe Entscheidung unter Zeitdruck im Beruf) zu körperlichen Krankheiten führen kann. Magen-/Darmgeschwüre und Herzinfarkt werden hier vor allem angeführt, aber auch Krebs, Haltungsschäden mit ihren Folgen, Kopfschmerz, Gelenkerkrankungen, Asthma werden diskutiert. Solche Folgen sind vor allem dann zu erwarten, wenn sich das Angespanntsein als Persönlichkeitszug verfestigt hat (Typ-A-Persönlichkeit). Die darauf bezogenen Therapieformen reichen von (oft problematischer, weil nur symptombezogener) medikamentöser Behandlung über Entspannungstraining (vgl. 7.2.16), Gymnastik (z. B. Wirbelsäulengymnastik und Bewegung, Joggen) bis hin zur Veränderung der Belastungssituation (Meiden der Stressoren).

Die kognitive Streßforschung hat dabei, das Streßkonzept erweiternd, gezeigt, daß der einzelne nicht automatisch mit Anspannung auf Belastungssituationen reagiert. Einerseits gehen hier kognitive Bewertungsprozesse (Einschätzung der Situation als belastend) ein, andererseits versucht man auch aktiv handelnd die Belastungen zu bewältigen (vgl. Ulich et al. 1983; Brüderl 1988). Insofern wird Streß heute als transaktionales Person-Umwelt-Verhältnis konzipiert, mit folgenden wesentlichen Merkmalen:
– Es besteht eine Diskrepanz zwischen Anforderungen an das Subjekt und seinen Handlungsmöglichkeiten.
– Zentrale Motive und Interessen des Subjekts sind betroffen.
– Der einzelne sucht nach Lösungen unter erhöhtem Energieeinsatz.
– Der emotionale Belastungszustand ist dabei eher temporär.

Erleben

Man fühlt sich erregt, aufgeregt, überstimuliert, hoch angespannt, geladen, auf dem Sprung zu schnellen Reaktionen, hellwach; wenn der Zustand länger andauert und zu Nervosität und Unruhe führt, fühlt man sich irritiert, verwirrt, fahrig, unkonzentriert, verspannt, oft ängstlich, bedroht (Davitz 1969). In beiden Fällen entsteht das mehr oder weniger negative Gefühl der Belastetheit.

Situationen

Hier werden vor allem Situationen der Arbeitswelt (z. B. Akkord, Fließband) diskutiert, Arbeitssituationen, die vom einzelnen eine Verarbeitung vielfältiger, gleichzeitiger Informationen, schnelles Reagieren und dabei das Erfüllen besonderer Qualitätsmaßstäbe erfordern. Aber auch Schule und Hochschule und schließlich der Leistungssport als Situationen, die zu permanenter Anspannung führen, sind hier zu erwähnen (vgl. Nitsch 1981).

Kognitionen

Die erhöhte Aufmerksamkeit und Wachheit wurden bereits angesprochen. R. S. Lazarus und Mitarbeiter haben an kognitiven Prozessen in Belastungssituationen die Einschätzung der Situation als Bedrohung, Herausforderung, Schaden oder Verlust und das Abwägen der eigenen Bewältigungsmöglichkeiten herausgearbeitet. Weiterhin schätzt der einzelne die Situation im Laufe seiner Bewältigungsbemühungen immer wieder neu ein, ob der Anspannungszustand weiter aufrechterhalten werden soll.

Physiologie

Die physiologischen Prozesse in der Streßreaktion werden heute immer komplexer gesehen (vgl. Nitsch 1981). Dabei werden meist zwei Prozesse unterschieden: Aktivierung über die Hypothalamus-Hypophysen-Nebennierenrinden-Achse (ACTH, Cortisol) und über die Hypothalamus-Nebennierenmark-Achse (Adrenalin). Die ersteren Prozesse bewirken vor allem eine Mobilisierung von Fett aus Fettgewebe und Förderung der Gluconeogenese, zweitere vor allem die Aktivierung des Herz-Kreislaufsystems, des zentralen Nervensystems, der Atmung und des Zellstoffwechsels.

Ausdrucksverhalten

Ein spezifisches Ausdrucksverhalten wird erst bei langandauernden Anspannungszuständen (Nervosität, Unruhe) offensichtlich. Eine verspannte Haltung und verspannte Gesichtszüge, Zusammenbeißen der Zähne, zappeliges, fahriges Verhalten sind hier zu nennen.

7.2.24 Einsamkeitsgefühl

Einsamkeit ist ein weit verbreitetes Alltagsgefühl, das von leichten Stimmungstrübungen bis zu schwer belastenden negativen Gefühlszuständen reichen kann. Abendländische Philosophie und

Theologie haben Einsamkeit immer wieder als existentielle Quintessenz des menschlichen Daseins, als Voraussetzung für Selbst- und Gottesfindung thematisiert, während in der Soziologie die Einsamkeit als sozialpathologische Erscheinung anonymer, vereinzelnder moderner Gesellschaften analysiert wird (vgl. Heigl 1987).

Peplau & Perlman (1982) haben als Gemeinsamkeit der verschiedenen Einsamkeitsdefinitionen drei Elemente herausgearbeitet: ein Defizit sozialer Beziehungen als Auslöser, eine subjektive Bewertung dieses Defizits und ein negatives, belastendes Erleben dieses Zustandes. Einsamkeit als Begriff für das subjektive Erleben wird damit abgegrenzt von Isolation als Begriff für ein objektiv feststellbares soziales Defizit.

Bei den psychologischen Studien von Einsamkeit lassen sich verschiedene Ansätze unterscheiden (vgl. Heigl 1987):

– Motivationale Ansätze gehen davon aus, daß Einsamkeitsgefühle dann entstehen, wenn grundlegende soziale Bedürfnisse nicht befriedigt werden.
– Lerntheoretische Ansätze können zeigen, daß Einsamkeit einen Mangel an sozialen Verstärkern bedeutet.
– Kognitive Ansätze betonen die Einschätzungsprozesse einer Diskrepanz zwischen wahrgenommenen und gewünschten sozialen Beziehungen.
– Evolutionsbiologische Ansätze gehen von der Hypothese aus, daß das Einsamkeitsgefühl (bzw. die Vermeidung von Einsamkeit) Bindung und Zusammenhalt in der Gruppe und damit ihr Überleben sichern will.

Auch wurden Persönlichkeitskorrelate von Einsamkeit untersucht. Danach tendieren Menschen mit inadäquaten sozialen Fertigkeiten (übertriebene Schüchternheit und Introversion), mit negativem Selbstkonzept, überstarker Selbstaufmerksamkeit und negativen Einstellungen anderer Menschen gegenüber (Feindseligkeit) zu häufigeren Einsamkeitsgefühlen. Hier setzen dann auch therapeutische Ansätze an, die vor allem in Richtung eines schrittweisen Aufbaus sozialer Kompetenzen gehen.

Erleben

Einsamkeit wird als mehr oder weniger stark belastendes Vermissen von Liebe, Zuwendung, Bestätigung, Wärme, Geborgenheit erlebt. Sie kann dabei unterschiedlichste Färbungen annehmen: schmerzvoll verletzt, verstoßen, zurückgesetzt, verbittert; oder wehmütig, sehnsuchtsvoll, sich verzehrend; oder auch angstvoll, verzweifelt.

Situationen

Einsamkeit entsteht vor allem in Situationen der sozialen Isolation, des Alleinseins. Die Ursache können soziale Verluste, qualitative Verschlechterungen der Sozialbeziehungen, aber auch Veränderungen der sozialen Bedürfnisse sein. Typische Situationen, die hier beschrieben wurden, sind das Ende einer Partnerschaft, das Verlassen der Familie, die Ausgliederung aus dem Beruf (Wegfall der Kollegenkontakte), hohes Alter.

Kognitionen

Es wurde bereits betont, daß in der Einsamkeit die Einschätzung einer Diskrepanz zwischen wahrgenommenen und gewünschten sozialen Beziehungen steckt. Dabei spielen auch Vergleichsprozesse (temporaler Vergleich, sozialer Vergleich) eine Rolle. Einsamkeitsgefühle werden verstärkt, wenn die Diskrepanz als stabil, internal verursacht und wenig kontrollierbar attribuiert wird.

Physiologie

Ein für Einsamkeit spezifisches physiologisches Geschehen konnte bisher nicht beschrieben werden (Heigl 1987).

Ausdrucksverhalten

Auch ein typisches Ausdrucksverhalten scheint es nicht zu geben, da Einsamkeit unterschiedliche Färbungen annehmen kann. Ausdrucksverhalten in Richtung Trauer (vgl. Kap. 7.2.19) scheint jedoch vorherrschend zu sein.

Literatur

Abele, A. & Becker, P. (Hrsg.) (1991): *Wohlbefinden. Theorie – Empirie – Diagnostik*. Weinheim: Juventa.

Adler, A. (1966): *Menschenkenntnis*. Frankfurt: Fischer (Orig. 1927).

Ainsworth, M. D. S., Bell, S. M. & Stayton, D. J. (1971): *Individual differences in strange-situation behaviour of one-year-olds*. In H. R. Schaffer (Hrsg.), The origins of human social relations (S. 17–57). London: Academic Press.

Ainsworth, M. D. S., Bell, S. M. & Stayton, D. J. (1974): *Infant-mother attachment and social development: Socialization as a product of reciprocal responsiveness to signals*. In P. M. Richards (Hrsg.), The integration of the child into a social world. Cambridge: University Press.

Alba, J. W. & Hasher, L. (1983): *Is Memory Schematic?* Psychological Bulletin, 93, 203–231.

Alston, W. P. (1981): *Emotion und Gefühl*. In G. Kahle (Hrsg.), Logik des Herzens. Die soziale Dimension der Gefühle (S. 9–33). Frankfurt: Suhrkamp.

Argyle, M. (1987): *The psychology of happiness*. London: Methuen.

Arnold, M. B. (1960): *Emotion and personality*. 2 Vol. New York: Columbia University Press.

Asendorpf, J. (1984): *Lassen sich emotionale Qualitäten im Verhalten unterscheiden? Empirische Befunde und ein Dilemma*. Psychologische Rundschau, 35, 125–135.

Averill, J. R. (1968): *Grief, its nature and significance*. Psychological Bulletin, 70, 721–738.

Averill, J. R. (1982): *Anger and aggression: An essay on emotion*. New York: Springer.

Ballstaedt, St.-P., Mandl, H., Schnotz, W. & Tergan, S.-O. (1981): *Texte verstehen, Texte gestalten*. München: Urban & Schwarzenberg.

Baltes, M. M. & Reisenzein, R. (1985): *Emotionen aus der Sicht der behavioristischen Lerntheorien*. In L. H. Eckensberger & E.-D. Lantermann (Hrsg.), Emotion und Reflexivität (S. 51–74). München: Urban & Schwarzenberg.

Barrett, K. C. & Campos, J. J. (1987): *Perspectives on emotional development II: A functionalist approach to emotions*. In J. D. Osofsky (Hrsg.), Handbook of infant development, Second Edition (S. 555–578). New York: Wiley.

Beck, U. & Beck-Gernsheim, E. (1990): *Das ganz normale Chaos der Liebe*. Frankfurt: Suhrkamp.

Bellebaum, A. (1990): *Langeweile, Überdruß und Lebenssinn. Eine geistesgeschichtliche und kultursoziologische Untersuchung*. Opladen: Westdeutscher Verlag.

Belsky, J., Robins, E. & Gamble, W. (1984): *The determinants of parental competence.* In M. Lewis (Hrsg.), Beyond the dyad (S. 251–279). New York: Plenum.

Benson, H. (1975): *The relaxation response.* New York: Morrow.

Bierhoff, H. W. (1990): *Psychologie hilfreichen Verhaltens.* Stuttgart: Kohlhammer.

Billmann-Mahecha, E. (1989): *Gegenstand, Methoden und Probleme psychologischer Ausdrucksforschung.* Psychologie und Geschichte, 1, 27–36.

Block, J. (1957): *Studies in the phenomenology of emotions.* Journal of Abnormal Psychology, 54, 358–363.

Boesch, E. E. (1984): *The development of affective schemata.* Human Development, 27, 173–183.

Bösel, R. (1986): *Biopsychologie der Emotionen. Studien zu Aktiviertheit und Emotionalität.* Berlin: de Gruyter.

Borke, H. (1973): *The development of empathy in chinese and american children between three and six years of age: A cross cultural study.* Developmental Psychology, 9, 102–108.

Bornewasser, M. & Mummendey, A. (1983): *Ärger.* In H. A. Euler & H. Mandl (Hrsg.), Emotionspsychologie (S. 156–164). München: Urban & Schwarzenberg.

Bottenberg, E. H. (1972): *Emotionspsychologie. Ein Beitrag zur empirischen Dimensionierung emotionaler Vorgänge.* München: Goldmann.

Bourque, L. & Back, K. W. (1985): *Life graphs and life events.* In E. Palmore et al. (Hrsg.), Normal Aging III. Durham: Duke University.

Bowlby, J. (1976): *Trennung.* Frankfurt: Fischer.

Bradshaw, D. L., Campos, J. J. & Klinnert, M. D. (1986): *Emotional expressions as determinants of infant's immediate and delayed responses to prohibition.* Paper presented at the Fifth International Conference on Infant Studies. Los Angeles.

Brandtstädter, J. (1985): *Emotion, Kognition, Handlung: Konzeptuelle Beziehungen.* In L. Eckensberger & E. D. Lantermann (Hrsg.), Emotion und Reflexivität (S. 252–264). München: Urban & Schwarzenberg.

Brentano, F. (1955): *Psychologie vom empirischen Standpunkt.* Hamburg: Meiner (Original 1874).

Brody, L. R. (1985): *Gender differences in emotional development. A review of theories and research.* Journal of Personality, 53, 102–149.

Brown, G. W. & Harris, T. O. (1978): *Social origins of depression: A study of psychiatric disorder in women.* London: Tavistock.

Bruck, A. (1990): *Sexuelle Eifersucht: Erscheinungsformen und Bewältigungsmöglichkeiten im Kulturvergleich.* Opladen: Westdeutscher Verlag.

Bruder-Bezzel, A. (1985): *Das Spannungsverhältnis von Macht und Ohnmacht als Grundproblem der Persönlichkeitstheorie Alfred Adlers.* Zeitschrift für Individualpsychologie, 10, 11–17.

Brüderl, L. (Hrsg.) (1988): *Theorien und Methoden der Bewältigungsforschung.* München: Juventa.

Bruggemann, A., Großkurt, P. & Ulich, E. (1975): *Arbeitszufriedenheit.* Bern: Huber.

Buck, R. (1984): *Neurochemical mechanisms of emotion and emotional expression.* In: R. Buck, The communication of emotion (S. 68–118). New York: Guilford.

Buss, A. H. (1980): *Self-consciousness and social anxiety.* San Francisco: Freeman.

Campos, J. J., Barrett, K. C., Lamb, M. E., Goldsmith, H. H. & Stenberg, C. (1983): *Socioemotional development.* In P. Mussen (Hrsg.), Handbook of child psychology (S. 783–915). New York: Wiley.

Campos, J. J., Campos, R. G. & Barrett, K. C. (1989): *Emergent themes in the study of emotional development and emotion regulation.* Developmental Psychology, 25 (3), 394–402.

Camras, L. A. (1985): *Socialization of affect communication.* In M. Lewis & C. Saarni (Hrsg.), The socialization of emotions (S. 141–160). New York: Plenum.

Camras, L. A., Grow, J. G., Rivordy S. C. (1983): *Recognition of emotional expression by abused children.* Journal of Clinical Child Psychology, 12 (3), 325–328.

Cancian, F. M. & Gordon, S. L. (1988): *Changing emotion norms in marriage: Love and anger in U.S. Women's Magazines since 1900.* Gender & Society, 2 (3), 308–341.

Cannon, W. B. (1929): *Bodily changes in pain, hunger, fear, and rage.* (2nd. ed.) New York: Appleton.

Chaplin, W. F., John, D. P. & Goldberg, L. R. (1988): *Conceptions of states and traits – dimensional attributes with ideals as prototypes.* Journal of Personality & Social Psychology, 54, 541–557.

Charlsworth, W. R. (1969): *The role of surprise in cognitive development.* In D. Elkind & J. Flavell (Hrsg.), Studies in cognitive development (S. 257–314). New York: Oxford University Press.

Clarke-Steward, A. (1985): *Child development.* New York: Wiley.

Cohn, J. F. & Tronick, E. Z. (1982): *Communicative rules and the sequential structure of infant behavior during normal and depressed interaction.* In E. Z. Tronick (Hrsg.), Social interchange in infancy: Affect, cognition, and communication. Baltimore: University Park Press.

Csikszentmihalyi, M. (1985): *Das Flow-Erlebnis: jenseits von Angst und Langeweile: im Tun aufgehen.* Stuttgart: Klett-Cotta.

Darwin, Ch. (1884): *Der Ausdruck der Gemüthsbewegungen bei dem Menschen und den Thieren.* Stuttgart: Schweizerbart (Original 1872).

Davitz, J. R. (1969): *The language of emotion.* New York: Academic Press.

Descartes, R. (1984): *Die Leidenschaften der Seele.* Französisch-deutsch. Hamburg: Meiner (Original 1649).

Deussen, P. (1897): *Die Geheimlehre der Veda: Ausgewählte Texte der Upanishad's.* Leipzig: Brockhaus.

Dixon, S., Tronick, E. Z., Keeler, C. & Brazelton, T. B. (1981): *Mother-infant interaction among the Gusii of Kenya.* In T. M. Field, A. M. Sostek, P. Vietze & P. H. Leiderman (Hrsg.), Culture and early interaction. Hillsdale, NY: Erlbaum.

Dunde, S. R. (1984): *Neid – Ehrenrettung eines unerlaubten Gefühls.* Psychologie heute, 11 (11), 21–27.

Eisenberg, N. (1986): *Altruistic emotion, cognition, and behavior.* Hillsdale, NY: Erlbaum.

Ekman, P. (1984): *Expression and the nature of emotion.* In K. R. Scherer & P. Ekman (Hrsg.), Approaches to emotion (S. 319–323). Hillsdale, NY: Erlbaum.

Ekman, P. (1988): *Gesichtsausdruck und Gefühl.* Paderborn: Jungfermann.

Epstein, S. (1984): *Controversial issues in emotion theory.* In Ph. Shaver (Hrsg.), Review of Personality and Social Psychology, Vol. V. Emotions, relationships, and health (S. 64–88). Beverly Hills: Sage.

Euler, H. A. (1983): *Lerntheoretische Ansätze.* In H. A. Euler & H. Mandl (Hrsg.), Emotionspsychologie (S. 62–71). München: Urban & Schwarzenberg.

Euler, H. A. & Mandl, H. (Hrsg.) (1983): *Emotionspsychologie. Ein Handbuch in Schlüsselbegriffen.* München: Urban & Schwarzenberg.

Ewert, O. (1983): *Ergebnisse und Probleme der Emotionsforschung.* In H. Thomae (Hrsg.), Theorien und Formen der Motivation (S. 397–452). Band 1, Ser. IV der Enzyklopädie der Psychologie. Göttingen: Hogrefe.

Fahrenberg, J. (1983): *Psychophysiologische Methodik.* In K.-J. Groffmann & L. Michel (Hrsg.), Verhaltensdiagnostik (Enzyklopädie der Psychologie B, II, 4) (S. 1–192). Göttingen: Hogrefe.

Faust, V. (Hrsg.) (1986): *Angst – Furcht – Panik.* Stuttgart: Hippokrates.

Filipp, S.-H. (Hrsg.) (1979): *Selbstkonzept – Forschung.* Stuttgart: Klett-Cotta.

Flammer, A. (1988): *Entwicklungstheorien.* Bern: Huber Verlag.

Fordyce, M. W. (1983): *A program to increase happiness: Further studies.* Journal of Counceling Psychology, 30, 483–498.

Freud, S. (1969): *Die Weiblichkeit* (Neue Folge der Vorlesungen zur Einführung in die Psychoanalyse). Freud-Studienausgabe Vol I. Frankfurt: Fischer (Original 1933).

Freud, S. (1973): *Über einige neurotische Mechanismen bei Eifersucht, Paranoia und Homosexualität.* Freud-Studienausgabe Band VII. Frankfurt: Fischer (Original 1922).

Freud, S. (1975): *Triebe und Triebschicksale.* Freud-Studienausgabe Band III. Frankfurt: Fischer (Original 1915).

Freud, S. (1975): *Trauer und Melancholie.* Freud-Studienausgabe Band III. Frankfurt: Fischer (Original 1917).

Freud, S. (1975): *Das Ich und das Es.* Freud-Studienausgabe Band II. Frankfurt: Fischer (Org. 1923).

Freund, M. (1985): *Toward a critical theory of happiness: Philosophical background and methodological significance.* New Ideas in Psychology, 3, 3–12.

Frey, D. & Benning, E. (1983): *Das Selbstwertgefühl*. In H. Mandl & G. L. Huber (Hrsg.), Emotion und Kognition (S. 148–182). München: Urban & Schwarzenberg.

Friedrich, B. (1982): *Emotionen im Alltag. Versuch einer deskriptiven und funktionalen Analyse*. München: Minerva.

Frijda, N. H. (1986): *The emotions*. Cambridge: Cambridge University Press / Paris: Editions de la maison des science de l'homme.

Fromm, E. (1974a): *Die Kunst des Liebens*. Berlin: Ullstein.

Fromm, E. (1974b): *Anatomie der menschlichen Destruktivität*. Stuttgart: DVA.

Gable, R. K. (1986): *Instrument development in the affective domain*. Boston: Kluwer-Nijhoff.

Gardiner, H. M., Metcalf, R. C. & Beebe-Center, J. G. (1970): *Feeling and emotion. A history of theories*. Westport, Conn.: Greenwood Press (Original 1937).

Geertz, H. (1959): *The vocabulary of emotion*. Psychiatry, 22, 225–237.

Geppert, U. & Heckhausen, H. (1988): *Ontogenese der Emotionen* (ungekürzte Langfassung). Max-Planck-Institut für Psychologische Forschung, Reprint 2, München. 1990 erschienen in K. R. Scherer (Hrsg.), Psychologie der Emotion, Enzyklopädie der Psychologie, Bd. C/IV/3. Göttingen: Hogrefe.

Gordon, S. L. (1989): *The socialization of children's emotions: Emotional culture, competence, and exposure*. In C. Saarni & P. L. Harris (Hrsg.), Children's understanding of emotion (S. 319–349). Cambridge: University Press.

Graumann, C. F. (1984): *Bewußtsein und Verhalten*. In H. Lenk (Hrsg.), Handlungstheorien interdisziplinär III, 2. Halbband (S. 547–573). München: Fink.

Graumann, C. F. & Willig, R. (1983): *Wert, Wertung, Werthaltung*. In H. Thomae (Hrsg.), Theorien und Formen der Motivation. Enzyklopädie der Psychologie, Bd. C/IV/1 (S. 313–396). Göttingen: Hogrefe.

Graumann, C. F., Métraux, A. & Schneider, G. (1991): *Ansätze des Sinnverstehens*. In U. Flick u. a. (Hrsg.), Handbuch qualitativer Sozialforschung, (S. 67–77). München: Psychologie Verlags Union.

Grawe, K. (1987): *Schema-Theorie und heuristische Psychotherapie*. Forschungsberichte aus dem Psychologischen Institut der Universität Bern. Nr. 1/1987.

Groeben, N. & Scheele, B. (1983): *Emotionen in einer Psychologie über subjektive Theorien*. Diskussionspapier, Universität Heidelberg.

Großmann, K. (1983): *Bindungsgefühl*. In H. A. Euler & H. Mandl (Hrsg.), Emotionspsychologie (S. 168–177). München: Urban & Schwarzenberg.

Großmann, K. u. a. (1989): *Die Ontogenese emotionaler Integrität und Kohärenz*. In E. Roth (Hrsg.), Denken und Fühlen (S. 36–55). Berlin: Springer.

Harris, P. L. (1985): *What children know about the situations that provoke emotion*. In M. Lewis & C. Saarni (Hrsg.), The socialization of emotions (S. 161–185) New York: Plenum.

Harris, P. L. (1989): *Children and emotion. The development of psychological understanding.* London: Basic Blackwell.

Harris, P. L. & Saarni, C. (1989): *Children's understanding of emotion: An introduction.* In C. Saarni & P. L. Harris (Hrsg.), Children's understanding of emotion. Cambridge: Cambridge University Press.

Harkness, S. & Super, C. M. (1985): *Child-environment interactions in the socialization of affect.* In M. Lewis & C. Saarni (Hrsg.), The socialization of emotions (S. 21–36). New York: Plenum.

Hautzinger, M. (1983): *Kognitive Veränderungen als Folge, nicht als Ursache von Depression.* Zeitschrift für personenzentrierte Psychologie und Psychotherapie, 2, 377–387.

Heckhausen, H. (1980): *Motivation und Handeln.* Berlin: Springer.

Heelas, P. (1986): *Emotion talk across cultures.* In R. Harré (Hrsg.), The social construction of emotions (S. 234–266). Oxford/UK: Blackwell.

Hehlmann, W. (1963): *Geschichte der Psychologie.* Stuttgart: Kröner.

Heigl, A. (1987): *Selbstaufmerksamkeit und Einsamkeit. Eine theoretische und empirische Analyse sozial-kognitiver Bedingungsfaktoren und Verlaufsprozesse von Gefühlen der Einsamkeit.* Regensburg: Roderer.

Heller, A. (1980): *Theorie der Gefühle.* Hamburg: VSA-Verlag.

Hendrick, C. & Hendrick, S. S. (1989): *Research on love: Does it measure up?* Journal of Personality & Social Psychology, 56, 704–794.

Hochschild, A. R. (1979): *Emotion work, feeling rules, and social structure.* American Journal of Sociology, 85 (3), 551–575.

Hoffmann, N. (1983): *Trauer.* In H. A. Euler & H. Mandl (Hrsg.), Emotionspsychologie (S. 183–188). München: Urban & Schwarzenberg.

Hoffmann, R. (1984): *Erleben von Glück – eine empirische Untersuchung.* Psychologische Beiträge, 26, 516–532.

Hornik, R., Risenhoover, N. & Gunnar, M. (1987): *The effects of maternal positive, neutral, and negative affective communications on infant responses to new toys.* Child Development, 58, 937–944.

Hurrelmann, K. & Ulich, D. (1991): *Gegenstands- und Methodenfragen der Sozialisationsforschung.* In K. Hurrelmann & D. Ulich (Hrsg.), Neues Handbuch der Sozialisationsforschung (S. 3–20). Weinheim: Beltz.

Izard, C. E. (1977): *Human emotions.* New York: Plenum.

Izard, C. E. (1981): *Die Emotionen des Menschen.* Weinheim: Beltz (engl. Original 1977).

Izard, C. E. & Buechler, S. (1980): *Aspects of consciousness and personality in terms of differential emotions theory.* In: R. Plutchik & N. Kellerman (Hrsg.), Theories of emotion (S. 165–181). New York: Academic Press.

Izard, C. E. & Malatesta, C. Z. (1987): *Perspectives on emotional development I: Differential emotions theory of early emotional development.* In J. D. Osofsky (Hrsg.), Handbook of infant development (S. 494–554). New York: Wiley.

James, W. (1884): *What is an emotion?* Mind, 9, 188–205.

James, W. (1920): *Psychologie* (2. Aufl.). Leipzig: Quelle & Meyer (Original 1890).

Janke, W. & Debus, G. (1984): *Die Eigenschaftswörterliste EWL. Eine mehrdimensionale Methode zur Beschreibung von Aspekten des Befindens.* Göttingen: Hogrefe.

Joerger, K. (1976): *Einführung in die Lernpsychologie.* Freiburg: Herder.

Kafka, G. (1950): *Über Uraffekte.* Acta Psychologica, 7, 256–278.

Kagan, J. (1978): *On emotion and its development: A working paper.* In M. Lewis & L. Rosenblum (Hrsg.) The development of affect (S. 11–41). New York: Plenum.

Kant, I. (1973): *Werke* (Hrsg. O. Schöndörfer), Bd. 8. Hildesheim: Gerstenberg. (Original 1798).

Keller, H., Loewer, M. & Runde, B. (1990): *Analyse spontaner Sprache von Eltern in Interaktionssituationen mit ihren Säuglingen und Kleinkindern: Entwicklungsveränderungen und kulturspezifische Aspekte.* Zeitschrift für Entwicklungspsychologie und Pädagogische Psychologie, 22 (4), 341–353.

Kellermann, H. (1989): *Projective measures of emotion.* In: R. Plutchik & H. Kellermann (Hrsg.), Emotion. Vol. 4: The measurement of emotions (S. 187–204). San Diego, Cal.: Academic Press.

Kirchhoff, R. (Hrsg.) (1965): *Ausdruckspsychologie* (Handbuch der Psychologie, Bd. 5). Göttingen. Hogrefe.

Kirchler, E. (1989): *Zufriedenheit unterm gemeinsamen Dach. Ein Überblick über sozialpsychologische Untersuchungen zur Ehequalität.* Gruppendynamik, 20, 75–94.

Kleinginna, P. R. jr. & Kleinginna, A. M. (1981): *A categorized list of emotion definitions, with suggestions for a consensual definition.* Motivation and Emotion, 5, 345–379.

Klinnert, M. (1984): *The regulation of infant behavior by maternal facial expression.* Infant Behavior and Development, 58, 937–944.

Klinnert, M., Campos, J. J., Sorce, J., Emde, R. N. & Svejda, M. (1983): *Emotions as behavior regulators: Social referencing in infancy.* In R. Plutchik & H. Kellermann (Hrsg.), Emotions in early development (Vol. 2, S. 57–86). New York: Academic Press.

Koch, U. & Schöfer, G. (Hrsg.) (1986): *Sprachinhaltsanalyse in der psychiatrischen und psychosomatischen Forschung. Grundlagen und Anwendungsstudien mit den Affektskalen von Gottschalk und Gleser.* Weinheim: Psychologie Verlags Union.

König, R. (1964): *Artikel "Struktur".* In R. König (Hrsg.), Fischer-Lexikon "Soziologie". Frankfurt: Fischer.

Kövecses, Z. (1990): *Emotion concepts.* New York: Springer.

Kornadt, H.-J. & Husarek, B. (1989): *Frühe Mutter-Kind-Beziehungen im Kulturvergleich.* In G. Trommsdorf (Hrsg.), Sozialisation im Kulturvergleich (S. 65–96). Stuttgart: Enke.

Kornadt, H.-J. & Trommsdorf, G. (1990): *Naive Erziehungstheorien japanischer Mütter. Deutsch-japanischer Kulturvergleich.* Zeitschrift für Sozialisationsforschung und Erziehungssoziologie, 10 (4), 357–376.

Krohne, H. W. (1975): *Schulangst – empirische Befunde, Erklärungsansätze, therapeutische Möglichkeiten.* In H. W. Krohne (Hrsg.), Fortschritte der Pädagogischen Psychologie (S. 120–155). München: Reinhardt.

Kuhl, J. (1983): *Emotion, Kognition und Motivation: I. Auf dem Wege zu einer systemtheoretischen Betrachtung der Emotionsgenese*. Sprache und Kognition, 2, 1–27.

Kutter, P. (1978): *Die menschlichen Leidenschaften*. Stuttgart: Kreuz.

Lamb, M. E. & Easterbrooks, M. A. (1981): *Individual differences in parental sensitivity: Origins, components, and consequences*. In M. E. Lamb & L. R. Sherrod (Hrsg.), Infant social cognition: Empirical and theoretical considerations (S. 127–153). Hillsdale, NY: Erlbaum.

Lantermann, E. D. (1983): *Handlung und Emotion*. In H. A. Euler & H. Mandl (Hrsg.), Emotionspsychologie. Ein Handbuch in Schlüsselbegriffen (S. 273–282). München: Urban & Schwarzenberg.

Larbig, W. (1982): *Schmerz. Grundlagen – Forschung – Therapie*. Stuttgart: Kohlhammer.

Laucken, U. (1989): *Denkformen der Psychologie. Dargestellt am Entwurf einer Logographie der Gefühle*. Bern: Huber.

Laucken, U., Mees, U. & Chassein, J. (1988): *Logographie der Gegenwehr*. Zeitschrift für Sozialpsychologie, 19, 264–274.

Laux, L., Glanzmann, P., Schaffer, P. & Spielberger, C. D. (1981): *Das State-Trait-Angstinventar. Theoretische Grundlagen und Handlungsanweisungen*. Weinheim: Beltz.

Lazarus, R. S. (1991): *Cognition and motivation in emotion*. American Psychologist, April 1991.

Lazarus, R. S. & Launier, R. (1981): *Streßbezogene Transaktionen zwischen Person und Umwelt*. In J. R. Nitsch (Hrsg.), Stress (S. 213–260). Bern: Huber.

Lazarus, R. S. & Folkman, S. (1987): *Transactional theory and research on emotions and coping*. European Journal of Personality, Vol. 1, 141–169.

Leeper, R. W. (1970): *The motivational and perceptual properties of emotions as indicating their fundamental character and role*. In M. B. Arnold (Hrsg.), Feelings and emotions (S. 151–168). New York: Academic Press

Lersch, Ph. (1954): *Aufbau der Person* (7. Auflage). München: Barth (Original 1938).

Leventhal, H. (1980). *Toward a comprehensive theory of emotion*. In L. Berkowitz (Hrsg.), Advances in Experimental Social Psychology, 13 (S. 139–207). New York: Academic Press.

Leventhal, H. (1984): *A perceptual-motor theory of emotion*. In L. Berkowitz (Hrsg.), Advances in Experimental Social Psychology, Vol. 17 (S. 117–182). New York: Academic Press.

Leventhal, H. & Scherer, K. (1987): *The relationship of emotion to cognition: A functional approach to a semantic controversy*. Cognition and Emotion, 1 (1), 3–28.

Levy, R. I. (1984): *The emotions in comparative perspective*. In K. R. Scherer & P. Ekman (Hrsg.), Approaches to emotion (S. 397–412). Hillsdale: Erlbaum.

Lewis, M. (1989): *Cultural differences in children's knowledge of emotional scripts*. In C. Saarni & P. L. Harris (Hrsg.), Children's understanding of emotion (S. 350–373). Cambridge: Cambridge University Press.

Lewis, M. & Rosenblum, L. A. (1978): *Introduction: Issues in affect development*. In M. Lewis & L. A. Rosenblum (Hrsg.), The development of affect (S. 1–10). New York: Plenum.

Lewis, M. & Michalson, L. (1982): *The socialization of emotions*. In T. Field & A. Fogel (Hrsg.), Emotion and early interaction (S. 189–211). Hillsdale: Erlbaum.

Lewis, M. & Michalson, L. (1983): *Children's emotions and moods*. New York: Plenum.

Lewis, M. & Saarni, C. (1985): *Culture and emotions*. In M. Lewis & C. Saarni (Hrsg.), The socialization of emotions (S. 1–17). New York–London: Plenum.

Lück, H. E. & Rechtien, W. (1983): *Mitgefühl*. In H. A. Euler & H. Mandl (Hrsg.), Emotionspsychologie (S. 188–195). München: Urban & Schwarzenberg.

Lutz, C. (1983): *Parental goals, ethnopsychology, and the development of emotional meaning*. Ethos, 11, 246–262.

Lutz, C. (1985): *Cultural patterns and individual differences in the child's emotional meaning system*. In M. Lewis & C. Saarni (Hrsg.), The socialization of emotions (S. 37–53). New York: Plenum.

Lutz, R. (Hrsg.) (1983): *Genuß und Genießen*. Weinheim: Beltz.

Madders, J. (1983): *Entspannung bei Streß*. Stuttgart: Hippokrates.

Mahler, M. S., Pine, F. & Bergman, A. (1978): *Die psychische Geburt des Menschen – Symbiose und Individuation*. Frankfurt: Fischer.

Main, M. & George, C. (1985): *Responses of abused and disadvantaged toddlers to distress in agemates: A study in the day care setting*. Developmental Psychology, 21, 407–412.

Malatesta, C. Z. & Haviland, J. M. (1982): *Learning display rules: The socialization of emotional expression in infancy*. Child Development, 53, 991–1003.

Malatesta, C. Z. & Izard, C. E. (1984): *The ontogenesis of human social signals: From biological imperative to symbol utilization*. In N. Fox & R. J. Davidson (Hrsg.), The psychobiology of affective development (S. 161–206). Hillsdale, NJ: Erlbaum.

Malatesta, C. Z. & Haviland, J. M. (1985): *Signals, symbols, and socialization. The modification of emotional expression in human development*. In M. Lewis & C. Saarni (Hrsg.), The socialization of emotions (S. 89–116). New York: Plenum.

Mandler, G. (1979): *Denken und Fühlen. Zu einer kognitiven Theorie emotionaler Prozesse*. Paderborn: Jungfermann.

Mantell, D. M. (1978): *Familie und Aggression. Zur Einübung von Gewalt und Gewaltlosigkeit*. Frankfurt: Fischer.

Maslow, A. H. (1977): *Motivation und Persönlichkeit*. Olten: Walter (englisches Original 1954).

Mayring, Ph. (1987): *Subjektives Wohlbefinden im Alter. Stand der Forschung und theoretische Weiterentwicklung.* Zeitschrift für Gerontologie, 20, 367–376.

Mayring, Ph. (1990): *Einführung in die qualitative Sozialforschung. Eine Anleitung zu qualitativem Denken.* München: Psychologie Verlags Union.

Mayring, Ph. (1991): *Psychologie des Glücks.* Stuttgart: Kohlhammer.

Meadows, C. M. (1975): *The phenomenology of joy. An empirical investigation.* Psychological Report, 37, 39–54.

Mees, U. (1985): *Was meinen wir, wenn wir von Gefühlen reden? Zur psychologischen Textur von Emotionswörtern.* Sprache & Kognition, 1, 2–20.

Mees, U. (1991): *Die Struktur der Emotionen.* Göttingen: Hogrefe.

Mensching, G. (Hrsg.) (1955): *Buddhistische Geisteswelt.* Baden-Baden: Holle.

Michalos, A. C. (1985): *Multiple discrepancies theory (MDT).* Social Indicators Research, 16, 347–413.

Michalson, L. & Lewis, M. (1985): *What do children know about emotions and when do they know it.* In M. Lewis & C. Saarni (Hrsg.), The socialization of emotions (S. 117–139). New York: Plenum.

Miller, P. & Sperry, L. L. (1987): *The socialization of anger and aggression.* Merrill-Palmer Quaterly, 33, 1–31.

Mitscherlich, M. (1972): *Müssen wir hassen? Über den Konflikt zwischen innerer und äußerer Realität.* München: Piper.

Moebius, M. (1985): *Trauer. Die bittere Zeit des Leidens.* Psychologie heute, 12 (11), 48–55.

Montada, L. (1987): *Die geistige Entwicklung aus der Sicht Jean Piagets.* In R. Oerter, L. Montada u. a., Entwicklungspsychologie (S. 413–462). München: Psychologie Verlags Union (2. Aufl.).

Montada, L., Dalbert, C., Reichle, B. & Schmitt, M. (1986): *Urteile über Gerechtigkeit, "existentielle Schuld" und Strategien der Schuldabwehr.* In F. Oser, W. Althof & D. Ganz (Hrsg.), Moralische Zugänge zum Menschen – Zugänge zum moralischen Menschen (S. 205–225). München: Kindt.

Morris, W. N. (1989): *Mood. The frame of mind.* New York: Springer.

Mowrer, H. O. (1960): *Learning theory and behavior.* New York: Wiley.

Mummendey, H. D. (1983): *Selbstwertgefühl.* In H. A. Euler & H. Mandl (Hrsg.), Emotionspsychologie (S. 244–249). München: Urban & Schwarzenberg.

Mummendey, H. D. & Schreiber, H.-J. (1983): *Neid und Eifersucht.* In H. A. Euler & H. Mandl (Hrsg.), Emotionspsychologie (S. 195–201). München: Urban & Schwarzenberg.

Neisser, U. (1979): *Kognition und Wirklichkeit.* Stuttgart: Klett-Cotta.

Neuberger, O. (1985): *Arbeit. Begriff – Gestaltung – Motivation – Zufriedenheit.* Stuttgart: Enke.

Nitsch, J. R. (Hrsg.) (1981): *Streß. Theorien, Untersuchungen, Maßnahmen.* Bern: Huber.

Nolting, H.-P. (1987): *Lernfall Aggression: Wie sie entsteht, wie sie zu vermindern ist.* Reinbek: Rowohlt.

Nolting, H.-P. & Paulus, P. (1985): *Psychologie lernen.* Weinheim: Beltz.

Ortony, A. & Turner, T. J. (1990): *What's basic about basic emotions?* Psychological Review, 97, 315–331.

Papousek, M. (1984): *Wurzeln der kindlichen Bindung an Personen und Dinge: Die Rolle der integrativen Prozesse.* In Chr. Eggers (Hrsg.), Bindungen und Besitzdenken beim Kleinkind (S. 155–184). München: PVU.

Pekrun, R. (1988): *Emotion, Motivation und Persönlichkeit.* München/ Weinheim: Psychologie Verlags Union.

Peplau, L. A. & Perlman, D. (Hrsg.) (1982): *Loneliness: A sourcebook of current theory, research and therapy.* New York: Wiley.

Piaget, J. (1945): *La formation du symbole chez l'enfant.* Neuchatel: Delachaux et Niestlé.

Plattner, I. (1990): *Zeitbewußtsein und Lebensgeschichte. Theoretische und methodische Überlegungen zur Erfassung des Zeitbewußtseins.* Heidelberg: Asanger.

Plutchik, R. (1980): *A general psychoevolutionary theory of emotion.* In R. Plutchik & H. Kellerman (Hrsg.), Theories of emotion (S. 3–33). New York: Academic Press.

Plutchik, R. & Kellermann, H. (Hrsg.) (1989): *Emotion theory, research and experience.* Vol 4: The measurement of emotion. New York: Academic Press.

Pongratz, L. J. (1984): *Problemgeschichte der Psychologie.* (2. Auflage) München: Franke (1. Auflage 1967).

Reichenbach, L. & Masters, J. C. (1983): *Children's use of expressive and contextual cues in judgements of emotion.* Child Development, 54, 993–1104.

Reisenzein, R. (1983): *The Schachter theory of emotion: Two decades later.* Psychological Bulletin, 94, 239–264.

Revers, W. J. (1949): *Die Psychologie der Langeweile.* Meisenheim: Hain.

Ricci-Bitti, P. O. (1989): *The universality of facial expression of emotion.* In W. Schönpflug, Bericht über den 36. Kongreß der Deutschen Gesellschaft für Psychologie, Bd. 2 (S. 332–343). Göttingen: Hogrefe.

Rivera, J. de (1985): *Biological necessity, emotional transformation, and personal value.* In S. Koch & D. E. Leary (Hrsg.), A century of psychology as science (S. 364–389). New York: McGraw-Hill.

Robarchek, C. A. (1979): *Learning to fear: A case study of emotional conditioning.* American Ethnologist, 6, 555–567.

Röd, W. (1976): *Die Philosophie der Antike.* Band 1–3. München: Beck.

Roos, J. (1988): *Die Entwicklung der Zuschreibung komplexer Emotionen am Beispiel der Emotion 'Peinlichkeit'.* Frankfurt: Lang.

Roseman, I. J. (1984): *Cognitive determinants of emotion. A structure theory.* In Ph. Shaver (Hrsg.), Review of personality and social psychology, Vol. V, Emotions, relationships, and health (S. 11–36). Beverly Hills: Sage.

Rosner, S. u. a. (1990): *Belastung, soziale Unterstützung, Partnerbeziehung und Einstellung zum Kind als Bedingungen der mütterlichen Feinfühligkeit.* Poster auf dem 37. Kongreß der DGfP in Kiel.

Rümke, H. C. (1924): *Zur Phänomenologie und Klinik des Glücksgefühls.* Berlin: Springer.

Rumelhart, D. E. & Ortony, A. (1977): *The representation of knowledge in memory.* In R. C. Anderson, R. J. Spiro & W. E. Montague (Hrsg.), Schooling and the acquisition of knowledge (S. 99–135). Hillsdale: Erlbaum.

Russell, J. A. (1989): *Culture, scripts, and children' understanding of emotion.* In C. Saarni & P. L. Harris (Hrsg.), Children's understanding of emotion (S. 293–317). Cambridge: Cambridge University Press.

Saarni, C. & Harris, P. L. (1989): *Children's understanding of emotion.* Cambridge: Cambridge University Press.

Salber, L. (1989): *Ohne Langeweile geht es nicht – oder: Es muß im Leben mehr als alles geben.* Zwischenschritte, 8, 4–20.

Schachter, S. & Singer, J. E. (1962): *Cognitive, social, and physiological determinants of emotional states.* Psychological Review, 69, 379–399.

Schapp, W. (1976): *In Geschichten verstrickt.* Frankfurt: Klostermann.

Scheele, B. (1990): *Emotionen als bedürfnisrelevante Bewertungszustände.* Tübingen: Francke.

Scherer, K. R. (1979): *Entwicklung der Emotionen.* In H. Hetzer, E. Todt & I. Seiffge-Krenke (Hrsg.), Angewandte Entwicklungspsychologie des Kindes- und Jugendalters (S. 211–253). Heidelberg: Quelle und Meyer.

Scherer, K. R. (1983): *Prolegomina zu einer Taxonomie affektiver Zustände: Ein Komponenten-Prozeß-Modell.* In G. Lüer (Hrsg.), Bericht über den 33. Kongreß der Deutschen Gesellschaft für Psychologie in Mainz 1982 (S. 415–423). Göttingen. Hogrefe.

Scherer, K. R. (1984): *On the nature and function of emotion: A component process approach.* In K. R. Scherer & P. Ekman (Hrsg.), Approaches to emotion (S. 293–318). Hillsdale: Erlbaum.

Scherer, K. R. (Hrsg.) (1988): *Faces of emotion. Recent Research.* Hillsdale: Erlbaum.

Scherer, K. R. & Ekman, P. (Hrsg.) (1984): *Approaches to emotion.* Hillsdale: Erlbaum.

Scherer, K. R. & Wallbott, H. G. (1990): *Ausdruck von Emotionen.* In K. R. Scherer (Hrsg.), Psychologie der Emotion (Enzyklopädie der Psychologie, C, IV, 3) (S. 345–422). Göttingen: Hogrefe.

Schmidt-Atzert, L. (1980): *Die verbale Kommunikation von Emotionen.* Dissertation. Universität Gießen.

Schmidt-Atzert, L. & Ströhm, W. (1983): *Ein Beitrag zur Taxonomie der Emotionswörter.* Psychologische Beiträge, 25, 126–141.

Schneemann, N. (1989): *Eifersucht und Eifersuchtswahn: terminologische, nosologische, klinische, psychodynamische und anthropologische Aspekte.* Stuttgart: Enke.

Schneider, K. (1990): *Emotionen*. In H. Spada (Hrsg.), Lehrbuch Allgemeine Psychologie (S. 403–449). Bern: Verlag Hans Huber.

Schnoor, H. (1988): *Psychoanalyse der Hoffnung*. Heidelberg: Asanger.

Schöck, H. (1980): *Der Neid. Die Urgeschichte des Bösen*. München: Herbig.

Schölmerich, A., Keller, H. & Leyendecker, B. (1990): *The study of early interaction in a contextual perspective: Culture, communications, and eye contact*. Prepared for J. Valsiner (Hrsg.), Child development within cultureley structured environments, Vol. 3: Comparative-cultural perspective. NY: Applet Publ. Corp.

Scholl-Schaaf, M. (1975): *Werthaltung und Wertsystem*. Bonn: Bouvier.

Schützwohl, A. (1991): *Determinanten von Stolz und Scham: Handlungsergebnis, Erfolgserwartung und Attribution*. Zeitschrift für experimentelle und angewandte Psychologie, 38, 76–93.

Schwarz, N. & Clore, G. L. (1983): *Mood, misattribution, and judgments of well-being: Informative and directive functions of affective states*. Journal of Personality & Social Psychology, 45, 513–523.

Schwarzer, R. (1987): *Streß, Angst und Hilflosigkeit*. (2. Auflage). Stuttgart: Kohlhammer.

Schwarzer, R. & Schwarzer, C. (1982): *Ärger als Zustand und als Disposition*. Zeitschrift für Differentielle und Diagnostische Psychologie, 3, 27–33.

Schwenkmetzger, P. & Hodapp, V. (1989): *Das State-Trait Anger Expression Inventory (STAXI): Itemmetrische und faktorenanalytische Befunde und Untersuchungen zur Konstruktvalidität*. Trierer Psychologische Berichte, 16, H.1. Universität Trier.

Seidner, L. B., Stipek, D. J. & Feshbach, N. C. (1988): *A developmental analysis of elementary school-aged children's concepts of pride and embarrassment*. Child Development, 59, 367–377.

Seiler, Th. B. (1991): *Entwicklung und Sozialisation: Eine strukturgenetische Sichtweise*. In K. Hurrelmann & D. Ulich (Hrsg.), Neues Handbuch der Sozialisationsforschung (S. 99–120). Weinheim: Beltz.

Selg, H., Mees, U. & Berg, D. (1988): *Psychologie der Aggressivität*. Göttingen: Hogrefe.

Seligman, M. E. P. (1979): *Erlernte Hilflosigkeit*. München: Urban & Schwarzenberg.

Smith, C. A. & Ellsworth, Ph. C. (1985): *Patterns of cognitive appraisal in emotion*. Journal of Personality and Social Psychology, 48, 813–838.

Socarides, C. W. (Hrsg.) (1977): *The world of emotions. Clinical studies of affects and their expression*. New York: International Universities Press.

Solomon, R. C. (1981): *Emotionen und Anthropologie: Die Logik emotionaler Weltbilder*. In G. Kahle (Hrsg.), Logik des Herzens. Die soziale Dimension der Gefühle (S. 233–253). Frankfurt: Suhrkamp.

Sorce, J. E., Emde, R. N., Campos, J. J. & Klinnert, M. D. (1985): *Maternal emotional signaling: Its effects on the visual cliff behavior in 1-year-olds*. Developmental Psychology, 21, 195–200.

Spaemann, R. (1974): *Glück, Glückseligkeit.* In J. Ritter (Hrsg.), Historisches Wörterbuch der Philosophie, Bd. 3 (S. 680–707). Darmstadt: Wissenschaftliche Buchgesellschaft.

Sroufe, L. A. (1981): *Die Organisation der emotionalen Entwicklung.* In K. Foppa & R. Groner (Hrsg.), Kognitive Strukturen und ihre Entwicklung (S. 14–34). Bern: Huber.

Statistisches Bundesamt (Hrsg.) (1989): *Datenreport 1989.* Wiesbaden: Statistisches Bundesamt.

Stearns, C. Z. & Stearns, P. N. (1986): *Anger: The struggle for emotional control in America's history.* Chicago: University of Chicago Press.

Stearns, C. Z. & Stearns, P. N. (Hrsg.) (1988): *Emotion and social change.* New York: Holmes & Meier.

Sternberg, R. J. (Hrsg.) (1988): *The psychology of love.* New Haven: Yale University Press.

Störig, H. J. (1950): *Kleine Weltgeschichte der Philosophie.* Stuttgart: Kohlhammer.

Tatarkevicz, W. (1984): *Über das Glück.* Stuttgart: Klett-Cotta.

Taylor, G. (1985): *Pride, shame and quilt: Emotions of self-assessment.* Oxford: Clarenden.

Thompson, R. A. & Lamb, M. E. (1983): *Individual differences of socio-emotional development in infancy.* In R. Plutchik & H. Kellermann (Hrsg.), Emotions, Vol. 2, Emotions in early development (S. 87–114). New York: Academic Press.

Tomkins, S. S. (1962/1963): *Affect, imagery, consciousness.* Vol. 1 + 2. New York: Springer.

Traxel, W. (1974): *Grundlagen und Methoden der Psychologie. Eine Einführung in die psychologische Forschung.* (2. Aufl.). Bern: Huber.

Traxel, W. (1983a): *Zur Geschichte der Emotionskonzepte.* In H. A. Euler & H. Mandl (Hrsg.), Emotionspsychologie (S. 11–18). München: Urban & Schwarzenberg.

Traxel, W. (1983b): *Emotionsdimensionen.* In H. A. Euler & H. Mandl (Hrsg.), Emotionspsychologie (S. 19–27). München: Urban & Schwarzenberg.

Tunner, W. (1978): *Lust und Glück – Überlegungen zur Gefühlspsychologie.* Psychologische Rundschau, 29, 287–298.

Tunner, W. (1982): *Subjektive Distanz, Richtung und Zeit. Ein Beitrag zur Emotionspsychologie.* Gestalt Theory, 4, (3/4), 207–216.

Ulich, D. (1984): *Psychologie der Hoffnung.* Zeitschrift für personenzentrierte Psychologie und Psychotherapie, 3, 375–385.

Ulich, D. (1989): *Das Gefühl. Eine Einführung in die Emotionspsychologie.* (2. Aufl.). München: Psychologie Verlags Union.

Ulich, D. (1991): *Emotionale Entwicklung als Aufbau emotionaler Schemata.* Positionsreferat (eingeladen) auf der 10. Tagung Entwicklungspsychologie, Köln.

Ulich, D. (1992): *Emotionale Entwicklung oder emotionale Sozialisation?* Gestalt und Integration, II 91, I 92.

Ulich, D., Mayring, Ph. & Strehmel, P. (1983): *Streß*. In H. Mandl & G. L. Huber (Hrsg.), Emotion und Kognition (S. 183–216). München: Urban & Schwarzenberg.

Ulich, D. & Kapfhammer, H.-P. (1991): *Sozialisation der Emotionen*. In K. Hurrelmann & D. Ulrich (Hrsg.), Neues Handbuch der Sozialisationsforschung (S. 551–572). Weinheim: Beltz.

Verres, R. & Sobez, J. (1980): *Ärger, Aggression und soziale Kompetenz: Zur konstruktiven Veränderung destruktiven Verhaltens*. Stuttgart: Klett-Cotta.

Waldmann, M. R. (1990): *Schema und Gedächtnis*. Heidelberg: Asanger.

Wallbott, H. G. & Scherer, K. R. (1985): *Differentielle Situations- und Reaktionscharakteristika in Emotionserinnerungen: Ein neuer Forschungsansatz*. Psychologische Rundschau, 36 (2), 83–101.

Wallbott, H. G. & Scherer, K. R. (1989): *Assessing emotion by questionnaire*. In R. Plutchik & H. Kellermann (Hrsg.), Emotion. Vol. 4: The measurement of emotion (S. 55–82). San Diego, Cal.: Academic Press.

Watson, J. B. (1913): *Psychology as the behaviorist views it*. Psychological Review, 22.

Watson, J. B. & Rayner, R. (1920): *Conditioned emotional reactions*. Journal of Experimental Psychology, 3, 1–14.

Weiner, B. (1985): *An attributionaly based theory of achievement motivation and emotion*. Psychological Review, 92, 548–573.

Wendt, D. (1989): *Allgemeine Psychologie. Eine Einführung*. Stuttgart: Kohlhammer.

Wittchen, H.-U. (1989): *Diagnostisches und statistisches Manual psychischer Störungen. DSM-III-R*. Weinheim: Beltz.

Wundt, W. (1901): *Grundriß der Psychologie*. (4. neu bearb. Aufl.). Leipzig: Engelmann (1. Auflage 1896).

Wyss, D. (1975): *Lieben als Lernprozeß*. Göttingen: Vandenhoeck.

Young, P. T. (1973): *Emotion in man and animal*. New York: Krieger.

Zajonc, R. B. (1980): *Feeling and thinking. Preferences need no inferences*. American Psychologist, 35, 151–175.

Zimbardo, P. G. (1983). *Psychologie*. (4. Aufl.). Berlin: Springer.